思想的・睿智的・獨見的

經典名著文庫

學術評議

丘為君　吳惠林　宋鎮照　林玉体　邱燮友
洪漢鼎　孫效智　秦夢群　高明士　高宣揚
張光宇　張炳陽　陳秀蓉　陳思賢　陳清秀
陳鼓應　曾永義　黃光國　黃光雄　黃昆輝
黃政傑　楊維哲　葉海煙　葉國良　廖達琪
劉滄龍　黎建球　盧美貴　薛化元　謝宗林
簡成熙　顏厥安（以姓氏筆畫排序）

策劃　楊榮川

五南圖書出版公司 印行

經典名著文庫

學術評議者簡介（依姓氏筆畫排序）

- 丘為君　美國俄亥俄州立大學歷史研究所博士
- 吳惠林　美國芝加哥大學經濟系訪問研究、臺灣大學經濟系博士
- 宋鎮照　美國佛羅里達大學社會學博士
- 林玉体　美國愛荷華大學哲學博士
- 邱燮友　國立臺灣師範大學國文研究所文學碩士
- 洪漢鼎　德國杜塞爾多夫大學榮譽博士
- 孫效智　德國慕尼黑哲學院哲學博士
- 秦夢群　美國麥迪遜威斯康辛大學博士
- 高明士　日本東京大學歷史學博士
- 高宣揚　巴黎第一大學哲學系博士
- 張光宇　美國加州大學柏克萊校區語言學博士
- 張炳陽　國立臺灣大學哲學研究所博士
- 陳秀蓉　國立臺灣大學理學院心理學研究所臨床心理學組博士
- 陳思賢　美國約翰霍普金斯大學政治學博士
- 陳清秀　美國喬治城大學訪問研究、臺灣大學法學博士
- 陳鼓應　國立臺灣大學哲學研究所
- 曾永義　國家文學博士、中央研究院院士
- 黃光國　美國夏威夷大學社會心理學博士
- 黃光雄　國家教育學博士
- 黃昆輝　美國北科羅拉多州立大學博士
- 黃政傑　美國麥迪遜威斯康辛大學博士
- 楊維哲　美國普林斯頓大學數學博士
- 葉海煙　私立輔仁大學哲學研究所博士
- 葉國良　國立臺灣大學中文所博士
- 廖達琪　美國密西根大學政治學博士
- 劉滄龍　德國柏林洪堡大學哲學博士
- 黎建球　私立輔仁大學哲學研究所博士
- 盧美貴　國立臺灣師範大學教育學博士
- 薛化元　國立臺灣大學歷史學系博士
- 謝宗林　美國聖路易華盛頓大學經濟研究所博士候選人
- 簡成熙　國立高雄師範大學教育研究所博士
- 顏厥安　德國慕尼黑大學法學博士

經典名著文庫117

倫理學的兩個基本問題

Die beiden Grundprobleme der Ethik

亞瑟・叔本華 著
(Arthur Schopenhauer)
任立、孟慶時 譯

經典永恆・名著常在

五十週年的獻禮・「經典名著文庫」出版緣起

總策劃 楊榮川

五南，五十年了。半個世紀，人生旅程的一大半，我們走過來了。不敢說有多大成就，至少沒有凋零。

五南忝爲學術出版的一員，在大專教材、學術專著、知識讀本出版已逾壹萬參仟種之後，面對著當今圖書界媚俗的追逐、淺碟化的內容以及碎片化的資訊圖景當中，我們思索著：邁向百年的未來歷程裡，我們能爲知識界、文化學術界做些什麼？在速食文化的生態下，有什麼值得讓人雋永品味的？

歷代經典・當今名著，經過時間的洗禮，千錘百鍊，流傳至今，光芒耀人；不僅使我們能領悟前人的智慧，同時也增深加廣我們思考的深度與視野。十九世紀唯意志論開創者叔本華，在其〈論閱讀和書籍〉文中指出：「對任何時代所謂的暢銷書要持謹愼的態度。」他覺得讀書應該精挑細選，把時間用來閱讀那些「古今中外的偉大人物的著作」，閱讀那些「站在人類之巔的著作及享受不朽聲譽的人們的作品」。閱讀就要「讀原著」，是他的體悟。他甚至認爲，閱讀經典原著，勝過於親炙教誨。他說：

「一個人的著作是這個人的思想菁華。所以，儘管一個人具有偉大的思想能力，但閱讀這個人的著作總會比與這個人的交往獲得更多的內容。就最重要的方面而言，閱讀這些著作的確可以取代，甚至遠遠超過與這個人的近身交往。」

爲什麼？原因正在於這些著作正是他思想的完整呈現，是他所有的思考、研究和學習的結果；而與這個人的交往卻是片斷的、支離的、隨機的。何況，想與之交談，如今時空，只能徒呼負負，空留神往而已。

三十歲就當芝加哥大學校長、四十六歲榮任名譽校長的赫欽斯（Robert M. Hutchins, 1899-1977），是力倡人文教育的大師。「教育要教眞理」，是其名言，強調「經典就是人文教育最佳的方式」。他認爲：

「西方學術思想傳遞下來的永恆學識，即那些不因時代變遷而有所減損其價值的古代經典及現代名著，乃是眞正的文化菁華所在。」

這些經典在一定程度上代表西方文明發展的軌跡，故而他爲大學擬訂了從柏拉圖的《理想國》，以至愛因斯坦的《相對論》，構成著名的「大學百本經典名著課程」。成爲大學通識教育課程的典範。

歷代經典．當今名著，超越了時空，價值永恆。五南跟業界一樣，過去已偶有引進，但都未系統化的完整舖陳。我們決心投入巨資，有計畫的系統梳選，成立「經典名著文庫」，希望收入古今中外思想性的、充滿睿智與獨見的經典、名著，包括：

- 歷經千百年的時間洗禮，依然耀明的著作。遠溯二千三百年前，亞里斯多德的《尼各馬科倫理學》、柏拉圖的《理想國》，還有奧古斯丁的《懺悔錄》。
- 聲震寰宇、澤流遐裔的著作。西方哲學不用說，東方哲學中，我國的孔孟、老莊哲學，古印度毗耶娑（Vyāsa）的《薄伽梵歌》、日本鈴木大拙的《禪與心理分析》，都不缺漏。
- 成就一家之言，獨領風騷之名著。諸如伽森狄（Pierre Gassendi）與笛卡兒論戰的《對笛卡兒沉思錄的詰難》、達爾文（Darwin）的《物種起源》、米塞斯（Mises）的《人的行爲》，以至當今印度獲得諾貝爾經濟學獎阿馬蒂亞‧

森（Amartya Sen）的《貧困與饑荒》，及法國當代的哲學家及漢學家余蓮（François Jullien）的《功效論》。

梳選的書目已超過七百種，初期計劃首爲三百種。先從思想性的經典開始，漸次及於專業性的論著。「江山代有才人出，各領風騷數百年」，這是一項理想性的、永續性的巨大出版工程。不在意讀者的眾寡，只考慮它的學術價值，力求完整展現先哲思想的軌跡。雖然不符合商業經營模式的考量，但只要能爲知識界開啓一片智慧之窗，營造一座百花綻放的世界文明公園，任君遨遊、取菁吸蜜、嘉惠學子，於願足矣！

最後，要感謝學界的支持與熱心參與。擔任「學術評議」的專家，義務的提供建言；各書「導讀」的撰寫者，不計代價地導引讀者進入堂奧；而著譯者日以繼夜，伏案疾書，更是辛苦，感謝你們。也期待熱心文化傳承的智者參與耕耘，共同經營這座「世界文明公園」。如能得到廣大讀者的共鳴與滋潤，那麼經典永恆，名著常在。就不是夢想了！

二〇一七年八月一日 於

五南圖書出版公司

目錄

導讀
叔本華《倫理學的兩個基本問題》

輔仁大學哲學系教授　黎建球

沒有人生活在過去，也沒有人生活在未來，現在是生命占有的唯一形態。智慧只有理論而不實踐，猶如一朵重瓣的玫瑰，雖然豔麗，香味馥郁，凋謝了卻沒有種子。

一、從醫學轉向哲學

叔本華（Arthur Schopenhauer），一七八八年二月二十二日出生於德國但澤（Danzig，今波蘭格但斯克Gdańsk）。

一七九七年，叔本華九歲，被送到勒阿弗爾（Le Havre），與他父親的生意夥伴格雷戈雷（Grégoire de Blésimaire）的家人一起生活了兩年。在那裡，學會了流利的法語，並與安蒂米（Jean Anthime Grégoire de Blésimaire）有了長達一生的友誼。

一八〇三年，他和父母一起到荷蘭、英國、法國、瑞士、奧地利和普魯士長途旅行，海因里希給了兒子一個選擇：他可以待在家裡，準備上大學；或者和他們一起旅行，繼續他的商業教育。叔本華對他的選擇深感遺憾，因爲他發現他的商人培訓單調乏味。他在溫布頓的一所公學唸了十二週，對於那裡的嚴格管教非常震驚和不滿，一生都尖銳的批評這種教育方式，另外一方面，他還要承受父親對他的教育成績極爲挑剔的壓力。

一八○五年，海因里希在漢堡被發現淹死在河裡。雖然他的死亡可能是意外，但他的妻子和兒子卻認爲這是自殺，因爲他很容易有人際障礙、焦慮和憂鬱，在他死前幾個月表現的特別明顯。叔本華從小也表現出類似的情緒，他常說他繼承了父親嚴重的心理健康問題。他的母親喬安娜和他的父親不一樣，是一位活潑和善於交際的女性。但，叔本華仍然喜歡他的父親，也常提及他。父親死後，叔本華繼承了一筆可觀的遺產，使他得以過著優裕的生活。

一八○九年，他離開魏瑪，成爲哥廷根大學（Georg-August-Universität Göttingen）的學生。一八一○—一八一一年左右，他決定從醫學轉向哲學。一八一一年，他在柏林學習。

他回到魏瑪，但不到一個月後就離開了，因爲他的母親與她所謂的情人格斯滕伯格（Georg Friedrich Konrad Ludwig Müller von Gerstenbergk, 1778–1838）同居，是一個比她小十二歲的公務員；他認爲這種關係是對他父親記憶的不忠。他在魯道夫施塔特定居了一段時間。他獨自一人，在山林和圖林根森林中徒步旅行，在一八一三撰寫了論文《論充足理由律的四重根源》（*On the Fourfold Root of the Principle of Sufficient Reason,*

1813），①並獲得了博士學位。

一八一四年至一八一九年間，在刻意的自我孤獨中完成了他的代表作品《作爲意志和表象的世界》（*The World as Will and Representation*, 1818）②這部作品受到了印度哲學的影響，被認爲是首部將東西方思想融合的作品，但發表後無人問津。叔本華如此描述他的這本書：「如果不是我配不上這個時代，就是這個時代配不上我。」但憑這部作品他獲得了柏林大學編制外教授的資格。爾後，在開課時，他選擇與他認爲是沽名釣譽的黑格爾（Georg Wilhelm Friedrich Hegel, 1770-1831）同一時間授課。但黑格爾當時聲名正處於巔峰，叔

---

① 叔本華認爲充足理由律的四種不同表現形式分別是：因果律、邏輯推論、數學證明、行爲動機。這四種形式並不作爲證明充足理由律的原因，而是充足理由律在這四者中表現其自身。

② 他在第二版序言說：我已經在第一版的序言中解釋過，我的哲學是建立在康德哲學基礎上的，因此，我預先對它有了透澈的了解。我在這裡重複一遍。因爲康德的教導在每個人心中產生了一個根本性的變化，它是如此的偉大，它可以被視爲一個智力的新生。它本身是眞正能夠去除與生俱來的現實主義，它來自智力的原始特徵，伯克利和馬萊科奇都不成功，因爲他們仍然太多在普遍，而康德進入特定，事實上，在他之前和之後是相當沒有榜樣的方式，具有相當奇特，而且，我們可以說，立即的影響，在頭腦上，它經歷了一個完全的欺騙，並立即另一盞燈。只有這樣，任何人都能易受我所給予的更積極的論述的影響。另一方面，他沒有掌握康德哲學，不管他學過什麼，就是無辜的；也就是說，他仍然掌握著我們生來就是自然和幼稚的現實主義，這一切可能適合我們，只有哲學的例外。

本華自然沒能成功，很快他的班上就只剩下兩三個人，最後一個也不剩了。

一八三三年在大學任教受挫之後，他移居法蘭克福，並在那裡渡過了最後寂寞的二十七年。

一八三六年發表了《論意志的自由》（*On the Freedom of the Will*）和《論道德的基礎》（*On the Basis of Morality*）兩篇論文，③第一篇是挪威皇家科學院的有獎徵文；第二篇是丹麥科學院的有獎徵文，第一篇論文獲獎，第二篇未獲獎，一八四一年出版了《論意志的自由》和《論道德的基礎》兩篇論文的合集，題爲《倫理學的兩個基本問題》（*The Two Basic Problems of Ethics*）。在之後這本書的序中，他一再對丹麥科學院冷嘲熱諷，在他成名後，丹麥科學院也成了一時的笑柄，然而，這本書出版後也幾乎無人問津。④一八四四年，在他堅持下，《作爲意志和表象的世界》出了第二版。第一版此時早已絕版，且未能引起評論家和學術界的興趣，第二版的結果也是一樣。一八五一年，他完成了對《作爲意志和表象的世界》的補充與說明，結果就是這篇以格言式體裁寫成的《附錄與補遺》（*Parerga and Paralipomena*）使他獲得了聲譽，瞬間成了名人。有人還爲他寫了《叔本華大辭典》和《叔本華全集》，甚至有人說他是具有世界性的思想家。

---

③ 本書將此兩書合而以《倫理學的兩個基本問題》爲題。

④ 見本書第一版序言，第二頁。

一八五九年，《作爲意志和表象的世界》的第三版引起轟動，叔本華稱「全歐洲都知道這本書」，他在第三版序言中寫道：「當這本書第一版問世時，我才三十歲，第三版時已過了七十歲。總算我在彼德拉克（Francesco Petrarca, 1304-1374）的名句中找到了安慰：『誰要是走了一整天，能在傍晚走到，也該滿足了。』」叔本華在最後的十年終於得到了聲望，但仍然過著獨居的生活，陪伴他的只有數隻貴賓犬，其中，以梵文「Atman」（靈魂）命名的一隻最爲人熟悉。

一八六〇年，叔本華因肺炎惡化去世，他在遺言中說：「希望愛好我哲學的人，能正確的，不受制約的理解我的哲學。」

二、身處德國倔起的時代

叔本華的時代，正是德國倔起的時代，一七八八年，普魯士國王威廉二世（Friedrich Wilhelm II, 1744-1797）下令重新建造布蘭登堡門（Brandenburger Tor），⑤用以紀念一七五六年至一七六三年的七年戰爭，布蘭登堡門是柏林的象徵，也是德國的國家標誌，它見證了柏林、德國、歐洲乃至世界的許多重要歷史事件。這場戰爭使得普魯士崛起，成爲

⑤ 布蘭登堡門位於德國首都柏林的新古典主義風格建築，由普魯士國王威廉二世下令於一七八八年至一七九一年間建造，以紀念普魯士在七年戰爭取得的勝利。

英、法、奧、俄外的歐洲列強之一、這使得叔本華有感於成為一個德國人的驕傲。

一八〇四年，康德（Kant）逝世，對他來說，是一個重大的事件，他將柏拉圖（Plato）奉若神明，視康德為一個奇蹟，對兩人相當崇敬，但在一八三七年，他卻首度指出康德《純粹理性批判》一書第一版和第二版之間的重大差異。但厭惡費希特和黑格爾所代表的思辨哲學。

大約在同一時間，法國軍隊在萊比錫戰役中被擊敗。對於軍隊的來到，他感到惱火，因此接受了母親的邀請，到魏瑪探望她。母親試圖說服他，表示她與格斯滕伯格的關係是柏拉圖式的，她沒有再婚的意圖。但叔本華仍然持懷疑態度，經常與格斯滕伯格發生衝突，因為他認為他缺乏才華、自負和民族主義。

一八一三年普魯士加入反對法國的戰爭⑥，在第六次反法同盟（一八一二～一八一四年）中，由匈牙利、普魯士、俄羅斯、瑞典、大不列顛與愛爾蘭聯合王國及萊茵聯邦的某些

⑥ 拿破崙在俄法戰爭中遭受慘敗後，歐洲的力量組成第六次反法同盟，拿破崙率軍四十萬與聯軍作戰。不料，各附庸小邦國乘機起來擺脫法國控制，拿破崙陷入困境。在一八一三年十月的萊比錫戰役中，在薩克森擊敗拿破崙的軍隊。在一八一四年三月三十日，聯軍攻陷巴黎，拿破崙被迫退位，被放逐到義大利的厄爾巴島，波旁王朝復辟，路易十八登上皇位。然而，拿破崙從戒備森嚴的厄爾巴島上逃了出來。一八一五年三月二十日，進占巴黎，重新登上皇位，建立了「百日王朝」。

邦國組成的同盟，打敗了法國，拿破崙被放逐到義大利的厄爾巴島。他擔心柏林可能遭到襲擊，可能會被迫服兵役就匆忙離開柏林。

三、專注於柏拉圖和康德的思想及改造

一八〇九年，他離開魏瑪，成爲哥廷根大學的學生。對於，叔本華爲什麼選擇哥大而不是當時比較著名的耶拿大學（Friedrich-Schiller-Universität Jena），沒有文獻說明，但哥廷根大學在當時被譽爲具有更現代化、更注重科學，較少關注神學的大學。他選擇醫學是因爲他的科學興趣。他在哥廷根跟隨舒茲（Gottlob Ernst Schulze, 1761-1833）學習形上學、心理學和邏輯時，對哲學產生了深刻的印象，舒茲建議他可以更專注於柏拉圖（Πλάτω, 42BC-347BC）和康德（Immanuel Kant, 1724-1804）。

一八一〇～一八一一年左右，他決定從醫學轉向哲學，由於那裡沒有完整的哲學課程〔除了舒茲，唯一的其他哲學教授是布特韋克（Friedrich Bouterwek, 1766-1828）〕，而叔本華不喜歡他，因此離開了哥廷根去了柏林，雖然如此，他並不後悔他在哥廷根所做的醫學和科學研究。他甚至認爲，對一個哲學家來說，這些課程是必要的，即使在柏林，他參加的科學講座也比哲學課多。

一八一一年，他在柏林學習，並在那時開始對費希特（Johann Gottlieb Fichte, 1762-

1814）和史萊馬赫（Friedrich Daniel Ernst Schleiermacher, 1768-1834）產生了濃厚的興趣。

一八三一年八月二十五日，柏林爆發大型霍亂，叔本華本來打算與當時的愛人一同離開柏林，後來對方以照顧家人爲由拒絕了他，二人最終分道揚鑣，叔本華獨自逃離柏林。同年十一月十四日黑格爾因霍亂死於柏林。

四、重要的三本著作

作爲一位悲觀主義者，他的生活非完全隱遁。他雖然是一位性情中人，談過戀愛，被人稱讚，詼諧且能侃侃而談；但他又脾氣火爆，對人類深惡痛絕，對動物卻很有愛心。

他曾因爲瘋狂的髮型、過時的衣著、坐在路邊的長椅上對著自己養的小狗痛罵人性的醜惡而被路人嘲笑他有精神病。他尤其討厭愚昧的人和噪音製造者，甚至還曾因爲噪音問題而跟一位四十七歲的鄰居女裁縫爭執，將她推下樓，導致對方的手臂終身傷殘，叔本華被一狀告上法庭，對簿公堂長達五年，最終法官判女裁縫勝訴，並對叔本華裁以罰金三百個塔勒（Thaler）[7]罰金，並勒令他每年須支付她六十個塔勒，季繳。二十年後，該名女裁縫終於死了，叔本華在他的帳冊上記下：「老婦逝世，如釋重負。」（Obit anus, abit onus）。

---

[7] 在歐洲使用了四百多年的銀幣名稱及貨幣單位。

他的一生最重要的莫過於他的三本著作：《論充足理由律的四重根源》、《作爲意志和表象的世界》、《倫理學的兩個基本問題》，這三本著作構成了他主要的思想：

1. **作爲意志和表象的世界**

叔本華把他的哲學視爲康德哲學的延續，並把他的認識論研究的結果，即超越的理想主義作爲自己的起點。正如他在第二版的序言中寫到的：作爲意志和表現，我已經在第一版的序言中解釋過，我的哲學是建立在康德哲學的基礎上的，因此，我必須預先假我已徹底了解它。⑧

2. **倫理學**

道德的任務不是規定應該做的道德行爲，而是調查道德行爲。哲學總是理論性的：它的任務是解釋給予什麼。根據康德對超驗理性主義的教導，空間和時間是感性的一種形式，其現象在多重性中出現。

3. **美學**

他把藝術看作可能是解除人類存在痛苦的一個途徑。在《作爲意志和表象的世界》第三部分，討論了藝術以及藝術的積極意義。他認爲藝術是獨立於充足理由律之外的表象，所以

⑧ Arthur Schopenhauer, World as Will and Representation, Vol. 1, Preface of the Second Edition.

它能擺脫意志無處不在的訴求。而這種藝術的表象和柏拉圖的理型論有相似之處。審美的沉思允許一個人逃脫這種痛苦，儘管是暫時的——因爲它阻止了一個人僅僅把世界感知成一種表現。相反，人們不再認爲世界是一種感知對象（因此受充分理由原則的約束，時間、空間和因果關係），而世界則與之分離；反之，人們就會帶著這種看法而成爲一個人：「因此，人們再也不能把感知者與感知分開了。」（《作爲意志和表象的世界》，第三十四節）。

4. 心理學

由於一切行爲的動機都出於利己、惡毒、同情這三點，所以一個人的道德程度就可以看成這三者在他的性格中的比例。同情在這三者中所占比例愈大，則一個人的道德程度愈高。叔本華認爲這三者的比例在一個人的性格中無法改變，他對這個觀點的論證是從人類的普遍態度出發的。

哲學家們傳統上並沒有對性留下深刻印象，但叔本華直截了當的處理了它和相關的概念：……人們應該更驚訝的是，一種在人類生活中扮演如此重要角色的東西，迄今實際上被哲學家完全忽視，並作爲未經處理的物質擺在我們面前。⑨他命名了一種在人體內的力量，

⑨ Arthur Schopenhauer, *The World as Will and Representation*: Supplements to the Fourth Book.

他認爲這種力量在理智上具有不變的優先權——生命或生命意志（Wille zum Leben），被定義爲人類內在的驅動力，甚至所有生物——生存；一股迫使我們複製的力量，[10]叔本華拒絕將愛想像成瑣碎或偶然的，而是把它理解爲一種極其強大的力量，存在於人類心靈中，保證人類的品質：所有愛情事務的最終目標……比人類生活中的所有其他目標都重要；因此，它非常值得大家追求它的深刻嚴肅性。決定什麼，無非是下一代的組成……。[11]人們常說，叔本華的性思想預示了進化論，達爾文似乎滿足了這一說法，因爲他讀了這樣一篇主張後，在《人類的由來與性擇》（*The Descent of Man, and Selection in Relation to Sex*）[12]中引用了叔本華的一段話。[13]這也讓我們注意到佛洛伊德的性傾向（Libido）[14]和無意識的

---

⑩ *The Oxford Encyclopedic English Dictionary*, Schopenhauer, Oxford University Press, 1991. p. 1298. ISBN 978-0-19-861248-3.

⑪ Arthur Schopenhauer, *The World as Will and Representation*, Supplements to the Fourth Book.

⑫ 《人類的由來與性擇》是英國自然學家查爾斯・達爾文於一八七一年首次出版的一本書，該書將進化理論應用於人類進化，並詳細介紹了他的性選擇理論，這是一種與自然選擇不同但相互關聯的生物適應形式。

⑬ Darwin, *Charles. The Descent of Man*, p. 586.

⑭ 性傾向（Libido）是一個人的整體性驅動或慾望的性活動。

頭腦的概念，以及一般的進化心理學。⑮

五、從人類行爲的動機出發探討人類道德的基礎

叔本華在一八三六年發表了《論意志的自由》和《論道德的基礎》兩篇論文，一八四一年出版了《論意志的自由》和《論道德的基礎》兩篇論文的合集，題爲《倫理學的兩個基本問題》，叔本華以爲這兩篇文章是互相獨立的，但又互補成爲一個關於倫理學基本眞理的體系。他希望讀者能在這一體系中看到已停滯半個世紀的發展，他在第一版版序言中花了很多的篇幅說明他對於丹麥科學院對他的評語的申辯。即使在二十年以後他在出版他的第二版時仍然對丹麥科學院的評語無法釋懷。

在意志自由這篇文章中他對挪威皇家科學院提出的問題：人類的意志的自由能夠從自我意識得到證明嗎？他企圖從意識的自我跟他我的兩個層面來說明意志和自由的關係。而在道德的基礎這篇文章中，基本上他仍然是對丹麥皇家科學院提出的問題所引起的一些意見的答辯，首先他對康德的道德哲學基礎性的批判，然後論及倫理學的創立，接著從形上學的觀點來說明道德的基礎是什麼。

---

⑮ "Nearly a century before Freud ... in Schopenhauer there is, for the first time, an explicit philosophy of the unconscious and of the body." *Safranski*, p. 345.

叔本華稱個體化原則（principium individuationis）是一種本性。當我們看到大自然時，看到這是一場殘酷的生存之戰。意志的個體表現只能以犧牲他人爲代價來維持自己——意志作爲唯一存在的東西，別無選擇，只能吞噬自己去體驗快樂。這是意志的基本特徵，不能迴避。⑯

叔本華認爲倫理學是很簡單的一門學科，他從人類行爲的動機出發探討人類道德的基礎。認爲人類行爲的動機可以分成三種：希望自己快樂、希望眾生痛苦、希望眾生快樂。他將這三種動機分別概括爲利己、惡毒、同情，其中利己和惡毒是非道德的推動力，只有基於同情才是眞正的道德行爲。並指出很多表面上的道德行爲都是出於利己的目的而做出的，其中最重要的兩個原因是個人名譽和法律規範。出於個人名譽的道德行爲其目的隱含著滿足自己的意欲，希望自己獲得他人的敬意從而產生心理上的滿足。而迫於法律規範的道德行爲則是爲了規避法律懲罰，免於自己受到損失而做出的。這些行爲在叔本華看來，是沒有眞正道德意義的。出於這種目的的極端形式是：一切都是我的，別人什麼都沒有。基於這個原因的庸俗情況，就是我們常看到的，那些爲了生理需求上的諸如：食慾、性慾以及舒適等要求而發展出來的極端不道德行爲。

第二種非道德的動機是惡毒，它的目的是希望眾生痛苦。叔本華認爲惡毒是無處不在

---

⑯ Arthur Schopenhauer, *Parerga and Paralipomena*, Vol. 2, § 173.

的，但一般它的程度都是輕微的，普遍表現爲彼此之間的漠視和反感。人類用禮貌和聰明來掩飾這一動機，所以背後的惡意中傷和謠言誹謗便相當常見。惡毒的兩大根源是嫉妒和幸災樂禍，嫉妒是與生俱來無法擺脫的卑劣人性，因爲嫉妒的東西本應是受到敬佩和感動的。而幸災樂禍可以說是惡毒的普遍現身，叔本華認爲沒有比幸災樂禍在道德上更一無是處的了。出於惡毒的極端形式是：盡其所能的傷害眾生，一切殘忍的行爲都只是將幸災樂禍付諸實施的行徑。

叔本華認爲一切的非道德行爲都能由以上兩種動機中推導出來。而眞正的道德是非常稀有的，眞正有道德的人也是萬中無一，他說我們會對那些道德行爲產生敬意，正說明了那些道德行爲與眾不同、是不可思議的。他引用了盧梭（Jean-Jacques Rousseau, 1712-1778）的話：「人們不會對比自己幸福的人產生同感，而只會對比我們不幸的人感同身受。」即我們的直接同情心只局限於對眾生的痛苦，而不是安逸。因此，同情實質上是對眾生痛苦的感同身受，也就是將眾生與自己視爲一體。從同情出發，直到高尚無私，慷慨大量，一切對於美德的讚美詞彙都出於此而沒有其他。

叔本華將從同情出發的倫理學基本原則定爲：不傷害眾生，盡能力去幫助眾生，其對應的兩大基本美德是公正和仁愛。公正表現了同情的否定性質，即不能忍受眾生受苦，迫使自己至少不去傷害眾生。而仁愛則表現爲同情心的肯定作用，它比公正更高尚，即看見眾生痛苦，就像自己受苦，從而使自己去幫助一切眾生。叔本華認爲這兩者都是極端罕見的，但又確實存在，即使再沒有道德的人也無法否認公正和仁愛這兩者。

六、開創的非理性主義思潮影響後世文人和哲學家

叔本華的思想對學術界和文化界影響極爲深遠，直到第一次世界大戰，他仍然是德國最具影響力的哲學家。[17]他所開創的非理性主義思潮不但影響了華格納（Wilhelm Richard Wagner, 1813-1883）、蕭伯納（George Bernard Shaw, 1856-1950）、尼采（Friedrich Wilhelm Nietzsche（1844 -1900）、托爾斯泰（Lev Nikolayevich Tolstoy, 1828-1910）、莫泊桑（Henri René Albert Guy de Maupassant, 1850-1893）、維根斯坦（Ludwig Josef Johann Wittgenstein, 1889-1951）、柏格森（Henri Bergson, 1859-1941）、沙特（Jean-Paul Sartre, 1905-1980）、霍克海默（M. Max Horkheimer, 1895-1973）等眾多文人和哲學家，甚至連愛因斯坦（Albert Einstein, 1879-1955）、薛丁格（Erwin Rudolf Josef

---

[17] Don, Howard (1997). A Peek behind the Veil of Maya: Einstein, Schopenhauer, and the Historical Background of the Conception of Space as a Ground for the Individuation of Physical Systems. University of Pittsburgh Press. Pauli greatly admired Schopenhauer. ... Pauli wrote sympathetically about extrasensory perception, noting approvingly that "even such a thoroughly critical philosopher as Schopenhauer not only regarded parapsychological effects going far beyond what is secured by scientific evidence as possible, but even considered them as a support for his philosophy".

Alexander Schrödinge, 1887-1961）、佛洛伊德（Sigmund Freud, 1856-1939）和榮格（Carl Gustav Jung, 1875-1961）等皆受其影響。

法國作家莫泊桑曾評論說：「時至今日，那些嘲笑他的人似乎也帶著自己靈魂中他思想的粒子。」⑱

華格納和尼采非常崇拜叔本華，華格納將其歌劇《尼伯龍根的指環》（*Der Ring des Nibelungen*）⑲獻給叔本華，而尼采甚至稱叔本華爲自己的「父親」，法蘭克福學派中一個代表人物霍克海默亦稱叔本華爲「心靈之父」，並撰寫了《作爲教育家的叔本華》（*Schopenhauer as Educator*）⑳來紀念他。而莫泊桑亦曾戲稱他爲「人類歷史上最偉大的夢想破壞者」。

---

⑱ See the book-length study about oriental influences on the genesis of Schopenhauer's philosophy by Urs App: Schopenhauer's Compass. An Introduction to Schopenhauer's Philosophy and its Origins. Wil: UniversityMedia, 2014 (ISBN 978-3-906000-03-9)

⑲ 本意爲尼伯龍人的指環，是一個由四部歌劇組成的系列，由華格納作曲及編劇，整個於一八四八年開始創作，至一八七四年完成。

⑳《作爲教育家的叔本華》是尼采三十歲時發表的一部充滿激情的著作，以叔本華爲範例，闡述了他對哲學家的品格、哲學的使命、哲學與人生及時代的關係等重大問題的看法。

第一版序言

這兩篇文章是互相獨立的，是由於外界因素而形成的，然而它們又互補成爲一個關於倫理學基本眞理的體系。但願人們能在這一體系中看到已停滯半個世紀的這一學科之進步。當然，兩篇中的任何一篇都沒有引證另一篇和我以前的著作，這是因爲每一篇文章都是爲了不同的科學院而作，嚴格的匿名也是眾所皆知的條件。因此，兩篇文章也都不可避免地涉及某些相同的方面，這是因爲不能事先設定一些條件，並且須從頭開始。事實上，這兩篇文章是關於兩種學說的眞正專門論述，這兩種學說就其基本特點而言可以在《作爲意志和表象的世界》（*Die Welt als Wille und Vorstellung*）的第四篇中找到，①但是在那裡，它們是從我的形而上學中推導出來，也就是用綜合的方法**先驗**地推導出來；而在這兩篇文章中則相反，是用分析的方法**後驗**地加以說明。由於根據實際情況，不允許提出假設，因此在《作爲意志和

① 《作爲意志和表象的世界》共分四篇，分別是：第一篇：世界作爲表象初論，服從充分根據律的表象，經驗和科學的客體；第二篇：世界作爲意志初論，意志的客體化；第三篇：世界作爲表象再論，獨立於充分根據律以外的表象，柏拉圖的理念，藝術的客體；第四篇：世界作爲意志再論，在達成自我認識時，生命意志的肯定和否定。見商務印書館出版的《作爲意志和表象的世界》的中譯本。——譯者注

表象的世界》中是第一位的東西，在這兩篇文章中則成了後一位的東西。然而，正因爲這兩篇文章是從這種大家都會採用的一般立場所出發的，因此儘管經過了專門的論述，它們還是易於理解，說服力也增強了，其重要性也得到了更詳細的說明。這兩篇文章可以視爲對我的主要著作第四篇的補充，就如同把我的《自然界中的意志》（*Der Wille in der Natur*）視爲對該書第二篇澈底的、重要的補充一樣。此外，雖然後一篇和前一篇的題目看來是迥異的，但是兩篇之間卻有著眞正的聯繫：前一篇從某種程度上來說，確實是後一篇的鑰匙，而看到這種聯繫有助於完整地理解這兩篇文章。如果有朝一日有人閱讀我的作品，那麼他將會發現，我的哲學就像古代埃及的首府底比斯一樣，有著一百座城門，他可以從任何一扇門進入其中並筆直地走到市中心。

另外，我還要指出，兩篇文章中的第一篇已收錄在挪威皇家科學院在德隆海姆出版的最新一卷的紀念文集中。挪威皇家科學院考慮到德隆海姆離德國甚遠，極其熱情慷慨地答應了我的請求，允許爲德國重印這篇文章，在此，我向該科學院公開表示我眞誠的謝意。

第二篇文章未獲丹麥皇家科學院的嘉獎，雖然沒有其他的競爭者，但由於該科學院對我的文章發表了評語，我認爲我有理由對此加以說明並作出申辯。讀者可以在該文的後面看到這篇評語，並從中發現丹麥科學院對我的文章不僅不給予些許褒獎，反而一味地指責；指責分爲三個部分，現在我將逐點加以批駁。

第一個指責也是主要的指責，其他兩個指責只是附帶的。這個指責是關於我誤解它所提出的問題，而這是由於我誤以爲它是要求我提出倫理學的原則，然實際上，它問的主要是形而上學和倫理學的關係，而我完全沒有講到這種關係；「他忽略了最主要的要求」，評語從一開始就這樣說。但是在三行話以後，它又把這句話忘了一乾二淨，並且說出相反的話，「他說明了他的倫理學原則和他的形而上學關係」，即我說明了這種關係，然而，我是將此作爲文章的附錄，[②]作爲超出要求的部分所提出來的。

對於評語的這一矛盾本身，我完全不加以考慮。我把它視爲陷入迷茫而手足無措的童稚之舉。相反，我倒要請求公正而有學識的讀者，現在仔細地讀一讀丹麥科學院提出的問題及問題之前的引言，這兩項連同我的德語譯文都放在了文章的前面，然後我請他們判斷一下，問題到底問的是什麼，是倫理學的最終根據、原則、基礎、眞正的、實際的起源呢？還是倫理學和形而上學的關係。爲了使讀者易於弄清楚眞相，現在我想對引言和問題作一分析，並極其明確地強調它們的意思。引言告訴我們，「也許存在著一個必不可少的德行理念，或一個關於道德律的原初概念，這一原初概念出現在兩個方面：即一方面在作爲科學的道德之中，另一方面在實際生活之中；在後者又表現在兩個方面，即一部分在對我們自己的行爲的評判之中，一部分在對他人的行爲的評判之中。然後又有別的以它爲基礎的概念與這

② 即第二篇文章的第四部分。——譯者注

一德行的原初概念相關聯。」③丹麥科學院在這一引言的基礎上提出它的問題，即：「道德的起源和基礎究竟在何處？也許是在德行的原初理念之中，而這原初理念也許實際上和直接地是在意識，或者是在良心之中？這一原初理念以及由此產生的概念，也許將在以後加以分析，或者道德還有另一個認識根據？」如果去掉那些非本質的東西並使之十分清楚的話，那麼用拉丁文來表達問題就是這樣的：「道德哲學的起源和基礎在何處可詰究？是在對寓於直接意識的德行理念的解釋中，抑或是在另一個認識根據中？」這後一個問題非常清楚地表明——問的就是道德的認識根據。現在，我還想，也許是多餘地，談一談問題的另一種提法。引言是從兩個完全經驗的觀點出發的：「事實上存在著一種道德科學，同樣也是事實的是，道德概念使自己在現實生活中成爲可以覺察到的，即一部分是透過我們本身，在我們的良心中，從道德的角度來評價自己的行爲；另一部分是透過我們從道德的角度來評價別人的行爲，同時，各種各樣的道德概念，如義務、責任等也是普遍適用的。這時，在這一切之中，出現了一個德行的原初理念，出現了一種關於道德律的基本思想，其必然性確實是固有的，而不是純邏輯的，這就是說，這一原初理念不能依據產生於需要加以評價行爲的單純矛

③ 叔本華在這篇序言中引用的丹麥皇家科學院的徵文啓事和評語的文字，和附在本書第二篇文章《道德的基礎》前後的徵文啓事和評語的文字不盡相同。由於都是叔本華本人把它們從拉丁文譯成德文的，因此，中譯文的文字相應地也不盡相同。——譯者注

盾律，或依據這些行爲根據的準則來加以證明。後來又從這一道德的原初概念產生了其他主要的道德概念，它們依附於這一原初概念，因此也是不可分離的。」但是這一切又是以什麼爲基礎的呢？這確實是一個重要的研究課題。因此，丹麥科學院提出了如下任務：「應該探求道德的起源，就是說道德的源頭，即道德的基礎，應該從何處探求它呢？換句話說，在什麼地方能找到它呢？也許是天賦予我們的，存在於我們的意識或良心中的德行的理念之中？這一理念，連同依附於它的其他概念只需要在以後加以分析。或者可以在別的什麼地方找到它？這就是說，也許道德有另一種對我們責任的認識根據作爲它的起源，這一認識根據完全不同於剛才以建議和範例的方式提出來的認識根據？」這就是更詳細更清楚的，但是忠實確切地重新敘述了的引言和問題的內容。

至此，對於皇家科學院問的就是道德的起源、源頭、基礎，最終的認識根據這一點，誰還能有絲毫的懷疑呢？而且現在，道德的起源和基礎，絕對的就是德行的起源和基礎本身，而不能是別的，因爲從理論上和觀念上來說，道德的東西，從實踐上和現實上來說，也就是德行的東西。但是，德行的起源，必須絕對地是一切道德的善行的最終根據，所以就道德這一方面而言，也必須提出這一根據，使自己在爲人所作的一切規定方面有所依據——如果它不想使它的規定完全是捕風捉影的，或者是錯誤地制定的。因此，它必須證明所有德行的這一最終根據，因爲作爲一座科學大廈的它是以這一根據爲基石的，就像作爲實踐的德行是以這一根據爲源頭的。這一根據無可否認的就是道德哲學的基礎，徵文啓事問的就是這一點；因此，明白如白晝的就是：徵文啓事確實要求探究和提出倫理學的原則，且不是在純粹的最高準則或基本規定意義上的，而是在所有德行的眞正根據，是道德的認識根據之意義上的。但是，現在評語否定這一點，說由於我弄錯了，所以我的文章不能獲獎。每一個讀過徵文啓事的人都將會和必然會這樣以爲的，因爲這一切就寫在那裡，白紙黑字，用清楚無異義的詞，而且只要拉丁文的詞還保持著它們的意思，這一點就無可否認。

關於這一點，我已講得很詳細了，但是事情是重要的、值得注意的。因爲由此可以清楚肯定的是，丹麥科學院否定了它顯而易見地、無可否認地問過的東西；相反地認爲問的是別的東西，即形而上學和道德的關係是有獎徵文的主題（從題目本身就可以明白這一點）。現在讀者可以查一查，在徵文題目裡，或者在引言中，是否可以找到任何有關的字；結果是既找不到這樣一個字，也看不到任何暗示。誰要是問及兩門學科的關係，就必須提到這兩門學科，但是無論在徵文題目或引言裡，都沒有提到形而上學這個詞。此外，如果人們把評語的這一句主句從顛倒的位子放到自然的位子，那麼這句話也將變得更清楚，它仍可用完全相同的詞說：「題目本身是要求進行一種研究，在這種研究中，首先要闡明形而上學和倫理學的關係。但是作者忽略了題目主要要求的東西，而且認爲，題目是要求提出某種倫理學原則，因此，他把文章中討論他提出的倫理學原則，以及他的形而上學關係的那一部分只是放在附錄之中、只是作爲超出要求的部分。」難道在徵文啓事的引言由以出發的主要觀點中，也並沒有提到形而上學和道德的關係問題嗎？因爲這一引言一開始就作了經驗的說明，並以出現**在日常生活**中的道德評價及類似的東西爲基礎，然後它才問到，這一切最終究竟是以什麼爲基礎的。這一引言最後把存在於意識當中天賦的德行的理念作爲一種可能的解釋的例子提了出來，也就是說，在它提出的例子中，它是企圖把一種純**心理學的事**實，而不是某種形而上學的原則視爲答案的，這是很成問題的。但是，由此可以清楚地看出，它要求用某種**事實**，無論是意識的或外界的事實，對道德加以證明，但是並不希望從某種形而上學的夢幻中導引出這種證明；因此丹麥科學院有充分理由拒絕用這樣一種方式解答問題的文章。人們應該想到這一點。但是還須看到的是，所謂已經提出來的、但是確實遍覓不見的關於**形而上學和道德的**關係問題，可能是完全無法回答的問題，因此，如果我們相信丹麥科學院是有所見地的話，也是一個**不可能**的問題。之所以是**無法**回答，原因在於確實**根**本就不存在**一種形而上學**，而只能存在著不同的（而且是極其不同的）**形而上學**，也就是說，存在著各種各樣的形而上學的嘗試，數量極其可貴。因此，存在過如此之多的哲學家，每一個人都唱著一首完全不同的歌曲，所以他們是完全不同的（有著不同的意見）。那麼，我們完全可以探究亞里斯多德派、伊比鳩魯派、斯賓諾莎派、萊布尼茨派、洛克派，或者其他學派的形而上學和倫理學之間的關係；但是絕不能探究**無條件的形而上**學和倫理學的關係，因爲這一問題可能沒有什麼特定的意義，它是要求一種既定的和一種完全不確定的東西，是的，也許是不可能的東西的關係。如此長久地不存在著一種被公認爲是客觀眞實的，不可否認的形而上學，即**無條件的形而上學**，因此我們全然不知道，這樣一種形而上學是否還有可能，以及它將會是、可能是什麼東西。如果這時有人迫不及待地說（特別強調地說），我們確實擁有一種關於完全普遍的，所以當然是不確定的形而上學一般的概念，而就這一概念而言，可能就是要探究這一抽象的形而上學和倫理學的關係；那麼也就是承認，對這樣一種意義上的問題之回答，是如此的容易和簡單，以至於還要進行有獎徵答，竟是如此的可笑。因此，丹麥科學院無非是說，一種眞正完美的形而上學也必須爲倫理學提供一個堅實的支柱，提供它的最終根據。此外，人們在我文章的第一部分中就可以看到對這一思想的論述，在這一部分中，儘管碰到了面臨問題的困難，特別提出了這樣一種形而上學，但就其本性而言，它排除了用某種人們可以由以出發的、可以依靠既定的形而上學來對倫理學作出證明的可能性。

因此，我在上面已無可辯駁地證明，丹麥皇家科學院確實提出它否認提過的問題；相反地，它認爲提過的問題，它並沒有提過，是的，根本就沒有提過。根據我提出的道德原則，丹麥皇家科學院的這種做法，當然是不對的；如果僅僅是因爲認爲我的道德原則是行不通的話，它應該也要有另一個原則，來說明它的做法是對的。

但是丹麥科學院確實提過的問題，我已詳細的加以回答。我先是從否定的方面來回答的，即倫理學的原則並不存在於人們六十年來一直認爲證明是可靠的地方。然後我從肯定的方面揭示了從道德上來說，值得贊許行爲的眞正根源，我確實證明了，這一根源就是原則，而任何別的根源都不可能是原則。最後我又指出了倫理學的這一眞正根據和一個普遍的基本思想是有聯繫的，而不是和我的形而上學，如同丹麥科學院的評語錯誤地認爲的那樣，也不是和某一個特定的形而上學有聯繫。這個基本思想是許許多多，也許是絕大多數，毫無疑問是最古老的，而且依我之見是最眞正的形而上學體系所共有的。這一形而上學的論述，我把它作爲我文章的最後一部分，而不是像評語所說的那樣作爲一個附錄，它是整體的一個結尾，是整體都匯流其中的一種更高級的考察。在這一章裡我所說的，超出了徵文啓事實際所要求的，之所以如此，是因爲徵文啓事一個字都沒有提到關於形而上學方面說明的事，更不像評語所認爲的那樣，它確確實實提到了這一件事。至於這一形而上學方面的論述是否爲一個附錄，也就是說，我是否比要求的寫得還多，則是一件次要的事情，是的，是無關緊要的事情，我寫了這一部分，這就足夠了。但是，評語想以此攻擊我，卻說明了他們的手足無措；他們竭盡所能，只是想反對我的文章。此外，就事情的本質而言，形而上學考察那一部分也必須是文章的結尾。因爲如果把它放在前面，那麼倫理學的原則就必須綜合地從那裡推引出來，要這樣做，那就只有丹麥科學院說，它希望看到從許許多多如此完全不同的形而上學中的某一種推引出一個倫理學原則，但是這樣一來，這個倫理學原則就得完全依附於事先提出來的形而上學，那麼就會成爲問題。因此，問題的性質使分析地證明道德的原初原則，不以某種形而上學爲前提，而是從事物的實際情況來證明這個原初原則成爲必要的。而這正是因爲，在近代，這條道路被普遍視爲唯一可靠的道路，康德以及在他之前的英國道德學家們，也曾致力於用分析的方法，不以任何一種形而上學爲前提來證明道德的原則。看不到這一點，顯然，是一個倒退，如果丹麥科學院確實想要這樣做，那麼它至少也應該十分明確地表示出來；但是在它的徵文啓事裡卻從未提及這一點。

此外，由於丹麥科學院大度地對我文章的基本缺點保持沉默，因此我將避免不指出它來。我只是害怕這對我們不會有什麼好處，這是因爲我預感到，我的讀者將在好奇心的驅使下發現那些有問題的部分。無論如何這也將使他們錯誤地以爲，我爲挪威科學院所寫的文章至少也會有同樣的基本缺點。挪威皇家科學院當然沒有因此而不褒獎我的文章，得到這一科學院的贊許也是一種榮耀，其價值隨著時光的流逝，我看得愈來愈清楚、全面，因爲它作爲一個科學院除了有志於眞理、光明和促進人類的認識之外別無所求。科學院不是信仰法院，任何一個科學院在它提出像這兩個問題一樣高深、嚴肅、艱難的問題，並作爲徵文的問題時，它事先就應該對此有所認識，並確認它是否也確實準備像它一貫聲稱的那樣，對眞理公開地表示贊同（這一點是始料未及的）。因爲一旦有人對一個嚴肅的問題作出嚴肅的答覆以後，想要再收回就來不及了。有一次貢薩洛的石像受到邀請，在它進來的時候，連唐璜（Don Juan）都覺得它太放蕩了，以至於覺得不該邀請它。[④]這一顧慮無疑就是歐洲各科學院通常不肯提出這類問題的原因，而現在的這兩個問題確實是我想得起來的、我所見到過

④ 唐璜，是西班牙作家蒂爾索·德·莫利納（Tirso de Molina, 1583-1648）的《塞維利亞的嘲弄者》一劇的主角，是個放蕩不羈的浪子。他在塞維利亞一座教堂中見到了貢薩洛的石像，就邀請它共進晚餐，石像回請他，在席間將他活活燒死。——譯者注

的、從來未曾被提出過的問題，正因爲很少見到，所以我就回答了這兩個問題。雖然我長時間以來就很明白，我對哲學的態度過於認眞，以至於我不可能成爲一個哲學教授；然而我也並不認爲，一個科學院會犯和我一樣的錯誤。

丹麥科學院的第二個指責是：作者文章的形式不能使我們感到滿意。對此沒有什麼好說的，這是丹麥科學院的主觀臆斷。[5]爲了討論這個問題，我發表了我的文章，並附上了丹麥科學院的評語，使之保存下來，以免遺失。

只要水在流，大樹在長，
只要太陽在升起，在照耀，
只要月亮在閃亮，
河流就會保持其水流，
海洋就會保持其喧囂，
我就會告訴遊人，

---

[5] 他們說：「這與我無關！而且認爲，他們已把此事了結了。」——歌德：《諺語集》第二版補遺（Goethe：*Sprichw örtlich, Zusatz zur zweiten Auflage*）

彌達斯⑥就葬在這裡。⑦

在此我要說明，我在這裡發表的文章和我寄出時的樣子完全一樣，這就是說，我沒有刪去什麼，也沒有改動什麼，只有少許簡短的、不重要的補充。它們是我在寄出後加上去的，但是我在每一個補充的開頭和結尾處加上了括弧，以避免任何非議和遁詞。

評語接著說：他對這一基礎也沒有作出充分的證明。對此我要說：我確確實實且認眞地證明了我的道德基礎，而且幾乎和數學一樣嚴謹精確。這在道德學中是無先例的，我之所以能做到這一點，是由於我比從前任何人研究得都還要深刻，我深入了人的意志本質之中，我揭示和提出了三個最終的動機，人的一切行爲都源於它們。

但是評語竟然還說：是的，他也看到有必要承認反對的意見。如果這意味著我自己也宣布我的道德證明是不充分的，那麼讀者就會發現，沒有任何這方面的痕跡，我也沒有這樣想過。但是，如果這是暗指那些話，即我在一個地方說過，對反自然的肉欲之罪惡的摒棄和公正、仁愛的德行並不是從同一原則導引出來的，那這不過是以偏概全和只能是又一次證明

⑥ 彌達斯（Midas），意爲「無法掩飾的無知」，詳可參見本書第二版序言註腳②。——譯者注

⑦ 最後一句詩句在第一版中曾被刪去，其前提是讀者會自行將其補上。柏拉圖：《斐多篇》第二六四頁（Platon: *Phaidr*）。

了，他們爲了排斥我的文章是多麼的不遺餘力。在評語結尾的地方，丹麥科學院還對我橫加指責，即使這一指責的內容還可能站得住，我也看不出它有什麼公正性。因此我想在這裡對此說明一下，丹麥科學院指責我說：好幾個近代傑出哲學家竟被不得體地提到，這不能不使人們感到惱怒不快。這些傑出的哲學家也就是**費希特**和**黑格爾**！因爲我是用十分粗俗的語言談到了這兩個人，因此在丹麥科學院提到的那句話裡是能找到這樣的詞語，是的，就其中提到的那個指責本身而言應該說是正確的，如果這兩個人是傑出的哲學家的話，而這就是癥結之所在。

至於講到**費希特**，我的文章只是重複了我早在二十二年前，在我的主要著作中已經發表過的評論。這裡所要說明的是，我在文章中用專節詳細地講到了**費希特**，這一節就足以說明，他離一個**傑出的**哲學家有多遠，然而我還是把他當成遠勝於**黑格爾**的一位「天才」。對於**黑格爾**，我沒有作評論，只是用最堅決的口氣說出了我不夠含蓄的譴責之辭。因爲，我認爲，他對哲學一無貢獻，他對於哲學，以及透過哲學對德國文學所產生的影響是極其可惡的，完全應該受到譴責的，人們甚至可以說是瘟疫性的；因此，每一個能自我思考和自我評判的人都有義務利用每一個機會，堅決反對他的這種影響。假如我們沉默，那麼誰應該開口呢？所以在評語的最後，對我的指責除了是關於**費希特**的評價外，就是關於**黑格爾**的，是的，當丹麥科學院講到我對於**近代傑出哲學家**不禮貌地沒有給予該有的尊重時，主要指的就是他，因爲他受到了我最猛烈的抨擊；因此，丹麥科學院公開地宣布**黑格爾**是一個**傑出哲學**

家。丹麥科學院是以法官的身分這樣做的，它錯誤地指責像我這樣的文章。

如果有一群人，爲了美化抱成一團的撰稿人之醜惡行徑；如果黑格爾派的領薪水教授們和餓肚子的私人講師們想把兩個十分平庸，卻是十足的江湖騙子吹捧成世界上曾經有過的最偉大的哲學家，而且是不遺餘力地和以從未有過的厚顏無恥來吹捧的話，那麼這種可憐欲望的愚蠢目標，就連不怎麼在行的人都會一目了然，因此也就用不著對它加以認眞的考慮了。但是，如果發生了這樣的事情：一個外國科學院把這樣一個哲學騙子當作一個傑出哲學家而加以庇護，是的，甚至允許自己去誹謗那個正直無畏地堅決反對這種虛假的、巧取豪奪來的榮譽之人，而這種榮譽也只是適合那種對虛假的、醜惡的和腐蝕人的心靈的東西的厚顏無恥的吹捧和追求，如果是這樣的話，那麼事情就變得嚴肅了：因爲這種如此被確信無疑的評語很可能誤導那些不了解內情的人進入到巨大的、可怕的錯誤中去，所以必須加以澄清。然而，由於我並不擁有一個科學院的權威，就只能依仗證據來說話了。因此，我現在想清楚無誤地提出這些證明來，希望它們能有助於把賀拉斯（Horaz）的建議推薦給丹麥科學院，賀拉斯的建議是：爲了將來，如果你想推薦誰，那你就該認眞地考察一番，以便你不至於會爲了他的罪行而感到臉紅。⑧

爲此，我要說這位黑格爾所謂的哲學是一種故弄玄虛的神祕主義，將是後人嘲笑我們這

⑧《書札》（*Epist*）第一卷，第十八首，第七十六頁。

個時代取之不盡的話題，是一種麻痺所有精神力量，扼殺任何實際的思想，和借助對語言最可恥的濫用，用最空洞、最無意義的、最無思想的，以及如同結果所表明的，使人蠢不可及的廢話來取代這種實際思想的僞哲學，這種僞哲學以無中生有、荒謬可笑的突發奇想爲核心，既沒有根據又沒有結果。也就是說，是什麼也不能加以證明和本身也證明不了什麼或說明不了什麼，它還缺乏獨創性，只是對經院哲學的現實主義以及斯賓諾莎主義的一種單純的模仿，反過來看，又是基督教想要提供的一種怪物，因此：

正面是一頭獅子，背面是一條龍，中間則是一頭母羊。⑨

我這樣說它，是說對了。此外，我還要說，在丹麥科學院這個**傑出哲學家**之前，還從未有人像他這樣胡說八道的，因此，誰要是閱讀他最受稱讚的著作，即所謂的《精神現象學》（*Phaenomenologie des Geistes*），⑩就很可能會感到猶如身處瘋人院裡，我這樣說，是一點也沒有錯的。這裡，我可以給丹麥科學院一條出路，說那種聰明才子的高深學問對於智力

---

⑨《伊利昂》（*Ilias*），又譯《伊利亞特》，第六卷，第一八一行。

⑩ 實際叫作《科學體系》（*System der Wissenschaft*，Bamberg），一八〇七年。必須讀這個的第一版才行，因爲在《全集》（*Sämtliche Werke*）中，有些東西已被擔任編者的黑格爾分子刪掉了。

低下者，例如像我這樣的人來說是不可及的，而我認爲是無意義的東西卻恰恰是無比深刻的東西。這樣的話，我當然得找到一個牢靠的、不會引起歧義的把柄，並把對手逼入一條無法逃遁的死巷。我現在將要無可反駁地證明，丹麥科學院的這位傑出哲學家甚至連普通人的智力都沒有。連這種智力也沒有卻能成爲一個傑出哲學家，這是丹麥科學院怎麼也不會提出來的一個研究題目，但是我將用三個不同的例子來說明他缺乏這種普通的智力。這三個例子，我將取自他的一部著作，這也許是他下最多工夫的一部著作，這部著作就是他的大學讀本，書名爲《哲學百科全書》（*Enzyklopaedie der philosophischen Wissenschaften*），一個黑格爾分子把它稱作黑格爾派的聖經。

在《哲學百科全書》的「物理學」部分第二九三節（一八二七年第二版），他論述了比重，他把比重稱作特有的重力，並反對比重是以不同的多孔性爲基礎的觀點，他的理由是：「一條鐵槓，平衡懸吊在自己的支點上，在被磁化以後，就失去自己的平衡，一端比另一端顯得重量更大，這種現象就是關於存在著重力分化的例證。在這裡，鐵槓的一部分受到磁的影響，以致其體積未變，重量卻變得更重；因此，物質的品質未增，其比重已經增加。」[11]因此，丹麥科學院的這位傑出哲學家就得出了這樣的結論：「一條被支在它重心上的鐵槓，如果後來在一邊變重了，那麼它就向這一邊傾斜；但是現在，一根鐵槓在它被磁化

⑪ 參見黑格爾：《自然哲學》中譯本，商務印書館一九八〇年五月版，第一七二頁。

以後，向一邊傾斜，因此是它在這一邊變重了。」結果就可以打一個有意思的比方：「所有的鵝都有兩條腿，你有兩條腿，因此你就是一隻鵝。」因爲黑格爾的三段論把它放到範疇形式中去，就是這樣：「所有的東西，在一邊變重了，它就向這一邊傾斜，這根被磁化的鐵槓向一邊傾斜了，因此它就是在這一邊變重了。」這就是這位傑出哲學家和邏輯學革新家的推理方法，可惜人們忘記告訴他，結論不能從第二形態中的純肯定前提中得出。但是嚴肅地講，這是先天邏輯，它使每一個健全的智力都不可能得出類似的結論，而缺乏這種邏輯，就意味著無知。一本教科書裡有這樣的論點，談論什麼物體不增加其品質就可以變重，這樣的教科書只會使年輕人健全的智力得到扭曲，這是無須爭辯的。以上是我要舉的第一個例證。

丹麥科學院的傑出哲學家缺乏普通智力的第二個例證，是他的同一部主要著作和教科書的第二六九節中，這樣一個命題：「萬有引力與慣性定律直接相矛盾，因爲借助於萬有引力，物質力圖越出它自身而達到他物。」⑫怎麼回事？難道連一個物體被另一個物體相吸引和被它所推動一樣，都和慣性定律沒有什麼矛盾也不懂？在第一種情況和第二種情況一樣，都是外部原因的介入，揚棄或改變了一直持續存在著的靜止和運動，而且在吸引和推動、作用和反作用時都是一樣的，這樣一種謬論竟然如此恬不知恥地被寫了進去，而且還是

⑫ 參見黑格爾：《自然哲學》中譯本，商務印書館一九八〇年五月版，第八十五頁。

寫進了大學生用的教科書裡！學生們將因此在每一個學者都應該知曉的自然科學最基本概念方面永遠是錯的。是的，榮譽愈是他不該享有的，他就愈是無恥大膽。對於能夠思維的人來說（這不是指我們的**傑出哲學家**，對他來講，「思想」永遠只停留在嘴上，就像酒店老闆把從未光顧他店號的諸侯名字寫在招牌上一樣），更不明白的是，一個物體推開另一物體就像它吸引它一樣；因爲對於一物和另一物一樣，不可解釋的自然力是它們的基礎，每一種因果解釋都是以這種自然力爲條件的。因此如果有人想說，一個由於萬有引力而被他物吸引的物體力圖越出「它自身」而達到他物的話，那麼他也必須說，被推動的物體「越出它自身」避開推動之物，而且在一物身上就像在他物身上一樣，必須看到慣性定律的被拋棄。慣性定律直接來自因果律，而且實際上是將它反過來講。因果律說：「每一變化都是由一個原因造成的。」慣性定律說：「沒有原因的地方，也就沒有變化。」因此，可能違背慣性定律的事實也會違背因果律，也就是說，會違背先驗良心，並可能向我們指出一種無原因的作用，而接受這一點，就是一切**無知**的核心。這就是我要舉的第二個例證。

上面提到天生的特點的第三個檢驗，丹麥科學院的傑出哲學家在同一部傑作的第二九八節中，也是加以拒斥的。就在那裡，他反對借助細孔對彈性作出的解釋，他說：「這種解釋雖然也另外抽象地（in abstracto）承認物質是可逝的、不是絕對的，但把物質**實際**上理解爲否定的，要設定對物質的否定，也就在應用中違背了自己的諾言。……以致物質實際上只被假定為肯定的，**絕對獨立的**和**永恆的**。這種錯誤來自知性的一般錯誤，……」⑬什麼樣的笨蛋竟承認過物質是**可逝的**？什麼樣的人會把相反的看法看作是一種錯誤？物質**持存著**，這就是說，它並不像所有其他的東西一樣產生和消失，而是不可消滅和不會產生的。經過所有的時間，它就是存在著和繼續存在著，因此它的數量是既不會增加，也不會減少的；這是一種**先驗的**知識，是如此的堅實和穩固，就像任何一種數學知識一樣。物質的產生和消失，只是設想一下，對我們來說，根本也是不可能的——因為我們的知性形式不允許如此。所以否認這一點，把它說成是一種錯誤，就等於把所有的知性都捨棄了。這就是我要舉的第三個例證。就連賓詞**絕對**也是可以合情合理地被賦予物質，其途徑是要說明，物質的實存完全處於因果範圍之外，和當因果鏈只涉及物質的偶然性、狀態和形式，並將它們互相聯繫在一起時，也並不隨之進入這一無窮盡的鎖鏈之中。因果律及其產生和消失只涵蓋物質的偶然性、狀態、形式，只涵蓋物質的**變化**，而不涵蓋物質。是的，那個賓詞**絕對**在物質那裡有它的唯一的證據，它因此獲得實現和得到准許，除此之外它就將是一個根本找不到主語的賓詞，是一個虛無縹緲的，無以實現的概念，而無非是一個哲學小丑吹得鼓鼓的皮球而已。此外，這位**黑格爾**的上述說法十分自然地表明，一個如此高明的、極其超驗的、走鋼絲的、無比深刻的哲學家，實際上在心裡幼稚地向一種什麼樣的婦人哲學在獻殷勤，以及什麼樣的命

---

⑬ 參見黑格爾：《自然哲學》中譯本，商務印書館一九八〇年五月版，第一八四頁。

題，他從未想到要問「爲什麼？」。

因此，丹麥科學院的傑出哲學家清楚地教導說：物體不增加其品質就能變重，磁化了的鐵槓更是如此；同樣地，萬有引力和慣性定律相矛盾；最後還有，物質是可逝的。這三個例子將足以證明，嘲笑所有人的理性、無意義的胡說八道者，其厚厚的外衣一旦掀開，就會露出長長的馬腳來，而傑出哲學家正是慣於披上這種外衣，昂首而來並蠱惑那群思想暴徒的。有人說，從爪子可以認出獅子，但我必須恰當地或不恰當地說：從耳朵可以認出驢子。此外，公正之士和無偏見者現在也可以從這裡舉的三個黑格爾哲學的例子中評判一下，究竟是誰有所偏頗，是那個把這位荒謬絕倫的祖師爺直截了當地稱作是騙子的人呢？還是那個爲了學術上不犯錯誤而宣布他是一個傑出哲學家的人呢？

我還要補充的是，我之所以從這位傑出哲學家著作裡的一大堆謬論中，選出上面提到的三個，是由於它們所涉及的對象，一方面不是那些會引起歧見的、也許是無法解決的哲學難題；另一方面，也不是以精確的經驗知識爲前提的專門的物理眞理，而是先驗的觀點，就是每一個人經過純粹的思索就可以解決的問題。因此，對這類事物的錯誤評價，是極其異常無知的一個重要而不可否認的標誌。無恥地在大學生讀本中提出無稽之談使我們看到，當有人把他吹捧爲一個偉大思想家的時候，什麼樣的無恥占據了他那卑鄙的頭腦。因此，如果這是一種手段的話，那麼也沒有一個目標可以證明它是正當的。人們可以拿上面提到的三個物理學的例子，和同一本巨著第九十八節的一段話對照一下，這段話是「於斥力之外……」[⑭]人們可以看到，這個罪人極其高傲地看待牛頓的萬有引力和康德的《自然科學的形而上學原理》（*Metaphysische Anfangsgründe der Naturwissenschaft*）。如果誰有耐心，再讀一讀他的第四〇—六十二節，這位傑出哲學家在這些章節裡把康德的哲學評論一番，他沒有能力來評價康德功績的偉大，而且從本質上就藐視它，以至於不可能對一個眞正偉大思想家這一罕見的現象表示高興，取而代之以極其自命不凡地來看待這位偉大人物，根本就是視而不見，並以冷酷貶低的目光，半是嘲諷、半是同情地在康德的軟弱而不成熟的嘗試中，挑出他的錯誤和失策，以教訓他自己的學生。第二五四節也是如此。這樣裝腔作勢地對待眞正的貢獻，無疑是所有僞君子眾所周知的手法，而對於那些頭腦簡單的人來說，還是很有效的。除了胡攪蠻纏外，裝腔作勢就是這位僞君子的主要手段，只要一有機會，他就從他那辭彙堆砌起來的建築上高傲地、惡毒地、卑劣地和嘲諷地來看待人類精神在幾百年的過程中，孜孜以

---

⑭ 參見黑格爾：《小邏輯》中譯本（商務印書館一九八〇年七月版，第二一五頁）。這段話的全文是：「像近代科學這樣於斥力之外假設一個引力與之並列，如是則兩者的對立誠然完全確立了起來，而且對於這種所謂自然力量的發現，還是科學界頗足自豪之事。但兩種力量的相互關係，亦即使兩者成爲具體而眞實的力量的相互關係，尚須自其隱晦的紊亂中拯救出來，此種紊亂即在康德的《自然科學的形而上學原理》裡，也未能加以澄清。」——譯者注。

求而得來的一切。他不但這樣對待外國哲學，而且也這樣看待每一種科學及其方法，還藉此確實使德國大眾對封錮在他空話中的才智作了很高的評價，德國大眾在想：

他們好像出身於名門望族，
顯得很傲慢，什麼都不滿足。⑮

用自己的方法來進行評價是少數人的特權，其餘人是受權威和範例導引的。他們用別人的眼睛來看、用別人的耳朵來聽。因此要設想現在全世界是怎麼想的，是很容易的事情，但是要設想三十年後全世界是怎麼想的，就不是每個人的事情了。因此，習慣於相信單純的保證的人，如果借來了作家的威望，但是後來又想把這種威望也用在別人的身上，那他就很容易陷入這種人的境地。這種人買了一種糟糕的期票，當他想兌現的時候，卻被嚴峻地退了回來，這時他不得不接受教訓，下次一定要對出票公司和背簽公司（期票轉讓人）作一番完整的調查。我認爲，丹麥科學院把**傑出**哲學家這一榮譽稱號用在那個玷汙紙張、時代和頭腦的人的身上，主要就是受到了在德國刻意地鼓吹起來對他的吹捧之風，以及他的一大批信徒的影響，如果我不是這樣認爲的話，那就必須否定我信念的正直。因此，我認爲，下列

⑮ 《浮士德》第一部分第五場（*Faust*, I, 2177f.）。

做法是恰當的，即丹麥科學院應該回憶一下一個眞正的傑出哲學家，即洛克（Locke，他應該感到榮幸，費希特稱他爲所有哲學家中最糟糕的哲學家）用以結束他那著名傑作《人類理解論》（*An Essay Concerning Human Understanding*，又譯《人類理智論》。——譯者注）倒數第二章那一段美妙的話。在這裡，爲了便於德國讀者閱讀，我想把它譯成德文：

「人們雖然喧囂著說，人類已經有了許多錯誤和偏見，可是我必須爲人類辯護，意見錯誤的人們，並不如一般人所想像的那樣多！我並不是說，他們都已信愛眞理；而是說，關於人們所劇烈爭執的那些主義，他們是全無任何思想和意見的。因爲我們如果一考察世上各教派的大多數信徒，我們就會看到，關於他們所熱心信仰的那些事情，他們全沒有自己的意見，不但如此，我們更不能相信，他們是先考驗了概然性的各種論證和可靠程度，才來採取那些意見的。所以他們決心服從某一黨派，只是因爲他們受了那種教育或有了那種利益。他們在那裡，全像軍隊中的士兵似的，只是依照他們領袖的指導，來表現自己的勇敢和熱忱，卻不考察甚或不知道自己爲之奮戰的是什麼樣的主義。一個人的生活既然表示出他對於宗教並不認眞關心，那麼我們有什麼理由想像他會絞盡腦汁尋思自己宗教中的教條，並且費心考察各種教條的根據呢？他只服從自己的領袖，準備好自己的手和口來捍衛公共的立場，並且在能提升自己以及在那個社會中保護自己的人面前，邀得他們的寵信。因此，人們雖然自白有一些主張，並爭論一些主張，可是他們也許會不相信那些主張，甚或在自己的腦中根本就沒有那些主張的影子。因此，我們雖然不能說，世界上錯誤的、較不可靠的意見，實際要較爲少些；可是我們確實可以斷言，實際上同意它們的人，並把它們誤認爲眞理的人，並不如人們想像的那樣多。」⑯

洛克是對的，誰出大錢，誰就都可以隨時找到一支軍隊，儘管他的事情是世界上最壞的事情。用大筆的錢就可以把一個最壞的權欲狂和一個最糟糕的哲學家推上寶座。當然，洛克在他的那段話裡沒有提到一大批見解錯誤的追隨者和虛假光榮的傳播者，但是這樣一大批人，他們組成了眞正的追隨者，這支軍隊的主力，我指的是這樣一些人，他們並不想成爲例如像黑格爾派的教授，或謀得別的職位，而是些眞正的蠢人，他們感到自己完全沒有判斷能力，他們只能跟在那些善於鼓動他們的人的後面，看到有人群就圍攏上去，聽到有響聲就跟著叫喚。現在，爲了從這方面來補充洛克所說的那種任何時候都會反覆出現的現象，我想介紹我喜愛的一位西班牙作家的一段話，它十分逗人而且是從一本傑出的、對德國又是十分生疏的書中選出來的，讀者應該會喜歡它的。這一段話可以作爲德國許多年輕的和年老的花花公子們的一面鏡子，他們在精神上無能，在他們寂靜深藏的意識中，跟著那些滑頭唱著黑格爾頌歌，並熱衷於在這位哲學江湖騙子的空話，甚至是從廢話中找到深不可測的智慧。舉例已令人厭倦，因此我只想抽象地向他們提出忠告：「對壞東西的欣賞和褒獎，只能使人的

---

⑯ 參見洛克：《人類理解論》中譯本下冊，商務印書館一九五九年二月版，第七一五—七二〇頁（爲和全文的文字統一起見，個別文字略有改動。——譯者注）。

智力受到極大的貶損。愛爾維修（Helvetius）說得好：為使我們滿意而必要的精神標準就是量度我們自己精神標準比較精確的量尺。[17]我們寧可原諒在一段時間內看不到好的東西，因爲每一個種族最優秀的東西，由於它的素樸性，使我們感到它是如此的新奇和生疏，以至於爲了一眼就能認識它，不僅需要知性，還需要對這一種族多加教育。因此，一般來說，這種東西所屬的種族愈高級，對它的承認也就愈遲緩。人類的眞正闡釋者總是享有恆星的命運，需要許多年的時光，它們的光芒才能被人們看到；相反地，對壞的東西、錯的東西、沒有精神的東西，或者甚至是荒謬的、無意義的東西之尊崇是不可原諒的，而且無可辯駁地證明了，這是些蠢人，直到他們的末日也還是蠢人，因爲知性不是可以學到手的。但是，另一方面，由於我對受到的攻擊、對黑格爾派和這一場德國文學的瘟疫，按其功過作了評價，只要還存在著正直之士和有識之士，我肯定會受到他們的感謝。因爲他們將完全採用伏爾泰（Voltaire）和歌德（Goethe）極其一致表示的意見，伏爾泰說過：「對壞作品的寵待和對好作品的攻擊，一樣都阻礙了精神的進步。」[18]歌德說過：「眞正的蒙昧主義不是阻礙傳播眞實的、清楚的、有用的東西，而是鼓吹錯誤的東西。」[19]但是，有哪一個時代像德國的近

---

⑰《精神論》第二篇第十章注（*De l'esprit*）。

⑱伏爾泰：《〈奧蘭斯特〉序言》（*Vorrede zum Oreste*）。

⑲歌德：《格言和沉思》第二篇，八十四頁；見《遺著》第九卷，第八十四頁（*Maximen und Reflexionen*, II, 84, Nachlaß, Bd. 9, S. 54）。

二十年那樣，經歷了對完全壞的東西如此有計畫的和大規模的吹捧？有哪一個時代有過如此這般將無意義的東西和荒唐可笑的東西尊奉爲神的？席勒（Schiller）有詩道：

我看見了榮譽的神聖花環
在厚顏無恥者的頭上喪失了尊嚴。[20]

他的詩句對哪一個時代有其預見性？因此，我用作這篇序言輕鬆愉快結尾的西班牙敘事詩是那樣適合我們時代的情況，以至於有人可能會懷疑它不是作於一六四〇年，而是一八四〇年。這或許可以算是一條消息，即我忠實地從B·格拉西安·伊·莫拉萊斯（Baltasar Grasián y Marales）[21]的《好評論的人》（*El Criticon*）（《洛倫索·格拉西安文集》，*Obras de Lorenzo Gracian*，安特衛普四開本，第一版，一七〇二年，第一卷，第三部分，第四

---

⑳《理想》（*Die Ideale*）第九行。

㉑ B·格拉西安·伊·莫拉萊斯（一六〇一—一六五八），西班牙十七世紀概念主義流派的重要散文作家之一，許多作品都以他兄長洛倫索·格拉西安的名義發表，《好評論的人》（一六五一—一六五七）也不例外，其他重要作品有《英雄》（一六三七）、《政治家天主教國王費爾南多》（一六四〇）、《謹愼的人》（一六四六）和《神諭手冊及謹愼的藝術》（一六四七）等。——譯者注

篇，第二八五頁）中將它翻譯成：「我們的兩個遊客[22]的導遊兼講解員卻在所有人中只誇獎製繩工人，因爲他們是沿著和所有其他人相反方向走的。……」

當他們（指兩個遊客——譯者注）到達的時候，一種聲音引起了他們的注意。他們環視四周，在一個簡陋的木板舞臺上看到了一個多話的壯漢，周圍是一個大磨盤，上面放著人，都是他抓來的俘虜，正在被磨碎加工，耳朵被串在一起，但不是用底比斯人[23]的金鍊子，而是用一把鐵籠頭。這傢伙正想兜售怪物，他有著一張爲此而必不可少的能說會道的嘴。

他說：「現在，我的先生們，我要給你們看一個長翅膀的神物，這是一個有智慧的神物。我很高興與有見識的完人打交道。當然我要聲明，如果你們之中有誰不具備十分出眾的智慧，那最好馬上走開，因爲現在要出現的東西是高級的、難以捉摸的，對他來講可能是無法理解的。因此，注意了，我的遠見卓識的先生們！現在朱庇特的鷹要登場了，牠將依照牠

[22] 他們是父親克里蒂洛和兒子安德雷紐，講解員是德森加諾（Desengano），意思是醒悟，醒悟是眞理的第二個兒子，眞理的第一個兒子是仇恨，眞理生出仇恨。

[23] 他（格拉西安）指的是赫爾枯勒斯（Herkules），他在第二部分第二篇，第一三三頁〔以及在《銳敏和藝術》（*Agudeza y arte*,Disc 19）和《謹愼的人》（*Discreto*, p. 398）〕說從他的舌頭上伸出鍊子把其餘人的耳朵串在一起。實際上他把他和具有這種形象的雄辯之神麥叩利（Merkur）混淆了。

的身分講話和論辯，牠會像佐羅斯（Zoylus）一樣開玩笑，像阿利斯塔克（Aristarch）一樣挖苦人。從牠嘴裡吐出來的每一個詞都神祕莫測、都是智慧的思想、都包含著對萬千事物的萬千隱喻。牠說的一切都將成爲空前深刻的[24]格言。」

克里蒂洛說：「牠肯定是一個富豪或是一個強人，因爲如果是一個窮人，那麼牠說的一切都會分文不值。用銀嗓子唱歌當然好聽，用金嘴巴說話顯然更妙。」

江湖騙子繼續說道：「好吧！現在那些不識智慧之鷹的先生們要走了。」

什麼？沒有人離去？沒有人動一動？事實是沒有一個人承認自己是沒有頭腦的，相反地，所有人都自認是有見地、有非比尋常智商的，全都自視甚高。現在他拉著一個粗重的籠頭，於是，最蠢笨的動物出現了，即使提到牠，也是對人的一種侮辱。

騙子嚷道：「你們看哪，一隻鷹，一隻有著一切閃光特點的，有思想、會說話的鷹。」沒有人想說出相反的意見，因爲如果那樣，就會貶損自己的智慧。

有一個人喊道：「看天上！我看到了牠的翅膀，啊，多麼巨大的翅膀！」另一個人喊道：「我可以數出牠的羽毛，啊，牠們是多麼的精緻！」

「你們沒有看到？」有一個人對他旁邊的人說。「我沒有？」這一位喊道，「唉，看得

㉔ 黑格爾派報刊上的用詞，通常指《科學文獻年鑑》一八二七年第七期（*Jahrbücher der wissenschaftlichen Literatur*）。原文是：深刻的思想和言論。

一清二楚！」

但是有一個正直而理智的人對他旁邊的人說：「就像我是一個正直的人這一點是真的一樣，我真的沒有看到那裡有一隻鷹，以及牠有羽毛，但我看到了四條瘸腿和一條粗尾巴。」

一個朋友回答說：「噓！噓！不要這樣說，你們會毀了自己的，他們會以爲，你們是大……，你們聽到了我們對別人說的和做的，因此你們要隨大流。」

另一個同樣正直的人說：「我對所有的聖人起誓，那裡不僅不是一隻鷹，而且是相反的東西，我說，那是一隻大……」

「安靜，安靜！」他的朋友說著，同時用手肘頂了他一下：「你要讓別人來笑話你？這是一隻鷹，你不能說是別的什麼，如果你要說相反的話，那我們大家就要笑話你了。」

江湖騙子嚷道：「您沒注意到牠帶來的崇高？誰沒感覺到，誰就一定是毫無天分的人。」

一個學士嚷嚷著從一邊跳出來：「多麼輝煌！多麼偉大的思想！世界上最傑出的！什麼樣的格言啊！讓我把牠們記下來！哪怕散失一丁點兒也將是永遠的缺憾（他去世後，我將出版我的筆記本）。」㉕

㉕ 括弧中的話係筆者（即叔本華——譯者注）所加。

這時，這頭怪獸提高了牠那震耳欲聾的歌聲，這歌聲可以使整個市議會會議亂作一團，牠還做出許多不得體的動作來，所有的人都驚愕地站在那裡，互相瞅著。

「看啊！看啊！我聰明的人兒㉖」，那狡猾的騙子急切地叫著：「看啊，踮起腳看啊！我把這叫作說話！還有像牠一樣的第二個阿波羅嗎？你們不覺得牠的思想的細微、牠的語言的雄辯？世上還有比這更偉大的智慧？」旁觀的人互相瞅著，但是沒有一個人敢吭聲，更沒有人敢表示自己的想法，以及什麼才是眞理，爲的是不被說成是個笨蛋——大家反倒以一個聲音表示讚賞。

「啊，這張嘴！」一個可笑的、愛嚼舌根的女人叫道：「牠完全吸引住我了！我可以整天傾聽牠說話。」

一個膽小的人細聲細氣地說道：「眞是見鬼了，如果這不是一頭驢子，以及在任何地方都永遠不是一頭驢子的話。我最好不要說類似的話。」

另一個人說：「我發誓，這不是人話，這是驢叫，但是，想這樣說的人可眞倒楣啊！在

㉖ 這裡「聰明的」這個詞應該用gescheut，而不是gescheidt〔gescheidt，聰明、理智的；gescheut是scheuen（害怕、畏懼）的第二分詞，是gescheidt之訛，含有譏諷的意思。——譯者注〕。gescheut這個詞的詞源是以這樣的思想爲基礎的，尙福爾（Chamfort）十分優美地表達了這個思想：「《聖經》說，懼怕上帝是智慧的開始；但我認爲，應該是懼怕人。」見《格言和思想》（*Maximes et Pensees*）第二章。

這世上現在就是這樣——鼴鼠被說成是山貓；青蛙被說成是金絲雀；母雞被說成是獅子；蟋蟀被說成是金翅雀；驢子被說成是老鷹。我還能說什麼相反的話嗎？我把我的思想留給我自己，但是我和所有人說一樣的話，讓我們活下去吧！這是最要緊的。」

克里蒂洛對於必須既要看到這樣的卑鄙下流，又要看到這樣的狡猾刁鑽氣憤至極。他想：「愚蠢竟就這樣控制了頭腦？」但是那個誇誇其談的無賴卻在他那大鼻子的陰影下面嘲弄所有的人，而且就像在喜劇中一樣在邊上勝利地自言自語道：「我愚弄了所有的人了？一個拉皮條的女人能做得比我更好嗎？」他又重新讓他們領受幾百倍的乏味無聊，這時他又一次嚷了起來：「沒有一個人說不。不然的話，他就會被說成是笨蛋。」那種低級下流的掌聲因此就愈來愈響，連安德雷紐也和所有人一樣鼓掌。

但是克里蒂洛再也忍不住了，他想發作。他走到他的默不作聲的講解員身邊說道：「這個人濫用我們的耐心還要多久，你默不作聲還要多久？這種厚顏無恥已超過了限度！」

講解員卻答道：「耐心一點，不是不報，時間未到，時間將會像它一向所作的那樣，揭示出眞理。只是要等到這個怪物把尾巴露出來，那時你就會聽到那些現在賞識牠的人的詛咒了。」

當騙子把他那鷹—驢這個雙面動物（鷹是假的，驢是眞的）又再度牽進來時，果然就受到了咒罵。他們同時開始直率地講話了：「我的天」，有一個人說：「這不是什麼天才，而是一頭驢子！」而另一個人則叫道：「我們多麼笨啊！」於是他們互相鼓譟，直到說出這樣的話來：「誰曾看到過這樣的瞞天大謊？他竟一點眞情也不吐露，而我們卻爲他鼓掌。總之，這是一頭驢子。我們都被當作驢騎了。」

但正在這時江湖騙子又出現了，而且答應要展示新的更偉大的神物。他說：「現在我要讓你們看到一個眞正的世界著名的巨人，在他身旁，希臘神話裡的巨人恩塞蘭杜斯（Enceladus）和堤福俄斯（Typhoeus）㉗都會變得無影無蹤。同時我必須說明，誰沖著它叫『巨人！』誰就會走好運。因爲他會使他獲得巨大的榮譽，會把財富堆到他的頭上。是的，有成千上萬皮阿斯特㉘的收入，另外還有地位、職務和等級；相反地，不把他看作巨人的人就會倒楣，不但得不到賞賜，而且還會受到雷擊和懲罰。注意了，全世界！現在，他來了，他出現了！啊，他是如何矗立起來的！」

布幕升起，出現了一個小人，他被放在吊車上面，根本就看不見，就像手肘到手掌那樣大小，從各方面來看，從本質上和從行爲上都是一個無、一個侏儒。

「好，你們做什麼呢？爲什麼不叫喚呢？爲什麼不喝彩呢？提起你們的嗓門，演說家們，唱起來！詩人們，寫下來！天才們，你們的大合唱就是：著名的、傑出的、偉大的

㉗ 恩塞蘭杜斯，巨人，被朱庇特（Jupiter）命雷擊死；堤福俄斯，又譯堤豐，一個有一百個蛇頭噴火的怪物，被宙斯（Zeus）擊敗。——譯者注

㉘ 皮阿斯特（Piaster），土耳其、埃及等國一種舊幣單位。——譯者注

人！」人人驚呆地站著，互相用眼色問道：「這是個巨人？看到他身上有英雄的特點？」但是那群馬屁精卻開始大聲嚷了起來，而且聲音愈來愈大：「是的，是的！巨人，巨人！全世界第一人！一個多麼偉大的王爺！一個多麼英雄的元帥！一個多麼稱職的部長！」

於是金幣就掉到他們的頭上，於是作家們就寫了出來，寫的已經不是故事，而是頌歌！詩人們，甚至連佩特羅·馬特沃（Pedro Mateo）[29]本人，都爲了紅包而在啃手指甲。沒有一個人敢說反話，相反地，所有的人都在爭先恐後地叫著：「巨人，偉大的、最最偉大的巨人！」因爲每一個人都希望得到一個職位、一個肥缺。但是在內心深處，他們卻悄悄地說：「我撒謊是多麼勇敢！他根本就沒有長開，仍舊是個侏儒。我該怎麼辦呢？你們走過去說出你們的想法好了，那時你們就會看到，你們會得到些什麼了。而像我這樣，我就會得到衣服、食物和飲料，就會更榮耀，就會成爲一個大人物。因此，讓他成爲他想成爲的人，它應該不顧全世界的反對成爲一個巨人。」

安德雷紐也開始跟著眾人嚷了起來：「巨人，巨人，無比碩大的巨人！」禮物和金印馬上就掉到他的頭上，於是他就叫了起來：「這，這就是生命的智慧！」

然而克里蒂洛站在那裡，他已不能克制自己：「我忍不住了，如果我再不說話。」

---

[29] 他歌頌了亨利四世，見《好評論的人》第三部分第十二篇，第三七六頁。

講解員說：「不要吭聲，不要自取滅亡。等著，等到這個巨人轉過身來，你就會看到會發生什麼了。」

果然就出現了這樣的情況——因爲一當他演完了他那巨人角色和退回到屍衣裡去的時候，所有的人都開始嚷了起來：「我們是些什麼樣的笨蛋啊！這根本就不是巨人，而是一個侏儒，他什麼都不是，也不會成爲什麼。」他們互相問道，這怎麼可能的呢？但是**克里蒂洛**說道：「一個人活著時和死了以後，人家對他的議論發生了什麼樣的變化啊！他的不在使語言發生了什麼樣的變化啊！一個天上，一個地下，變化有多大啊！」

只有那個近代西農（Sinon）[30]的騙術還沒有結束，現在他換了一種手法，他把傑出人物、眞正的巨人拿出來，他把他們說成是侏儒，說成是沒有什麼用的人，甚至比沒有用還要差勁的人，對此，所有人都說是的，那些眞正的巨人也必須被當作侏儒，而人們也不敢吭聲來發表評論和提出批評。是的，他拿出一隻鳳凰，說這是一隻甲蟲。所有的人都說是的，鳳凰就是甲蟲——現在它必須被當作甲蟲。

格拉西安就寫得這麼深刻，關於**傑出哲學家**就寫了這麼多，而丹麥科學院極其眞誠地認爲可以要求尊重這位**傑出哲學家**。這樣丹麥科學院就使我陷入了這樣的境地：由於丹麥科學

㉚ 西農，荷馬之後傳說中的英雄。在希臘人佯裝從特洛亞撤退而把藏有戰士的木馬留下的時候，西農假裝投降，逃到特洛亞人方面，建議把特洛亞木馬拖進城裡。——譯者注

院這樣教訓了我，因此我反過來也要教訓它一下。

我還想指出的是，讀者本該在半年前就得到這兩篇文章的，如果不是由於我曾堅信丹麥皇家科學院會公正地以及和所有科學院的做法一樣，在它為國外刊印徵文啓事的同一頁紙裡（即《哈勒文學報》）也會公布科學院的決定的話。但它沒有這樣做，於是人們不得不向哥本哈根要這份決定，而由於在徵文啓事中根本就沒有寫明何時作出決定，這就變得更困難了。因此我是用了六個月才走完這段路的，而這已經太晚了。㉛

一八四〇年八月

於美因河畔法蘭克福

㉛ 丹麥科學院是後來才公布評語的，也就是說是在我發表這篇倫理學和這一指責以後才公布的，而且是在一八四〇年十一月第五十九期《哈勒文學報》（*Die Halle'sche Litteraturzeitung*, November）的《知識界》（*Intelligenzblatt*）上，就在同一個月的《耶拿文學報》（*Die Jena'sche Literaturzeitung*）的《知識界》（*Intelligenzblatt*）上，也刊印了這一評語，因此丹麥科學院是在十一月才公布早已於一月所作出的決定。

第二版序言

兩篇徵文在這一版中有比較多的補充，這些補充絕大部分都不長，但置於許多地方，有助於對整體的充分理解。由於這一版的開本比較大，所以讀者就不能從頁數估計它們有多少。此外，由於我不確定是否還能見到這第二版，因此在這期間我不得不把屬於這兩篇文章的思想，逐步地暫時寫進那些我還可能撰寫的文章中，即有一部分在我的主要著作的第二卷第四十七節，有一部分在《附錄和補充》（*Parerga und Paralipomena*）的第二卷第八節。

因此，受到丹麥科學院拒斥的，只受到公開指責的關於道德的基礎的文章，在二十年後出了第二版，對於丹麥科學院的評語，我已在第一版序言中作了必要的申辯，並且在那篇序言中首先指出了，丹麥科學院在評語中否認它問過的問題，相反地卻堅持說它問過從未問過的問題，而且我還十分清楚明白地指出了評語的問題（見第一版序言），以至於世界上沒有任何狡辯能把它洗刷乾淨。但是這究竟有什麼關係，無需我現在先來說它。而對於丹麥科學院總的做法，在最冷靜思考的二十年以後，我現在必須作如下的補充。

如果科學院的目標就是盡可能地壓制眞理，就是竭力扼殺精神和才智，就是有膽量維護放蕩之徒和江湖騙子的榮譽，那麼這一次，我們的丹麥科學院是出色地符合這一目標的。我也被要求對他們表示尊重，但我不能就這樣爲丹麥科學院效勞，因此我想向科學院的先生們提出一項有益的建議。如果先生們向世界發布徵文啓事的話，那麼他們事先必須要具備一點點的判斷能力，至少要有過日子必要的判斷能力，而這恰恰只是爲了在必要時能區分精華和糟粕。因爲除此以外，如果彼得·拉穆斯（Petrus Ramus）《論辯術》（*Dialectices*）的第二部分《論判斷》（*de judicio*）[1]寫得十分糟糕的話，就會得出令人討厭的結果；也就是說，隨著彌達斯[2]的評判而來的是彌達斯的命運，而且是無一例外的。沒有什麼東西可以防止出現這樣的情況，沒有一張威嚴的臉和高貴的表情能有助於此。結果總是要暴露出來的，無論戴上多厚的帽子都無濟於事。不會沒有不夠謹慎的理髮師、不會沒有不夠謹慎的蘆葦，當然，今天已用不著費力地先在地上挖一個洞了。但是，現在除了這些以外，還要加上天真地確信應該給我一個公開的指責，並把它發表在德國的兩家文學報刊上，原因在於我不是那般愚蠢，讓自己被低聲下氣的大臣們領唱的、沒有頭腦的文學暴徒們，長期接著往下唱

---

① 彼得·拉穆斯（一五一五—一五七二），法國哲學家、邏輯學家。

② 彌達斯（Midas），佛律癸亞國王，以巨富著稱。在阿波羅和潘比賽音樂時當裁判，判阿波羅爲敗方，阿波羅就讓彌達斯長上一對驢耳朵，彌達斯只好戴上佛律癸亞帽子把驢耳朵遮住。他的理髮師發現後，苦於不能告訴別人，就在地上挖一個洞，對著洞口說：「彌達斯國王長著一對驢耳朵！」接著把洞填平，這地方就長出一棵蘆葦，它把祕密向全世界洩露了。——譯者注

的頌歌所感動，從而和丹麥科學院一起，把那些從來也不尋求眞理，始終只關心自己事情的江湖騙子說成是傑出哲學家。難道這些科學院院士們根本就沒有想到，首先應該捫心自問一下，他們究竟有沒有一點點理由應該對我的觀點加以公開指責呢？難道他們眞的是瘋了，竟沒有想到這一點嗎？現在的結果就是：涅墨西斯③來了，蘆葦已經作響了！我不顧所有哲學教授多年的聯合反對終於成功了，對於我們的科學院院士們的傑出哲學家，有教養的公眾也看得愈來愈清楚。儘管這些傑出哲學家將還是被那些可憐的哲學教授們軟弱無力地繼續維護一小段時間，而這些可憐的哲學教授們早已因他們而聲名狼藉，但還需要他們作爲講課的材料，他們確實已經完全失去公眾的尊敬了，特別是黑格爾正大步走向他將在後世獲得的蔑視。二十年來，對於他的看法已接近我在第一版序言中介紹的格拉西安筆下寓言的結局，而且已經走了四分之三的路程，要不了幾年，便將走完全程，就會和二十年前給丹麥科學院如此公正而有力的、敦促的判斷完全一致了。因此，我想送一首歌德的詩給丹麥科學院，作爲我對它指責的回贈，讓它放到它的紀念冊裡：

你可以一直讚美醜惡：
爲此你馬上可以領到賞金！

③ 涅墨西斯（Nemesis），希臘女神之一，Nemesis的希臘原文Немесида的轉義爲命運、報復。——譯者注

你在你的汙水池上面浮游，
你是**敷衍了事的人的保護神**。
喝斥美好？你試試看！
行，
如果你狂妄敢爲；
但如果人們覺察到了，
他們就會把你踢進泥淖，
就如你該得的那樣。④

我們的德國哲學教授認爲不值得考慮這兩篇倫理學文章，更不用說記住它們了，這一點我在論理由律的文章⑤中已很有分寸地提到過了，此外這也是不言自明的。這類高級才子怎

④《溫和的諷刺詩》，V，一三一五及以下（*Zahme Xenien*, V, 1315 f.）。

⑤《充足理由律的四重根》第二版，第四十七—四十九頁；或《叔本華全集》第五卷，第六十三—六十五頁（*Über die vierfache Wurzel des Satzes vom zureichenden Grunde*, S.47-49 *der zweiten Auflage*〔Bd. V, S. 63-65〕）。

麼會注意像我這樣的人說的話呢！對於像我這樣的人，他們在著作中至多只是臨時高高在上地投上蔑視和非難的一瞥罷了。不，他們攻擊我寫的東西，他們堅持他們的意志自由和他們的道德準則，即使反對的理由多如黑莓。因爲他們的那些文章屬於必不可少之列，而且他們也知道，他們爲什麼存在著——爲了上帝崇高的榮譽。他們也都應該成爲丹麥科學院的院士。

一八六〇年八月
於美因河畔法蘭克福

論意志自由

（一八三九年一月二十六日獲得德隆海姆挪威皇家科學院褒獎）

自由是神祕的。

——愛爾維修：《精神論》第一篇第四章

第一章　概念之規定

皇家科學院提出的問題是：人類意志的自由，能從自我意識得到證明嗎？

這是一個重要、嚴肅而困難的問題。從根本上來說，它與中世紀和近代全部哲學的一個主要問題有關係。對於這樣一個問題，當然要詳細地探討；對這一問題中出現的那些主要概念，當然也要加以分析。

一、何謂自由？

如果我們仔細考察的話，這一概念是一個**消極**的概念。透過這一概念，我們想到的只是一切障礙的消除；而相反，在這一切障礙表現爲力量的時候，它們必然是積極的。自由的概念，相應於這一切障礙可能具有的性質，可以分爲三種完全不同的類型：自然的自由、智力的自由和道德的自由。

(一)**自然的自由**（**physische Freiheit**）就是各種**物質**障礙的不存在。由此我們就說：自由的天空、自由的眺望、自由的空氣、自由的田野、自由的場所、自由的熱（和化學無關的熱）、自由的電、河流不再受山川和水閘的阻擋而自由流動等。連自由的居所、自由的膳食、自由的印刷、不付郵資的信件，都顯示出令人討厭的條件之不存在，這些條件作爲享受的障礙物，總是和居所、膳食等東西伴隨著。但是，在我們的思想中，自由的概念總是動物的賓詞，其特徵是，動物的運動是出自於它們的意志，是隨心所欲的，而且只有在沒有物質障礙使之不可能時才能稱之爲是自由的。由於這種障礙可能是十分不同的，而受阻礙的又總是意志，因此，爲簡便起見，人們總是從積極方面來理解自由的概念，因而時常指那一切只是受其意志推動的，或只是遵循其意志而行動的東西。從根本上來講，不論概念發生什麼變化，內容都沒有變。據此，就自然意義上的概念而言，動物和人，只有在既沒有束縛，又沒有監獄，也不麻痺的情況下，也就是說沒有自然的、物質的障礙妨礙它們的運動，以及它們的運動是循著自己的意志的時候，才能說它們是自由的。

這種自然意義上的自由概念，特別是在作爲動物的賓詞時，是原初的、直接的，並且是最經常的，因此，這種意義上的自由概念也就是毋庸置疑的、是無需討論的，其現實性也始終能從經驗中得到證實。因爲只要動物按照其意志在行動著，動物在這種意義上也就是自由的：這時也無需考慮會有什麼東西能影響它的意志本身。因爲在這種原初、直接和因而是普遍意義上的自由的概念只與「能夠」（KÖnnen），也就是說只與阻礙它行動的自然障礙之不存在有關。因此人們就可以說：空氣中的鳥是自由的、森林中的野獸是自由的、自然的人是自由的，只有自由的人才是幸福的。人們說一個民族也是自由的，其含義則是：這個民族只是按照它自己制定的法律來治理，因爲只有這樣，它才是始終遵循著它自己的意志的。據此，政治的自由也屬於自然意義上的自由。

但是，只要我們離開這種自然的自由，並考察另外兩種自由時，那麼我們就和這一概念的普通的意義無關，而是與這一概念的**哲學**意義發生關係了。眾所周知，這會帶來許多困難。它分裂爲兩種完全不同類型的自由，即智力的自由和道德的自由。

㈡**智力的自由**（**intellektuelle Freiheit**），也就是亞里斯多德（Aristoteles）①說的，就思維而言是自願的，還是不自願的。我在這裡提到這種自由，只是爲了劃分概念的完整性，因此我將暫不加論述，而是要到本文結尾處才來探討這種自由。而在這之前，我將對它所使用的概念進行論述，這樣在最後只需對它簡略地論述一下就可以了。但是在劃分自由的三種類型時，由於它和自然的自由最貼近，就必須把它放在自然的自由之後。

㈢因此，我馬上就轉到第三種，即**道德的自由**（**moralische Freiheit**）上，它實際上就是自由的意志決定（die freie Willensentscheidung），皇家科學院的問題指的也是這一種自由。

這一概念在一個方面是依附於自然的自由，這也就說明了，它的形成爲什麼必然要比自然的自由晚得多。如同我們已經講過的，自然的自由只和物質的障礙有關，物質的障礙一旦不存在，它也就馬上出現了。但是，現在我們注意到，在某些情況下，一個人並沒有受到物質的阻礙，而是由於單純的動機，例如威脅、許諾、危險等而使行動受阻礙，除此之外，他似乎總是按照意志在行事的。因此，人們就提出了這樣的問題：這樣的一個人是否還

①《歐德穆斯倫理學》II，7（*Eth. End.* II, 7）。

是**自由**的？或者真有一個強烈的反動機，就像某種自然的障礙一樣，阻止了他按照本人的意志行事，並使這種行動成爲不可能？對於健全的理智來說，答案是不難得到的。沒有一個動機能像自然障礙那樣產生作用，這是因爲自然障礙總能輕而易舉地完全壓倒人的體力，而動機則相反，從來也不能依靠自身成爲不可克服的，從來也不會具有一種絕對的力量，總可能會被一個**更強大的反動機**所平衡；只要存在著這樣一個反動機，和被個人的情況所規定的個人，有可能會被這樣一個反動機所決定。就像我們經常看到的那樣，甚至連所有動機中最強大的動機，即維持生命這樣一個動機也可能會被別的動機所平衡，例如：自殺和爲了他人、爲了主義、爲了某種利益而犧牲自己的生命；相反的，老虎使凳上最厲害的痛苦也可以被純粹的思想所克服，那就是想到否則生命就完結了。儘管可以明白：動機並不具有任何純客觀的或絕對的強制性，然而卻可以具有一種主觀的或相對的強制性，即對於參與的個人具有一種主觀的或相對的強制性，結果是一樣的。因此，問題仍舊是：意志自身是自由的嗎？自由的概念，人們迄今爲止只把它和能夠相聯繫起來而加以考慮的自由的概念，在這裡卻和「想要」（Wollen）相聯繫了，並且產生了這樣的問題：想要本身可能是自由的嗎？進一步的考察表明，原初的、經驗的因而是普遍的自由的概念，是無法和「想要」相聯繫的。因爲按照這一概念，自由意味著「按照自身的意志」。如果有人問：意志自身是自由的嗎？那麼有人就可能會問：意志是否遵循自身？儘管這是不言自明的，卻也沒有說出個所以然來。根據自由的經驗的概念，這就叫作：「如果我能做我想要的，我就是自由的。」而由於這個「我想要的」，自由就已經被決定了。但是，現在我們問的是「想要」本身的自由，因此就產生了這樣的問題：「你也能想要你所想要的！」這表明，似乎想要還依附著另一個藏在它身後的想要。假設這一問題得到了肯定的答覆，於是就會產生第二個問題：「你也能想要你想（要）想要的？」如此問下去以至無窮，只要我們始終想的是一個依附於前一個想要的，或深藏著的想要的想要，而我們企圖沿著這條思路，最終達到一個必須把它看作是絕不依附於別的想要的想要的努力則是徒勞的。但如果我們想要這樣一個想要，那麼我們既可以把第一個想要，也可以把後面隨便一個拿來，不過這樣一來，就又回到那個十分簡單的問題上，那就是「你能想要嗎？」對這一問題的單純的肯定答覆，是否就決定了想要的自由，這正是人們想要知道的，卻沒有因此而得到解答。於是，原初的、經驗的、從行動中得來的自由的概念，便拒絕和意志的概念有任何的直接聯繫。然而爲了能夠把自由的概念應用於意志，人們就必須將它改造一番，理解得抽象一些。只要人們把自由的概念當作是所有必然性的不存在，就可以做到這一點了。這時，自由的概念就保持了我在本文開頭所說的那種消極的性質。因此，現在首先要討論必然性這一概念，並把它作爲賦予那個消極的概念以意義的積極的概念。

因此我們就要問，什麼叫必然？一般的解釋是：「必然就是其反面是不可能的，或不能是別的東西的東西。」這純粹是字面上的解釋，是對概念的改寫，這樣的改寫並不能增加我們的認識。我提出如下現實的解釋：必然就是從既定的充足理由中產生出來的東西，這樣一個命題和一切正確的定義一樣都可以反過來理解。根據這個充足理由，即所謂的原因是一個邏輯的理由，還是一個數學的理由，還是一個物理的理由；必然性也可以是一個邏輯的必然性（例如：假若前提肯定了，則結果就必然是如此），一個數學的必然性（例如：假如三角形的角相等，則其邊相等），或者是一個物理的、現實的必然性（例如：只要原因存在著，效果就會顯現）。但是，如果存在著理由，必然性就總是以同樣的嚴格性跟隨著結果而來，只有當我們把某物理解爲一個既定原因的結果時，我們才把它視爲必然的；反之亦然，即只有當我們把某物視爲一個充足理由的結果時，我們才能看到，某物是必然的，這是因爲所有的理由都是強制性的。這種現實的解釋是十分貼切恰當的，因此由一個既定的充足理由所產生的必然性和結果，恰恰就成了一對可互換的概念，這就是說：在任何地方都可以用一個來代替另一個。②文章據此，必然性的不存在就如同一個決定性的、充足的理由的不存在。作爲必然性的對立面，當然就要想到偶然性，這是無可非議的。每一個偶然性也只是相對的，因爲在只能遇到偶然性的現實世界中，每一件事情都是就其原因而言才是**必然的**，而就其他一切而言（事情總是在空間和時間中和這一切相遇），事情就是**偶然的**。但由於自由的特點就是必然性的不存在，因此它必然就是不依附於任何原因的，我們將此定義爲**絕對的偶然性**。這是一個極成問題的概念，我一點也不隱瞞它可能是想像出來的，然而，它

② 關於必然性概念的討論可參見我的論文：《充足理由律的四重根》第二版，第四十九節。

卻以特殊的方式和自由的概念相吻合。無論如何，自由就是在任何方面都不是必然的，也就是不依附於任何理由的。當把這一概念用在人的意志上時，它就顯示了一個個人的意志，就其表現（即意志動作）而言，一般不是由原因或充足理由所決定的；因爲如果不是這樣的話，那麼產生於既定理由（不論是什麼種類的理由）的結果總是必然的，其動作就不是自由的，而是必然的。康德的解釋就是以此爲基礎的，按照他的解釋，自由是一種由自己開始一系列變化的能力。這個「由自己」就其眞正的意義而言，就是「沒有事先的原因」，這和「沒有必然性」是一致的。因此，儘管康德的解釋賦予了自由的概念一種假象，似乎這是一種積極的概念，但仔細一考察，它消極的本質又表現出來了。因此，一個自由的意志可能是這樣一種意志，它不是由理由（因爲每一個決定他物的東西必然是一個理由，在現實的事物中必然是一個現實的理由，即原因），不是由任何東西所決定的；因此它單個的表現（意志動作）從根源來說，就完完全全是產生於它自己，而不是由事先的條件所必然造成的，那麼就不是由任何東西，按照什麼規則所能決定的。於是我們關於這一概念的明確的想法也就產生了，理由律就其所有含義而言，是我們全部認識能力的基本形式，但是在這裡則應該放棄。與此同時，對於這個概念，並不缺少一個專門的術語，那就是自由的、任何方面都不受影響的意志決定。此外，這一概念也是關於被稱作意志自由的、唯一清楚規定了的、牢靠而明確的概念；否則就會陷入搖擺不定、模糊不清的解釋之中，而在這背後則是猶豫不決、一知半解，這種情況就和人們談論不一定會引出其結果的理由來一樣。由理由引出的每一個結果都是必然的，而每一個必然性都是理由的結果。從假定這樣一個自由的，哪一方面都不受影響的意志決定中，我們可以推論出說明這一概念本身特點的直接結果，進而把它作爲這一概念的特徵，那就是：對於一個具有這種稟賦的人類個體來說，這個體處在既定的、完全個別的和各方面都受限制的外部環境中，是可能同時做出兩種完全對立的行爲的。

二、何謂自我意識？

答：自己固有的意識；相反地，就是他物的意識，他物的意識就是認識能力。這種認識能力在他物還沒有在其中顯現之前，就已包括了這種顯現的方式方法的確實形式，因此，這些形式就是它們客觀存在的可能性條件，即它們作爲我們的客體而存在的可能性條件。這些形式就是大家都知道的時間、空間和因果關係。儘管這些認識形式存在於我們內心之中，然而其目的只是爲了我們能把他物當作如此這般的物來感知，以及和它們發生密切的關係。因此，雖然這些形式存在於我們內心之中，但我們並不能把它們視爲自我意識的一部分，而是視爲他物的意識，也就是說使客觀的認識成爲可能的形式。

此外，我也不能讓在問題中所使用的Conscientia單詞的雙重含義——良心或意識，把自己引入歧途：把在良心和實踐理性的名義下，以康德主張的定言命令（Kategorischer

Imperative）③而著稱的人的道德衝動引入到自我意識中。一部分是由於人的這種衝動僅在經驗和反思之後才出現的，即只是在他物的意識之後才出現的；一部分是由於還不能明確地和無可非議地區分這些衝動中，哪些是屬於人的本性原初就有的或特有的，哪些是道德教育和宗教教育添加進去的。此外，透過把良心引入自我意識，而把問題置於道德的基礎之上，和重複康德的道德證明，或者說是基本要求，也確實不是皇家科學院的目的。康德是借助於「因為你應該做，所以你就能夠做」這個推論，來證明自由乃是先天知覺的道德律。

從上面所說的，我們可以明白：在我們的全部意識中，占絕大部分的不是自我意識，而是他物的意識，或者說是認識能力。這種認識能力竭盡全力來適應外界，它是現實外部世界的活動場所（根據更深入的研究，它是現實外部世界的條件）。認識能力的態度首先是直觀地想把握這外部世界，然後把用這種方法獲得的東西馬上消化加工成概念，在概念無窮盡地用一堆堆言語堆成的聯合體中就產生了思維。因此，從我們的全部意識中去除了這占絕大部分的他物意識後，剩下的首先就是自我意識。從這裡，我們馬上就看到了自我意識的財富不可能是很大的，因此，如果我們尋找的用以證明意志自由的事實確實應該存在於這自我意識

③ 又譯至上命令、無待命令、定然律令、絕對命令、直言命令、最高命令等。——譯者注

之中的話，那麼也希望我們不至於會沒有看到它們。有人也提出了內在感覺④作爲自我意識的工具，然而採用內在感覺這種說法更多的是一種比喻，而不是一種眞正的理解。這是因爲自我意識是直接的。至此，接下來的問題就是：自我意識包括些什麼？或者說，人是如何直接感知他固有的自我的？回答是：完全是作爲一個想要的人（Wollender）。每一個人在觀察自己固有的自我意識時，馬上就會明白：它的對象始終是那個固有的想要。但是，在這裡，我們不能只把它理解爲決定，馬上就要變爲行動的意志動作和地道的決定，以及由它們引發的行爲；而是誰要是能抓住一點點本質的東西，哪怕其程度和方式有著各種變形，他也就不會反對。那一切渴望、努力、願望、要求、嚮往、希望、愛好、愉悅、歡呼等等，和不想要、反對、厭惡、逃跑、害怕、憤怨、憎恨、悲哀和痛苦一樣，簡言之，一切的情緒和熱情，都應該算作是想要的表現；因爲這些情緒和熱情只或多或少是受阻礙的或釋放出來的，滿足的或沒有得到滿足的固有意志，其或多或少是軟弱的或強大的，有時激烈的和暴風雨般的，有時溫和輕柔的運動而已；它們雖千變萬化，但都可以歸結爲所想要的東西之得到

④早在西塞羅（Cicero）《大學論集》（*Acad. quaest.*）裡已有這種說法，西塞羅在該書第四篇第七頁稱之爲「內在感覺」，奧古斯丁（Augustin）的《論自由意志》（*De Lib. arb.*）則講得更清楚（見該書第二章第三頁）。後來笛卡兒（Cartesius）也有這種觀點，見《哲學原理》（*Princ. phil.*）第四章第一九〇頁。而闡述最爲充分的則爲洛克（Locke）。

或沒有得到，對可憎的東西之忍受或克服。因此它們都是忙於決斷和活動的同一個意志的被決定了的情緒，⑤甚至連人們稱爲快感和不快感的東西也包括在裡面。這兩者儘管程度和方式極爲多種多樣，但都可以歸結爲渴望的情緒或厭惡的情緒，因此可以歸結爲已覺得將被滿足或不滿足，受阻或釋出的意志本身。是的，這一意志一直要擴展到肉體的舒服或痛苦，以及處於這兩個極端之間的無數種感覺，這一切情緒的本質就在於它們是作爲遵循意志的或反對意志的、直接進入自我意識的東西。連人的肉體，稍微仔細考察的話，也被人直接感知爲是意志的向外作用的工具，以及對舒服或痛苦的感覺加以接受的場所。這些感覺本身，如同上面所說的那樣，可以歸結爲意志的完全直接的情緒，這些情緒或符合意志或不符合意志。我們完全可以把這單純的快感或不快感算在裡面或不算在裡面，但無論如何，我們將發現，意志那所有一切的運動，即那個變換著的想要或不想要，和在外部世界感知和認識的東西處於直接的各方面都得到承認的關係之中。這種變換著的想要或不想要，是不斷地在高漲

⑤ 尤其值得注意的是，當許多革新派以所謂的「感覺能力」無視這一點的時候，教父奧古斯丁卻早已認識到了這一點。他在《上帝之城》（*de civit. Dei, Lib.*）第十四篇第六章論述動物的情緒時，把它們分爲四種範疇：欲望、恐懼、愉悅和憂愁，並且說道：它們都藏有意志，它們無非都是意志的衝動，因爲欲望和愉悅無非只是意志，是贊同我們所想要的東西的意志；而恐懼和憂愁也無非只是意志，是不贊同我們所不想要的東西的意志。

著和低落著的，它們構成了自我意識的唯一對象，或者如果人們願意的話，可以說構成了內在感覺的唯一對象。相反地，如同已指出的那樣，在外部世界被感知和認識的東西，不再處於直接的**自我意識**的範圍內，因此，只要我們一接觸外部世界，我們就到達了自我意識的邊界處，即**自我意識**和他物意識的範圍相接壤的地方。但是，在外部世界被感知的對象，卻是意志所有那些運動和動作的材料和起因。我們將不把這解釋爲是得到了證明的理由，因爲沒有人能否認，我們的想要總是要有一個外部的客體作爲對象的，是要適應著、圍繞著它們的，以及它們作爲動因至少是誘發著想要的。不然的話，這個人所剩下的就只有一個完全被外部世界封鎖的，被關閉在自我意識黑暗內部的意志了。只有那必然性，即那些處在外部世界的事物必然要規定意志的動作這一點，對我們來講，現在還是有疑問的。

因此，我們發現自我意識十分強烈地，甚至完全在爲意志忙碌著。迄今爲止，我們雖然已經迂迴曲折地，卻已十分明確地接近意志，現在我們的目標，我們正想追求的目標就是在自我意識這唯一的材料中，能否找到上面已經明確規定意義的那個意志是**自由**的事實。

第二章　在自我意識面前的意志

如果一個人想要，那他也是想要某物：他的意志動作總是針對著某一個對象，而且只讓人在與這樣一個對象的關係上來設想它。那麼，什麼叫作想要某物呢？這就是，最初只是自我意識對象的意志動作本身，是由屬於他物意識的某物，也就是認識能力客體的誘發之下產生的，在這種關係之中的這一客體被稱作**動機**，而且同時也是意志動作的材料。這是由於意志動作是以此客體爲對象的，也就是說，其目的在促使這一客體發生一種變化，因此也就是對此作出反應，它的全部本質也就在於這一**反應**。由此已經可以清楚地看出，意志動作如果沒有某物是不可能會發生的，因爲這樣一來，它既缺少誘因，又缺少材料。但只是有這樣的問題產生：如果這一客體是爲認識能力而存在於那裡的話，那麼，意志動作是否也**必然**會發生，更可能會推延，或者根本就不能形成，又或者也可能形成一個完全不同的、甚至完全相反的意志動作，這就是說，那種反應是否也會推延，或者在完全相同的情況下，會發生不同的、甚至相反的反應呢？簡而言之，意志動作會必然地被動機所喚起嗎？或者，當動機出現於自我意識之中時，意志還能保有完全的想要或不想要的自由嗎？這裡使用的自由概念是在上面討論過的，被證明在這裡是唯一可用的抽象意義上的自由概念，即作爲必然性的純粹否定，這樣一來，我們的問題就被確立了。但我們必須在直接的自我意識裡找到解答同一概念的事實，並將在本文結尾處精確地考察它的陳述，但不會像笛卡兒那樣，快刀斬亂麻似地用一種簡單扼要的裁定來解決問題。他草率地主張：「相反地，我們如此清楚地感覺到我們的自由和非規定性，以至於我們對任何他物的把握都不如對它們這樣清楚完整。」[1]這一主張的不充足，萊布尼茨（Leibnitz）已經指出來了，不過他自己在這一點上只不過像隨風而倒的蘆葦，而且在做了十分矛盾的說明後，最終竟做出了這樣的結論：「意志雖然是受動機的影響，但並不是被它所強制的。」[2]他說：「一切行爲都是被決定的，絕不會不受影響的，因爲總有一個理由存在著，儘管它並不強迫我們，但卻使我們有所傾向，使我們是這樣行動，而不是那樣行動。」[3]這促使我注意到了一種處於上面提到的兩種可能性之間的中間道路是靠不住的，人是不能按照某種喜歡的一知半解就說，動機只在一定程度上規定意志，意志受動機的影響，但只限於一定的程度，然後它就可以擺脫它們的影響。因爲只要我們承認一種既定的力量有因果性，即承認它能產生作用，那麼只需要在遭到某種抵抗時，按照這種抵抗的程度增加力量，它就可以完成它的作用。例如用十塊金幣不能買通一個人，但他卻已動搖，那麼用一百塊金幣就可以把他打倒了。

因此，我們將問題求助於直接的自我意識，而且是在我們上面提出的意義之上。現在這一自我意識給了我們關於那個抽象的問題什麼樣的陳述呢？這個問題就是根據既定的，即

---

① 笛卡兒：《哲學原理》第一卷，第四十一節。

② 萊布尼茨：《自由論》，第六六九頁（*De libertate: Opera*，ed. Erdmann）。

③ 同上。

表象於知性面前的動機而出現的意志動作的必然性，這一概念究竟可用或不可用，或者關於意志動作在這種情況下，其推延究竟可能或不可能。如果我們想從這個自我意識獲得關於一般的因果關係和特殊的動機表示，以及關於和這二者相伴隨的某種必然性之澈底而深刻的說明，那我們將會感到十分失望，因爲這個自我意識，如同所有人所稟賦的，是一個過分簡單而有限的事物，以至於它對於這一問題不能加以說明；倒不如說，這些概念是從那順應外界的純粹知性中汲取來的，而且首先要在反思的理性領域面前才能來談論這些概念。相反，那個自然的、簡單的、素樸的自我意識根本就不可能理解這個問題，更談不上解答這個問題了。它那關於每個人都可能在他自己內心窺見到的意志動作的陳述，如果撇去一切奇談怪論和無關緊要之點，只追溯它那赤裸裸的內含的話，那麼大概就會是這個樣子：「我能夠想要，而且是在我想要有所動作的時候；只要我一旦想要，我軀體活動的四肢就會立即去完成，而且一刻也不拖延。」簡言之：「**我能做我所想要的**。」無論人們如何變換這種陳述和以什麼方式提出問題，那直接的自我意識也不會有更進一步的陳述了。因此，它的陳述始終只涉及「**按照意志而行**」，但這也就是一開始所提出經驗的、原初的和通俗的自由概念。按照這一概念，**自由**就意味著「**按照意志**」，而自我意識將無條件地加以陳述的就是這種自由，不過這並不是我們所要探究的自由。自我意識陳述的**行爲**的自由是以**想要**爲前提的，但**想要**的自由卻是要加以探究的，那就是我們要研究想要本身對於動機的關係，而那種「我能做我想要的」陳述卻並不包含這種關係。我們的行爲，即我們軀體的動作，對我們意志的依賴性，固然由自我意識加以陳述了，但是完全不同於我們的意志動作對外界情況的依賴性。後一種依賴性或許將構成意志自由，但自我意識並不能對此有所陳述，因爲這不在它的範圍之內。這是由於後一種依賴性涉及外部世界（作爲關於他物的意識而賦予我們的外部世界）和我們的決定之因果關係，但自我意識卻不能評估完全處於它的範圍之外的東西，與其範圍之內的東西之關係，因爲沒有一種認識能力可以設定一種其一方面是它所無法得到的關係。然而，正是規定意志動作的想要的對象，顯然是在自我意識的界限之外，是在他物意識之中；只在他物意識中的意志動作本身和那些對象與其相互的因果關係是我們要探究的。自我意識的事情僅僅是意志動作及它對肢體的絕對控制，這種控制實際上可看作是「我們想要的東西」，而且首先也是這種控制的運用（即行爲），使軀體理所當然地爲了自我意識而歸於意志動作之下。當意志動作還在醞釀的時候，它叫願望（Wunsch）；如果成熟了，就叫決心（Entschluß）；但它是否到了這一步，還要行爲向自我意識加以證明。因爲直到行爲發生之前，它還是可以變化的。現在，我們已經就在那確實不能否認的假象的主要源泉了。一個不懷偏見的人，即哲學上的外行，依靠這一假象認爲，在某個既定場合，相反的意志動作對他來說也許是可能的，並誇耀他的自我意識能如他所以爲的那樣說明這一點。實際上，他把願望和想要混爲一談了。他可以願望相反的東西，[4]但想要，他只能有一

④ 參見《附錄和補充》第一版第二卷，第三二七節。

個，而這個想要是個什麼樣的想要，也首先要由行爲向自我意識來宣示。由於自我意識對行爲的結果只能完全後天的加以體驗，而不能先天的知道，因此它並不包含那使相反的願望中只是這一個，而不是那一個成爲意志動作與行爲的合法的必然性。相反的願望及其動機在自我意識面前此起彼伏，交替重複，它對於每一個願望都表示，如果願望變成意志動作的話，願望也就變爲事實了。雖然後一種純主觀的可能性是每個願望都具有的，然而這種可能性恰恰就是「我能做我想要的」。但這種主觀可能性完全是假定的，它只是說：「如果我想要此物，我就能做它。」只是爲了達到想要所需要的規定並不寓於其中，這是因爲自我意識只包含想要，並不包含決定成爲想要的理由，後者寓於他物意識之中，也就是說認識能力之中；相反地，客觀的可能性卻有決定性的作用，但它卻在自我意識之外。在客體的世界中，動機和人作爲客體都屬於這些客體，因此它與自我意識是異在的，是屬於他物的意識。那個主觀可能性和寓於石頭之中可以發出火焰的東西是同一類的東西，然而卻要由黏附於鋼鐵之上的客觀可能性來決定。關於這一點，我將在下一章從另一個方面返回來加以論述。我們將不再像這裡一樣，從內部去觀察意志，而是從外部去觀察，也就是說將研究意志動作的客觀可能性。這個問題，當它從兩個不同的方面並透過例子被闡明以後，就會變得十分清楚。

所以寓於自我意識之中的「我能做我所想的」，感覺不停地伴隨著我們，但也只是說出了決心，或我們意志決定的動作；儘管源於我們內心黑暗的深處，然而每一次都立即進入直觀世界之中，這是因爲我們的軀體和一切他物一樣，都是屬於這個直觀世界的。這種意識構成了內部世界和外部世界之間的橋梁，不然的話，它們之間就隔著一道無底的鴻溝。若是這樣，在外部世界將只有獨立於我們一切感覺的、作爲客體的純直觀，在內部世界則只有毫無成果和純粹被感覺到的意志動作。如果問一個毫無成見的人，那麼他對於那個直接意識（即常常被當作是被誤解的意志自由的直接意識），大概會這樣說：「我能做我想要的，如果我想要向左走，那我就向左走；如果我想要向右走，那我就向右走。這完全取決於我的意志，我因而是自由的。」這種陳述固然十分眞實和正確，只是在這種陳述中，意志已經寓於前提之中了，也就是說，這一前提是假定意志已經作出了決定，因此關於它自身的「自由存在」可能就無關緊要了。因爲這種陳述全然沒有講到意志動作本身發生的依賴性或獨立性，而是只講到了這一動作發生時的效果，或者確切地說，只講到了它成爲軀體動作的不可推延的現象。但作爲那種陳述的基礎的意識卻是絕對唯一地使無偏見的人，即哲學上的外行（雖然在別的學科中，他可能是個大學者）把「意志自由」視爲某種如此完全直接確定無疑的東西，以至於他把它說成是無庸置疑的眞理，而全然不能相信哲學家居然會一本正經地去懷疑它，並且在內心思忖，關於這一問題的一切空談都是學校辯論的口才訓練，完全是在開玩笑。但正因爲由那個意識所給定的十分重要的確定性總是在眼前，以及因爲人是首要的和本質上就是實踐的動物，而非理論的動物，所以他對他意志動作的積極方面，即其有效性方面，比對其消極方面，即依附性方面的感覺就要清楚得多。因此，想要使哲學外行理解我們問題的眞正意義，並使他明白，現在要探究的不是他的每一次想要的結果，而是其原因，那就很困難了。他的行動雖然完全取決於他的想要，但現在人們卻要求知道，他的想要本身究竟取決於什麼，或者根本就不取決於什麼，或者取決於某物？當他想要時，他確實能夠做某件事，同樣，當他想要時，他也能做另一件事；但現在他應該尋思一下，他是否能夠既想要做這一件事，又想要做另一件事？如果照這樣的意思向人提出這樣的問題：「你眞的能夠在你心中所升起相反的願望中，既依順這一個，又依順那一個嗎？例如在兩個互相衝突的財產物件中，既選取這一個，同時又選取另一個？」那他就會說：「也許對我來說，選擇是困難的，然而我究竟想要選擇這一個，還是那一個，卻是完全取決於我的，而不是其他的什麼力量。我有完全的自由來選取我想要的那一個。這時，我將完完全全順從我的意志。」但如果有人這樣說：「那麼你的想要本身，又取決於什麼呢？」那他就會從他的自我意識回答說：「除了我以外，就沒有別的了！我能想要我所想要的東西，我想要的東西就是我想要的。」在他說後面這句話時，他並不是故意要重複同樣的意見，或者也只是在他意識的最深處是倚仗同一律的，只有依靠這同一律，後一句話才是眞的。他講的是一種他的想要的想要，就好像他講到一種他的自我的自我，他這樣講的時候，看來是極其尷尬的。人們將他趕回到他的自我意識的核心去了，他在那裡發現他的自我和他的意志是無法區分的，但也沒有剩下什麼東西可以來評估這二者。在這裡，他的人格與選擇的對象被假定爲既定的，所以在作那種選擇時，是想要這一個，而不是想要那一個的想要本身，是否可能和最後的結果有不同呢？或者透過剛才列舉的事實，他的想要的結果是否就像三角形中最大角的對邊爲最大邊一樣，是必然無疑的呢？這是一個問題，它與天然的自我意識離得如此的遠，以致它根本就不能理解這個問題，更不要說能有一個成熟的答案了，或者哪怕只有不成熟的意見，只需要樸素地將它提出來就可以了。因此，在特定的情況下，一個無偏見的、但在哲學上是外行的人，面對這一問題必然帶來的困惑，如果他是眞心懂得這個問題的話，便會躲到那種直接的確信後面去。這種確信如上面已說過的，就是「我能做我想要的，和我想要我所想要的。」他始終會重新這樣做，無數次地這樣做，所以很難使他面對這個他總是力圖回避的問題。這也不能責怪他，因爲這個問題確實是一個極其困難的問題。它的探究手段深入人的最內在的本質。它想知道，人是不是也和世界上所有其餘的生物一樣，是一種由其素質本身一勞永逸地決定了的生物。這一生物像自然界中每一個其他的生物一樣，有著它特定不變的性質，由於這些性質，它必然對正在形成的外界誘因作出反應，這些反應因此帶有它們從這一方面來講是不可改變的特點。其結果就是，能使反應發生某些變化的就只能是外界的誘因，或者人是否爲整個自然界中唯一的例外？如果最終能使他面對這個如此困難的問題，並使他清楚地知道，這正是他研究他的意志動作的起源本身，及其形成之有規律或完全沒有規律的地方，那麼他就會發現，自我意識在這裡並不包含任何資訊，這是由於沒有成見的人這時自己避開了這個問題，並與不是用思索和進行各種嘗試以圖解釋，從而使自己擺脫束手無策的境地。解釋這個問題的理由，他或者可以從自身或他人的經驗中獲得，或者可以從普遍的知性規律中獲得，但是就在他進行這些嘗試時，表現出其解釋的沒有把握和搖擺不定就足以說明，他的直接的自我意識對正確理解的問題是不予答覆的，這和他以前對錯誤理解的問題之態度是一樣的。歸根究柢，這是由於人的意志是他眞正的自我，是他本質的眞正核心，因此就是這個意志構成了他的意識基礎，這是一個絕對地既定的東西和現存的東西。他並不能越出這個範圍，這是因爲他自己是什麼樣的人，他就怎樣去想要，並且他怎樣去想要，也像他是什麼樣的人。所以問他是否也能成爲一個不同於他自己的人，對此他是不知道的。正因如此，和那個哲學外行的區別只在於訓練上不同的哲學家，如果他想把這個難題弄個水落石出，也必須求助於他的提供先驗知識的知性，求助於思索這種知識的理性，求助於他的和別人的行爲向他提供的，用來說明和檢查這種知性知識的經驗。上述知性、理性和經驗作爲最終的和唯一有力的法院，其裁決雖然不像自我意識的裁決那樣容易、直接和簡單，卻將是接近事實的、充分的。人的大腦既已提出問題，也就必須解答問題。

此外，直接的自我意識對那個深奧的、思辨的、疑難的問題，不能提供任何答案。對此我們不必感到驚訝，因爲它是我們全部意識中一個十分狹隘的部分，它的內部是昏暗的，它以它全部客觀的認識力量完全順應著外部世界。所有它的完全可靠的，即先天確知的認識只涉及外部世界，因此能依照某些根植於它自身的普遍法則有把握地作出判斷：什麼在外界是可能的、什麼是不可能的、什麼是必然的，並以此方法先天地造成純粹的數學、純粹的邏輯學，乃至純粹基本的自然科學。其次，它將它那先天知覺的形式應用在感官感覺中得到的事實上，這一應用爲它提供了直觀的、眞正的外部世界，連帶著還有經驗。此外，它又將邏輯學和作爲它基礎的思維能力應用於那個外部世界，這一應用提供了概念——即思維的世界，由此又產生出科學及其成就等等。因此，在它的眼裡，外部世界是十分光明和清楚的，但內部卻是黑暗的，就像一副塗黑的望遠鏡，沒有一個先天的命題能夠照亮它自身內在的黑夜；相反地，這種燈塔只照向外界。如上所述，在所謂內在感官面前的，除了自己的意志外，沒有其他的東西，連所有所謂內在感覺，實際上也必須回溯到意志的運動上。但是，意志的這種內在知覺所提供的一切，就像上面指出的那樣，又都溯源於想要和不想要，以及受到褒獎的確信：「我能做我所想要的」，這實際上就是說：「我的意志的每一個動作，我都馬上（以一種對我來講是完全不可把握的形式）把它視爲我軀體的一種動作」；確切地說，這對於認識主體來講，是一個經驗的法則，除此之外，在這裡再也找不到別的東西。因此，對於提出來的問題、有關的法庭是無權受理的，甚至可以說，就這個問題的眞正意義來說，根本就不能被提交給這個法庭，因爲它並不理解它。

現在，我將我們在自我意識方面得到的答案，再略爲簡潔地概述。任何一個人的自我意識，都十分清楚地陳述他能做他所想要的事。由於我們也可以設想完全相反的行爲是他所想要的，因此如果他想要的話，他也能做相反的事。現在，頭腦簡單的人誤解了這一點，他以爲在某種特定情況下，他也能想要相反的東西，並把這叫作「意志的自由」。他只是在某種特定的情況下，能想要相反的東西這一點，根本就不包括在上面的陳述之內。僅包含這樣的意思：在兩種相反的行爲中，如果他想要這一種，他就能做這一種；如果他想要那一種，他也同樣可以做那一種。至於他在這種特定的情況下，能否既想要這一種，又可以想要那一種，卻是不肯定的；此爲更深層次研究的對象，不是單純的自我意識所能決定的。對於這一結果最簡短的，儘管是經院式的公式：自我意識的陳述只有後一部分涉及意志；相反地，自由的問題則屬於前一部分。因此，自我意識的那個不可否認的陳述：「我能做我所想要的」根本就不包含和判定意志自由的東西，而意志自由就在於，在個別個體的情況下，即在既定的個人性格方面，每一次的意志動作，並不是必然地由這個人這時所處的外部環境所決定的，而是在這時既可以產生這樣的結果，也可以產生那樣的結果。但是自我意識對此卻完全啞然不語，因爲這件事情完全處於它的範圍之外，並且建立在外部世界與人的因果關係之上的。如果有人問一個智力健全、而沒有哲學修養的人，他根據他的自我意識的陳述而堅決主張的「意志自由」究竟在哪裡，那麼他就會答道：「就在於只要我不是自然地被阻礙時，我能做我所想要的。」因此，他所講的始終是他的行爲對他想要的關係。但這就如同第一章已指出過的那樣，仍只是自然的自由；如果有人進一步問他，在既定的情況下，他是否想要一件作爲其對立面的事情呢？那他雖然會十分熱心地加以肯定，不過一旦他開始明白問題的意義時，也會開始懷疑，最終將陷入不安和迷惘之中。爲了擺脫這種情況，他又會十分樂於躲到他的命題後面去：「我能做我所想要的」，並以此抵禦一切理由和論證。對於他的命題的正確答案，我將會像我在下一章希望加以澄清的那樣：「你能做你所想要的，但在你生命的每一既定的時刻，你只能想要一確定的東西，而絕不能是其他的」。

經過本章的分析，科學院的問題實際上已得到了解答，而且是否定的解答。但是，現在對於我們的否定的解答，在一種情況下，還要做一番檢視。那就是，如果我們現在將這個問題提到那個唯一有權審理此事的機關去（在前面，曾經要求我們這樣做過），即轉向純粹的知性，轉向對知性的事實加以反思的理性，以及隨二者而來的經驗，它們的判定也許會是這樣的：一種「意志自由」（意志的自由決定），一般來說大概不會存在，倒是人的行爲會像大自然中其他的一切，在每一種既定的情況下，是一種必然要產生的結果。這樣，我們就更會確信——可以證明被探究的意志自由的事實，根本就不可能存在於直接的自我意識之中。據此，依照不可能即無效的結論（這結論是確立先驗否定的眞理之唯一可能的途徑），我們的判定在迄今已提出的經驗證明的基礎上，又將獲得一種合理性的證明，並因而變得加倍可靠。因爲不能假定在自我意識直接的陳述，以及由純知性的原則與其經驗的應用而產生的結果之間，會發生嚴重的矛盾。這樣一種說謊的自我意識不可能成爲我們的自我意識。這時要注意的是，即使是康德對這個問題提出的二律背反，即使在他自己那裡也並不會由於下述說法而成立：即正命題與反命題來自不同的認識源泉，一個大約來自自我意識的陳述，另一個大約來自理性和經驗，正命題和反命題二者根據所謂的客觀理由進行詭辯；但在這時，正命題不以別的爲基礎，只以懶惰的理性爲基礎，這就是說，懶惰的理性在欲求面前後退，總有一次會靜止下來，相反地，反命題則眞的具有一切客觀的理由。

但是，現在著手在認識能力和呈現於其前的外部世界，其領域裡進行的這種**間接的**研究，將同時反過來對迄今爲止所進行的**直接**研究給以許多說明，並因而給予補充。這是因爲這一間接的研究將揭露那種自然的錯覺，而這種錯覺產生於自我意識的那種極簡單的陳述所引起的錯誤理解之中，這是在自我意識陷入和他物的意識（他物的意識就是認識能力，而且和自我意識一起扎根於同一個主體）的衝突時發生的。是的，只有在這一間接研究結束時，我們才能對那個陪伴我們所有行爲的「我想要」的眞實意義與內容，以及原初的和專橫的意識（借此意識，那些行爲才成爲**我們的**行爲）有所明白，只有這樣，至今所進行的直接的研究才得以完成。

第三章　在他物意識面前的意志

如果我們帶著我們的問題轉向認識能力，那麼我們事先就知道，由於這一認識能力從根本上來說是順應外界的，因此意志對它而言，不能成爲它的直接知覺的對象，就像意志對於無權受理我們事情的自我意識的關係一樣，而是這裡只能考察具有天賦意志的生物。在認識能力面前，它們是客觀的與外部的現象，即經驗的客體，從現在起，它們也是作爲這樣的東西而被研究和評價的。在研究和評價時，一部分是按照對經驗來說是一般的，依據其可能性而確立的、先天無疑的法則；一部分是按照由已取得的眞正存在的經驗所提供的事實。因此，我們在這裡已不再像以前一樣，只與內在感官顯現的意志本身打交道，而是與想要的、爲意志所驅動的、外部感官的對象的生物打交道。這樣一來，儘管我們現在只能間接地和從比較遠的地方來考察我們特有的研究對象，從而陷入了不利的一面；卻有如下的好處來加以彌補，那就是我們在研究時可以運用一種比較陰暗的、片面的、直接的自我意識，即所謂的內在感官完善得多的工具。這工具就是用所有外部的感官和所有的力量裝備起來的，以求客觀把握的知性。

我們把因果律視爲這個知性的最普遍、最根本的形式，因爲只有透過它的中介，現實的外部世界的直觀才有可能。在直觀時，我們把我們的感官所獲得的刺激和變化，立即完全直接地把握爲「效果」，並且（不用指導、傳授與經驗）馬上從效果過渡到它們的「原因」，這些原因後來也是透過知性的過程顯現爲空間中的客體。①這就無可辯駁地表明因果律是被我們先天地覺知的，因此，就一切經驗的可能性而言，是作爲一種必然的法則被我們覺知的。我們並不需要康德爲這一重要的眞理提出來的簡潔而艱深的，甚至是不充分的證明。因果律是先天地固有的，作爲普遍的規律，外部世界一切實在的客體無一例外地要服從這一規律。這種無例外性恰恰是由於它的先天性。這一規律主要地與唯一地就是和變化有關，並且表明，在客觀的、實在的、物質的世界中，有某種東西或大或小地、或多或少地在變化著；在這以前，也必然有某種其他的東西發生過變化，而且隨著這一其他的東西的變化，在它之前又有一個其他的東西曾發生過變化，就這樣以至無窮，根本就看不到那充滿時間變化（就像充滿空間的物質）的這種回歸序列的起點，哪怕是設想一下都不可能，更談不上作爲前提了。因爲那反覆不斷地提出的問題：「什麼東西引起這種變化？」絕不允許知性有最後的終點，儘管它會爲此而疲於奔命，就像時間的起點或空間的界限一樣，最初的原因同樣也是完全不可思議的。因果律充分顯示，如果較前的變化，即原因，出現了由此而引起的後來的變化，即效果，就必然要發生，也就是必然地會隨之而來。因果律就是透過這種必然性，使自己保持理由律的形態。理由律是我們全部認識能力的最一般的形式。在眞實的世界中，它表現爲因果性；在思想的世界中，表現爲認識理由的邏輯法則；在空無的、但先天

① 讀者可以在《充足理由律的四重根》第二版第二十一節中，找到對這一學說的詳細論述。

地被直觀的空間中，則表現爲同一空間的各部分狀況，其嚴格而必然的相互依存之法則。幾何學的唯一任務就是對這種必然的依存關係做專門而詳細的證明，因此就像在開始時就已說明的，「是必然的」和「是既定的理由的結果」乃是互換的概念。

因此，在客觀實在的外部世界之客體身上發生的一切變化都服從**因果律**；因此，不管這些變化是在什麼時候，在什麼地方發生的，每一次都是**必然地**和不可避免地發生的。在這方面不可能有任何的例外，因爲這一規律是先天地爲經驗的所有可能性所確定的。關於可否將這一規律用於一既定的場合，那麼只要問一下，這是否涉及一個在外部經驗中既定的實在客體所發生的某種**變化**，只要是的，那麼它的變化就要服從於因果律的應用；也就是說，它的變化一定是由某種原因引起的，因此也就是**必然地**會發生的。

如果我們現在用我們一般的、先驗地可靠的，因此對於一切可能的經驗毫無例外地有效的規律，來更深入地考察這一經驗本身和在這經驗中既定而實在的客體（我們的規律是與它們可能發生的變化有關的），那麼我們不久就可以在這些客體身上，看到某些深刻的基本區別。它們由於這些區別，因此早已被分門別類：一部分是無機的，即無生命的客體；一部分是有機的，即有生命的客體；而這後一部分又被分爲一部分是植物，另一部分是動物。我們更看到，雖然動物在根本上是相似的，而且符合動物的概念；然而就完滿性而言，則有一種極其複雜和細緻劃分的階梯，從與植物還十分相近、很難加以區分的動物開始，直至最完善、最符合動物概念的動物爲止。在這一階梯的最高層，我們看到的是人，是我們自己。

但如果現在我們不爲這種雜多性所迷惑，而把所有這些生物只視爲經驗上客觀的、實在的對象，並且把我們可用於一切經驗的先天固有的因果性，應用於發生在這些生物身上的變化，那麼我們就會發現，儘管經驗普遍地符合先天確定的法則，然而對於所有那些經驗的客體本質上記憶猶新的巨大差異，也有一種在種類上發生的與之相應的變化以對應之，就好像因果律有權在它們身上起作用似的。更進一步來說，爲了適應無機體、植物和動物這三種差別，那引導它們的所有變化的因果性也表現爲三種形式，即狹義的**原因**、**刺激**或**動機**，但這種差別絲毫也不損害因果性的先天有效性，以及由它所造成的效果的必然性。

狹義的**原因**，就是經驗對象一切力學的、物理的與化學的變化藉以發生的原因。它在任何地方都透過兩個特徵顯示自己的性質。第一是透過在它身上，牛頓的第三定律「作用力與反作用力相等」得到了應用，這就是稱爲「原因」的先行狀態經歷了一種和稱爲「結果」的後續狀態相同的變化。第二是透過牛頓的第二定律，即效果的程度總是和原因的程度完全相應，因此後者的增強也會引起前者相同的增強，以至於如果我們一旦知道了效果的種類，那麼從原因的強度馬上就可以知道和測算出效果的程度；也可以反過來，在經驗地應用這第二個特徵時，我們不能將固有的效果和它的表面現象相混淆。例如，在壓縮一個物體的時候，我們不能要求它的大小隨著壓力的增加而不斷地縮小。因爲受我們擠壓物體的空間在不斷縮小，同時反抗也在增強，因此現在儘管固有的效果，即物體的縮小，眞是按照原因的程度而在增強，就像馬略特定律（Mariott esches Gesetz）[②]所闡明的那樣，我們卻不應該從那種表象上去理解這個問題。此外，在許多情況下，在作用達到一定程度時，全部效果的種類一下子改變了，這完全是由於反作用的種類發生了變化，而這又是由於在一個有限大小的物體上，反作用迄今一直使用的種類已被窮盡了。例如，加於水的熱力只有在達到一定程度時才使水沸騰，超過時只能使水迅速蒸發，但在蒸發時，又出現了原因程度與效果程度之間的相同的比例，這在許多情況下都是如此。這種狹義的原因是引起一切無生命的，即無機體變化的原因。對這種原因的認識和假定導致人們去觀察所有那些變化，這些變化是力學、流體力學、物理學和化學的對象。因此，無機的或無生命的物體固有的和主要的特徵就在於，它們是由這種原因所確定的。

第二種原因是刺激，也就是這樣的原因：首先，它根本就不接受一種與它自己的作用成正比的反作用；其次，在它的強度與效果的強度之間絕不會產生一種均衡性。因此效果的程度是不能根據原因的程度加以推測和事先規定的，稍微加強刺激就會引起效果的大規模增強，或者反而把以前的效果完全取消，甚至還會引起一種相反的效果。例如：眾所周知，透過加熱或在土壤中摻雜石灰，就能加速植物的生長，這是由於那些因素產生刺激植物的生

② 馬略特，約一六二〇—一六八四年，法國物理學家，獨立於波以耳（Boyle，英國物理學家）發現以他們兩人名字命名的波以耳—馬略特定律。——譯者注

命力的作用；但如果這時稍微超過了適度的刺激一點點，其結果就不是提高與加速植物的生長，而是導致植物死亡了。同樣，我們也能用酒或鴉片提高我們的精神，或使精神變得亢奮，但一旦過量，就會適得其反。這種原因，即刺激，決定著生物體的一切變化。植物的所有變化和發展，以及動物的一切純機體的和生長的變化或機能，都是由於刺激而發生的。光、熱、空氣、食品、各種藥品、各種接觸、受精等，都是用這種方式作用於生物體的。我馬上就會講到，動物的生活還有一個完全不同的領域，而植物的全部生活則相反，是完全根據刺激來進行的。植物所有的同化作用，生長、頂冠的向光，根部趨向較好的土質，它們的受精、發芽等，都是受到**刺激**而發生變化。個別的、少數幾種植物還有一種特有的、迅速的運動，那也只是由於受到刺激而引起的，它們因此被稱作敏感的植物。眾所周知，這主要指的是含羞草、黃蓍和捕蠅草。完全地、毫無例外地是由**刺激**所決定的，乃是植物的特性，所以一個物體，只要它那特有的、符合本性的運動和變化，總是因受到**刺激**而引起，那麼它就是**植物**。

第三種產生推動作用的原因是表示動物特性的原因，那就是**動機**，即由於**認識**而引起的因果關係。在生物的階梯上，它是在這樣的階段出現的：即有著較爲複雜因而是繁多的需要的生物，它的這些需要已不再像所希望的那樣，僅僅依靠刺激的引發就能得到滿足，而是不得不處於選擇滿足的手段，把握它、甚至尋找它的狀態。因此，在這種生物身上，對**動機**的感受性，即一種表象能力、一種智力（Intellekt），代替了對刺激的單純感受性和因此而做的運動。這種智力的完善可分爲無窮的級別，在物質上則表現爲神經系統和大腦，並且表現爲意識。植物的生活只是因刺激而進行，它乃是動物生活的基礎，這是眾所周知的。但一切動物作爲**動物**所完成的運動（這些運動正因此是依附於心理學上稱爲**動物的機能**的東西）之發生，是由於一個已知的客體，即**動機**的結果。因此，一個物體，如果它固有的、符合其本性的、外部的運動和變化總是由於**動機**，即一定的，已顯現於它的前定意識內的**表象**的話，這個物體就是動物。在動物這一系列中，表象的能力，以及意識，也有著無窮的等級。因此，在每一種意識中，動機的顯現和促使意識運動的情況也就一樣的多，這時，在從現在起存在的自我意識看來，內在的動力（其各種表現是由動機引起的）就是我們稱爲**意志**的東西。

但是，現在一個既定的物體究竟是因爲**刺激**，還是因爲**動機**而運動，對於從外部進行的觀察來說（在這裡，我們是從外部進行觀察的），是絕無疑問的：刺激的作用方式和動機的作用方式有著明顯的區別。因爲刺激始終是透過直接的接觸，或者是透過向內的接受而產生作用的，儘管這種接受並不像空氣、光、熱的刺激那樣是看得見的，然而這種接受還是藉由如下的途徑表現了出來，那就是效果和刺激的持續與強度，具有一種不難看出的比例，儘管這種比例在刺激的程度各不相同時，並不始終是相同的。而動機則相反，當它引起運動時，所有這些區別都不復存在了。因爲這時產生作用的、特有的和最貼近的媒介不是大氣，而是認識。作爲動機起作用的客體只需要被**知覺**、被**認識**，而且不論這種知覺是持久的、是或遠或近的、還是清楚明瞭的。這時，所有這些區別就全然不改變效果的程度，只要動機一被知覺，它就以完全相同的方式產生作用，但有一個前提，那就是它這時必須是產生的意志的一個決定性原因。因爲連物理的、化學的原因，還有刺激，同樣只有在受刺激的物體能夠感受它們的時候才產生作用。我剛才說過「這時必須產生的意志」，這是因爲就像已經提到過的，眞正給予動機產生作用的力量，即由動機引起運動的祕密發條，在這時向生物本身內在地和直接地顯現爲用意志這個詞描述的東西。對完全是因刺激而運動的物體（植物），我們把那種持續的、內在的條件稱爲生命力；對完全是因狹義的原因而運動的物體，我們把那條件稱爲自然力或素質。各種解釋總是把它假定爲是無法說明的東西，因爲生物的內部沒有可以直接理解那種條件的自我意識。但是現在，在這些無認識的，甚至是無生命的物體身上所含有的對外部原因作出反應的這種內在條件（如果有人從現象一般出發，想要研究康德稱之爲物自體的東西的話），就其本質而言，是否就像近代有個哲學家確實想向我們指出的那樣，和我們身上稱作意志的東西相同一，這一點我想暫且不論，爲的是我確實不想和他發生衝突。③

與此相反，我卻不能不探討，因人的意識優於任何一種動物的意識，所以在動機作用方面造成差別。這一優點實際上就是用理性這個詞來表示的。也就是說，人不像動物一樣，只

③ 很清楚，我指的就是我自己，只是因爲必須隱姓埋名，因此我不能用第一人稱來指稱這位哲學家。

能直觀地理解外部世界，而是能從外部世界抽象出一般概念，為了能把這些概念積澱於他的感性意識之內，他又用詞語去描述它們，並因此構成了無數的組合。這些組合，雖然始終和它們那些因此而產生的概念一樣，和直觀地被認識的外部世界有關，然而實際上，卻構成了人們稱之為「思維」的東西，因而使人類較之其他一切族類，具有的巨大優點成為可能，這些優點就是語言、深思熟慮、對過去的回憶和對未來的擔憂、意見、計畫以及許多人有計畫的共同行動、國家、科學、藝術等。這一切都是以具有非直觀的、抽象的、一般的表象這種獨有的能力為基礎的，人們把這種表象稱為概念（即物的本質），因為每一個這樣的概念都包括了許多個別的東西在內。動物，即使是最聰明的動物，都沒有這種能力，因此它們只有直觀的表象，也只認識當前的現實，和只生活在「現在」之中。驅動它們意志的動機，必須每一次都成為直觀的與當前的，其結果就是，它們可作的選擇極少，也就是只能在它們有限的視野和理解能力直觀地知覺的東西，因此是在時空中現有的東西之間作選擇，這時較強的動機馬上就決定了它們的意志，動機的因果關係在這裡也變得十分明顯。動物訓練是一種表面上的例子，它是由習慣作為媒介而造成的恐懼。有點眞正例外的是本能，依靠這種本能，動物就其整個行為方式而言，並不是眞的由於動機，而是由於內在的衝動而活動；但就個別動作的細節及每一瞬間而言，進一步規定這種衝動的確實又是動機，因此又復歸於常規之中。對本能作進一步的探討會使我離題太遠，我的主要著作的第二篇第二十七節對此已作了詳細的論述。④而人則相反，乃依靠非直觀的、得以思維和反思的表象能力，而具有一種把握不存在的、過去的和未來的東西之無限廣闊的視野。因此較之侷限於狹小當前的動物，人對動機作用以及對選擇，因而有格外大的領域。一般來說，決定他行爲的不是他的感性直觀所面臨的東西，不是在時空中的現在之物，而是純粹的思想；他的腦海中總是縈繞著它們，而且使他獨立於當前的印象。如果思想不這樣做，那麼人們就會說，他的行爲是不合理性的；如果他的行爲完全按照深思熟慮的思想，因而是獨立於直觀的當前的印象的，那麼就會被譽爲是合理性的。人受到一種動物所沒有的、特有的表象（抽象的概念思想）的驅動，這種情況即使從外部也是可以看到的，這是由於這種情況使他的所有行爲，包括極不重要的或甚至是他的一切運動和步驟，都烙上了故意的、有目的的特點。人的行爲與動物的行爲也因此是這樣明顯的不同，以至於人們完全可以看到，人的運動是由如此細微的、看不見的線索（即純思想組成的動機）所操縱的，而動物的運動則是由直觀的當前之物，其粗糙可見的繩子所牽引著的。就像直觀一旦可以對眼前的意志起作用時，就變成了動機一樣，動機也變成了思想。但是，一切的動機都是原因，所有的因果關係都具有必然性。人依靠他的思維能力，可以想像他感受到影響他意志的動機，任意地、交互重複地加以想像，以便讓它們面對著意志，這就叫作思考。人是有思考能力的，而且依靠這種能力，有可能比動物做出更

④ 指《作爲意志和表象的世界》。——譯者注

廣泛的**選擇**。因此，他確實是**相對自由的**，即不受**直觀的**、**當前的**，作為動機而作用於他的客體的直接的強制，不過動物卻是完全屈從於這種強制的；相反地，他獨立於當前的客體而作出決定，並依照**他的**動機思想來作決定。這種相對的自由也確實就是受過教育，然而並不進行深思的人們所理解的人，顯然要優於動物而擁有意志自由。這純粹是一種**相對的**自由，即是對於直觀的當前的事物而言的，這種自由也純粹是一種**相比較**的自由，即是**和動物**相比較而言的。但是只有動機作用的方式，由於這種自由而發生了變化；然而，動機作用的必然性並沒有被揚棄，哪怕只是減少了一些。**抽象地**，寓於純粹**思想**的動機，是一種外在的、決定意志的原因，它和直觀的、寓於實在的、當前的客體的動機毫無二致，因此它是一種原因，就像任何一種別的原因一樣，而且甚至像所有別的原因一樣，始終是一種眞實的東西，一種物質的東西，它最終總是要以一種在某一時間、某一地點所獲得來自外部的印象為基礎的。它的優越性只在於導線的長度上。我想這樣描述它：它並不像純粹**直觀**的動機那樣，被囿於時間和空間的某一近處，而是透過最遠的距離，經過最長的時間，並藉由概念和思想的中介，以一條長長的鎖鍊方式產生作用。這是某種工具的性質及其傑出的感受能力之結果。這個工具首先體驗到和接收到了動機的作用，這就是人的大腦或**理性**；然而這一點也沒有揚棄它的**因果性**，以及與它一起被確立的**必然性**。因此只有極膚淺的觀點會把那種相對的、比較的自由視為一種絕對的、毫無例外的意志自由。事實上，這種意志自由產生的思考能力，只顯示**動機的衝突**常常是痛苦的、猶豫不決的，其奮戰範圍是人的整個身心和意識。也就是說，這種衝突使各種動機反覆地把自己的力量使出來，在意志那裡互相交鋒，結果使意志陷於和這樣一種物體一樣的境地；在這個物體的身上，各種力量以反方向作用於其上，直到那最強的動機將別的動機都擊退出戰場並規定了意志爲止。這樣的結局就叫作決定，並且是以完全的必然性作爲奮戰的結果而出現的。

現在，讓我們對因果關係的形式，其整個序列再作一次概覽。在這一序列中，先是最狹義的原因，然後是刺激，最後是動機；動機又分爲直觀的和抽象的，清楚地互相分列著。這時，我們將會發現，如果我們從這一角度把事物的序列從上往下數，那麼原因及其效果就會逐漸地互相分離，就會愈來愈明顯地區別開來。此時原因就變得愈來愈是非物質的和不可捉摸的，因此在原因方面似乎就顯得愈來愈少，而在效果方面則似乎愈來愈多，總而言之，因果間的關係變得無法直接把握和理解了。上面所講的這一切極少會是機械的因果關係情況，因此機械的因果關係是所有因果關係中最好理解的那一種。由此在上一世紀就產生了一個錯誤的企圖，這種企圖在法國至今仍保持著，近來在德國也開始了，那就是將所有其他的因果關係都歸於機械的因果關係，並將一切物理的、化學的現象都用機械的原因來加以解釋，而又用物理的和化學的原因來解釋生命過程。撞擊的物體推動靜止的物體，傳遞了多少運動，就失去了多少運動。我們在這裡看到了原因轉化爲效果，二者是完全平衡的，是可以通約的，並且是可以感覺到的。實際上，所有純機械的效果都是如此，但是我們也將發現，如果我們愈往上升、如果我們在每一層上都考察一下因果間的關係，那麼這種情況就愈來愈少了；反過來說，倒是出現上面說過的那種情況。例如：在熱是原因及其不同的效果，如膨脹、炙熱、熔化、蒸發、燃燒、熱電氣等之間的關係；或者蒸發是原因和冷卻或結晶是效果之間的關係；或者摩擦玻璃是原因和發電及其罕見現象是效果之間的關係；或者以金屬板的慢性氧化是原因和產生的電及其所有電的、化學的、磁的現象是效果之間的關係。因此，原因與效果愈來愈**分離**，變得愈來愈**不一致**，它們的關係變得更加**不可理解**了；效果似乎比原因能供給它的包容得更多，因爲原因的物質性和可把握性變得愈來愈少了。當我們轉向**有機物**時，這種情況就更加明顯。在這些物體身上，單純的**刺激**，一部分是外在的，如光、熱、空氣、土地、飲食等的刺激；一部分是內在的，如體液和各部分相互之間的刺激，這些都是原因，它們的效果就是生命，極其錯綜複雜，種類無數，顯現爲動物世界和植物世界各式各樣形態。⑤

但是，現在隨著原因與效果之間的關係出現愈來愈多的差異，不一致和不易理解，由這種關係規定的**必然性**是否也在減少呢？一點也沒有。就像滾動的球必然使靜止的球滾動一樣，萊頓瓶用另一隻手觸及時也必然會放電，砒霜也必然會毒死每一條生命；在乾燥地帶保存的種子，經過千餘年也必然沒有什麼變化，一旦把它放到適宜的土壤裡，施以空氣、陽光、溫度、溼度的影響，就必然會發芽，生長成爲植物。原因愈複雜，效果就愈不一樣，但

---

⑤ 對原因和效果的這種差異的詳細論述，可參見《自然界中的意志》第二版第八〇頁起的《天文學》。

是發生的必然性卻絲毫不減。

在植物的生命和動物的植物性生命方面，刺激和由它引起的有機作用，雖然在各方面都極其不同，二者是明顯區分開來的；然而它們還沒有眞正的**分開**，它們之間還必須有一種聯繫，儘管這種聯繫是十分細微和看不見的。完全的分開首先出現在動物性的生命方面，其動作是由動機引起的，那迄今還和效果一直有著物質關係的原因，這時就完全和效果分開了，具有完全不同的性質。首先是一種非物質的東西，是一種純粹的表象，因此在引起動物運動的**動機**中，就具有原因和效果之間的那種差異，二者的相互分離、二者的不一致、原因的非物質性，以及因此原因包容的效果好像太少等，這一切都達到了最高的程度。如果我們對這種因果關係，也像對其他的因果關係一樣，只從**外部**去認識，那麼這種關係的不可把握性也就絕對化了。但是，在這裡有一種完全不同的認識，一種內在的認識，來補充這種外部的認識，以及在這裡根據已經出現的原因，作爲效果而發生的過程，我們也是知道的，我們用一個確定的概念——意志，來指稱這個過程。當然，我們也要說，在這裡就像在上述的刺激一樣，因果關係的**必然性**並沒有喪失，只要我們把它視爲**因果關係**，並且用這種對我們的知性來說是根本性的形式來思維的話。此外，我們還發現，動機作用和上述的因果關係的另外兩種形態極其相似，它只是這些形態逐漸演化而達到最高階段罷了。在動物生命的最低階段，動機與刺激還很近似，像植蟲、放射蟲類、軟體動物中的無頭類，只具有一種微弱意識的曙光，其程度只達到爲了下述目的而必要的程度，那就是感知食物或掠奪品，並將它們拽到自己身邊，和當有食物和掠奪品時，將自己移向有利的位置。因此，在這種低級階段，動機的效果就像刺激的效果一樣，對於我們是那麼的明顯、直接、決定性的和無異議的。小的昆蟲會被光亮引進火焰中，蒼蠅泰然地坐在正貪婪地盯著自己同類的蜥蜴頭上。這時，誰會夢想自由呢？在比較高級、聰明的動物身上，動機的效果變得愈來愈間接，動機和動機引起的行動之分離較爲明顯，以至於人們甚至可以將動機與行動之間距離上的差別，用來衡量動物智力的高低。在人方面，這種差別變得不可度量；相反，對於最聰明的動物來說，成爲它們行爲動機的表象，還始終是一種**直觀**的表象，即使在它們那裡已有選擇的可能，也只能是在直觀的當前物之間進行。一隻公狗，在主人的呼喚和一隻母狗的注視之間猶豫不決，較強的動機將決定牠的動作，然後它就像一種機械的效果一樣必然地發生了。如果我們觀察一個因這種效果而失去了平衡的物體，在一段時間內，它交替地向這一邊和那一邊晃動，直到作出決定；把重心放在哪一邊，這時，它就投向那一邊。只要動機作用還只侷限於**直觀**的表象，它與刺激和一般的原因之間的近似性，還會由於下述情況而變得一目了然：那就是作爲動因的動機必須是一個實在的東西、一個當前的東西，甚至必須經過光、聲、味；儘管是十分間接的，卻是有形地作用於感官。此外，這時原因就像效果一樣，如此明顯地就存在於觀察者的前面：他看到動機出現了，動物的行爲也毫不遲延地發生了，只要這時沒有另外一個同樣顯眼的動機或動物訓練發揮作用。想要懷疑這兩者的關係是不可能的，因此也沒有人想到，要把一種「無限制的意志自由」，即一種不是由原因決定的行爲加到動物的身上。

但如果現在意識是一種理性的意識，是一種長於非直觀認識的，即長於概念和思想的意識時，那麼動機就會完全不依附於當前、不依附於眞實的環境，因此對於觀察者來說是隱祕的。因爲它們現在是純粹的思想，它們縈繞在人的腦海之中，卻形成於人腦之外，還往往遠離於人腦，也就是說，有時形成於過去年代的自身經驗，有時是透過語言文字從外面流傳來的，甚至來自遠古。由於它們是這樣產生的，所以其淵源也總是眞實的和客觀的；雖然複雜的外部環境常常是複雜的組合，使動機中含有許多錯謬，以及由於是流傳而來的，所以含有許多錯覺，結果也就會含有許多愚昧。此外，人常常在別人面前掩蓋其行爲的動機，有時甚至對他自己也是如此，即在他害怕認識到究竟是什麼使他做這做那的時候。與此同時，人們看到了他的行爲，就想透過猜測來探索他的動機。這時，人們就像假定看到的無機體每次運動的原因一樣，堅定不移地假定這些動機，並且確信此者和彼者一樣，沒有原因是不可能的。與此相應的，人們也反過來，在考察個人的計畫和行動時，肯定要考慮到動機對人的效果，就像人們肯定要計算機械設備的機械效果，兩者是完全一樣的——如果人們對在這裡行爲的人的個體的性格，就像對設備鋼梁的長度和厚薄、對輪子的直徑和貨物的重量等一樣，有著十分清楚的了解的話。每個人都遵循這種假定，只要他把目光投向外界、只要與他人有往來，並追求實踐的目的，因爲人的知性是被這些目的所規定的。但如果他企圖從理論上和哲學上來評價一件事情，而假設人的智力實際上並不是爲此而被規定的，以及他把自己作爲評價的對象，那麼他就會被抽象的、由純思想產生的動機的（因爲它們並不受當前和環境的束縛，而且只能在作爲反動機的純思想中重新找到它們的障礙本身）、剛才描述過的非物質性質引入深深的迷誤之中，以至於他會懷疑動機的存在，懷疑其效果的必然性，並認爲，要做的事情同樣也可以中止，沒有什麼原因，意志自己就可以決定自己，而每一個意志動作，是由此引起的一系列無窮變化的第一個起點。我在第一章曾充分考察自我意識的那個陳述：「我能做我想要做的。」對它的錯誤解釋現在完全支援了上述的迷誤，尤其是如果在任何時候，以及在許多個動機，主要是產生鼓動作用和互相排斥的動機發揮作用時，這一陳述還要喧囂，那就更是如此了。總而言之，這就是錯誤由以產生的那種自然的錯覺之根源。在我們的自我意識中，似乎確實有這樣一種意義上的意志自由，這種意志能夠違反所有純粹知性的和自然的規律，是一種無充分理由的自我決定的東西。在既定的情況下，在同一個人的身上，它的決心既可以是這樣的，也可以是相反的。

爲了專門地和最清晰地闡明這種對於我們的論題是如此重要的謬誤之形成，並以此補充上一章對自我意識所進行的研討，我們想假定有這樣一個人，他站在小巷道裡對自己說：「現在是晚上六點，白天的工作已經結束，現在我可以散步，或者可以去俱樂部；我也可以登上塔樓，觀看太陽下山；我可以去劇場，也可以去訪問某個朋友；我甚至還可以跑出城門，到廣闊的世界裡去，永不回來。這一切都取決於我，我有著充分的自由。我可以什麼也不做，自由自在地回家去，回到我太太的身邊。」這就彷彿水在說話一樣：「我能掀起巨浪（是的！是在海洋起風暴時）；我能急速地往下流（是的！是在河床之中）；我能泡沫飛翻地衝下去（是的！是在瀑布之中）；我能自由地像光線一樣射進空氣之中（是的！是在噴水池中）；最後，我甚至能被煮乾和消失（是的！是在熱到八十度的時候）。然而這一切我都不做，而依然自由自在地、安靜地、清澈地留在如鏡的水池中。」就像水只有在決定做這個或做那個的原因出現時，它才能做上面的那一切般，那個人同樣除了做在同樣條件下的事情之外，不能做別的。在原因出現以前，他要做什麼是不可能的；但是一旦出現以後，他就必須去做。這和水一旦被置於相應的情況就必須做什麼是完全一樣的道理。他的謬誤和一般由於對自我意識的錯誤解釋而產生的迷茫，即「他能同時做那一件」的錯誤想法，如果我們仔細考察，是建立在下面這樣一種情況之上的，那就是在當時他只能幻想一個圖像，在這一瞬間，這個圖像把其他一切都排斥了。現在，如果他設想一種造成那種被建議爲可能的行爲的動機的話，那他馬上就會感覺到這一動機對他意志的作用，意志因此而受到了請求，用世界語來說就是Velleitas（意志衝動，德文爲Willensregung），但是他卻以爲，或許他能將這種意志衝動提高爲Voluntas（意志行爲，德文爲Willenshandlung）。就是說，他或許可以實行被建議的行爲，這就是一種謬誤。因爲緊接著他馬上就會想起那些引向別的方面的，或者是相反方面的動機，他將看到，原先的那個動機不會成爲事實，便會有對各種互相排斥的動機之連續不斷的想像，和內心還不斷地想著「我能做我想要做的」。這時，意志就像一個裝在一根漆得很好的木杆上的、迎風招展的風向標一樣，立即轉向想像力使他想到的任何一個動機上，不斷地轉向所有可能出現的動機上；在每個動機面前，他都會想到，他能想要這一個，也就是說能將風向標固定在這一點上，而這純粹是一種謬誤。因爲他的「我能想要這一個」實際上是一種假設，並且還有但書伴隨著：「如果我不想要別的話」，但這但書卻把那個「能想」揚棄了。讓我們回到前面舉過的在六點鐘思考的那個人地方，並設想，現在他覺察到了，我站在他的身後，對他作哲學上的研究，並否定他對所有那些他可能的行爲所擁有的自由。這時很容易會發生這樣的情況：爲了反駁我，他會去做其中的一項，但這樣一來，恰恰是我的「否定」及其對他的反抗精神的作用成了強迫他去這樣做的動機。然而這一動機只會使他去做上面提到過的那些行動中**不太費力**的行動，例如到劇院去，而絕不會去做那最後提到的那一項，即到廣闊的世界去，這一動機對於這件事來說是太弱了。有些人會同樣錯誤地以爲，如果他手裡握著一支子彈上膛的手槍，他也會用它來殺死自己。要做到這一點，那種機械的實施手段是最無關緊要的，主要是要有一個絕對強烈的，因此是罕見的動機；它有著巨大的力量，它必須有這種克服生之樂，或者更正確地說，是克服死之懼的力量。只有在這樣的動機出現之後，他才會眞正的自殺，而且一定會自殺，除非有一個更強烈的反動機（如果這樣一個動機是可能的話）來阻止他這樣做。

我能做我想要做的：**如果我想**要時，我就能把我所有的一切都施與窮人，自己因此也變成一個窮人。如果我**想要**！但是我不能這樣**想**：因爲相反的動機對我的壓力遠大於我所能的。反過來說，如果我有著另一種性格，而且達到這樣一種程度：我是一個聖人，那我就可能那樣想，然而儘管我不能那樣想，我也必須那樣去做。所有這一切完全包含了自我意識的「我能做我想要的」，直至今天還有些沒有思想的假哲學家錯誤地以爲這裡面就有著意志自由，並因此把它視爲意識的一種既定事實。其中最突出的是柯辛（Cousin），因此在這裡有必要提一下。他在他的《哲學史講演錄》（*Cours d' histoire de la philosophie*）中認爲，意志自由是意識中最可信賴的事實，[6]並且指責康德只從道德法則上來證明意志自由，和把它作爲一種先決條件提出來，理由是它確實是一種事實。柯辛問道：「如果是確定無疑的話，爲什麼還要加以證明呢？」並說：「自由是一種事實，而不是一種信仰。」[7]同時，在德國也不乏無知之徒。他們把兩千多年來大思想家們的有關論述都當作耳邊風，而堅持本書前一章分析過的，被他們像被許多人一樣錯誤理解的自我意識的事實，把意志自由當作既定的事實而加以讚賞。也許我對他們有些不公道，因爲也許他們並不像表現出來的那樣無知，純粹只是餓慌了，爲了一塊乾麵包，講授那些能使高高在上的內閣大臣們滿意的東西。

一個桌球，在沒有受到撞擊之前，在檯上很少能動一動；同樣，一個人在沒有一個動機去拉他或推他之前，也很少會從椅子上站起來。然而一旦動機出現，他就必不可免地站起來，就像桌球在受到撞擊後會旋轉一樣，這絕非隱喻，也非誇張，而是千眞萬確的眞理。

---

⑥ 撰於一八一九年和一八二〇年，一八四一年由瓦切諾特出版，第一卷第十九—二十頁。

⑦ 同上書，第五十頁。

如果希望一個人會做一件他完全不感興趣的事，那就等於希望一塊沒有一根繩子拉著的木頭，自己走到我面前來一樣。還有一種類似的情況，有人在一個社交場合，碰到了激烈的衝突，這時如果有一個第三者突然嚴厲地對著他叫了一聲：「房梁倒了！」他立刻就會從衝突中脫身。這一聲喊叫會使衝突雙方想到，一個動機是如此的強大有力，就像一種無法抗拒的機械原因一樣，能把人從家裡扔出去。

因爲人和一切經驗的對象一樣，是時空中的一種現象，而因果律對於所有這些現象都是先天的，因而是毫無例外地適用的，所以人也必須服從這一規律。純粹的知性先天地就是這樣說的，由整個大自然進行的類比也是這樣證明的，經驗也隨時是這樣說明的——如果人們不被假象迷惑的話。這種假象是這樣發生的：由於自然物不斷地升級而變得愈來愈複雜，以及它們的感受性也從純機械的提高和精細爲化學的、電的、刺激的、感性的、知性的和最後是理性的，因此產生作用的原因性質也必須隨之發生同步的變化，並在每一個階段以利於應該受到影響的自然物的方式表現出來。這樣一來，原因的可感受性與物質性也因此表現得愈來愈少了，以至於最後眼睛都看不到，但是知性依然能達到它們。在個別的情況下，知性是堅信不疑地假定它們，並在作適當的研究時，揭示它們。因爲在這裡產生作用的原因上升爲純粹的思想，它們與其他思想奮戰，直至最強大的思想發揮了決定性的作用和使人採取行動。這一切是在極嚴格的因果關係中進行的，就像純機械的原因在複雜的相互關係中，互相起著相反的作用和預定的結果肯定會出現一樣。在玻璃管中向各個方向旋轉跳躍的、帶電的軟木球由於其原因是看不見的，也就會和人的動作一樣，使人覺得似乎是沒有原因而造成這樣的；但是判斷不是靠眼睛，而是靠知性。

在假定意志自由的情況下，人的任何行爲都是一個不可解釋的奇蹟，一個沒有原因的效果。如果有人膽敢試圖把這樣一種**無限制的意志**自由提出來，那麼他馬上就會明白，知性本來對此是無能爲力的，它沒有思維這種東西的形式。因爲理由律，即現象的普遍規定和相互依存的原則，是我們的認識能力最一般的形式，這一形式按照認識能力的對象不同，自身也具有不同的形態。但在這裡，我們應該設想某物，它規定，但並不被規定；它不依附於他物，但他物卻依附於它。現在，它不用強迫，也就是沒有原因就作用於A，同樣它也能作用於B、C或D，這就是說，現在A並不包含什麼東西，使它擁有先於B、C、D的優先權（因爲這個優先權就是動機作用，即因果關係）。這裡，我們又被拉回到一開始作爲問題提出來的，**絕對的偶然**這一概念上了。我想重複說一下：對此知性本來就是無能爲力的，如果人們只能求助於它的話。

但是，現在我們也想想，**原因**究竟是什麼？它是先行的變化，是使繼起的變化成爲必然。在世界上，絕對沒有任何一個原因可以完完全全地產生它的效果，或從「無」中產生出效果來。我們不如說，每一次總有某物存在著，原因作用於它，而且只在此時此地，和在這個確定的物體身上引起一種變化；這種變化總是符合物體的本質，因此，造成這種變化的**力量**必定已存在於這一物體之中。每一種效果都來自兩個因素：內在的和外在的，即受作用物體原來的力量和決定性的原因，後者迫使前者在此時此地表現出來。原來的力量從決定性的原因中來設定各種因果關係和各種解釋，因此正是原因從來也不能解釋一切，而總要留下一些解釋不清的東西來。這種情況，我們可以在全部物理學和化學中看到。在它們的解釋中，總要假設有自然力，自然力表現在現象中，全部的解釋都要追溯到它們那裡。自然力本身並不服從任何解釋，但卻是所有解釋的原則；同樣地，自然力本身也不服從任何一種因果關係，而恰恰又是那賦予每一種原因因果性，即起作用的能力的東西。自然力本身是所有這種效果的共同基礎，而且表現在每一個效果之中。因此磁現象要歸溯於一種原來的力量，即所謂的電。關於這一點，解釋卻沉默不語，它只指出那些條件，在這些條件下，有那樣一種力量，即引起它的效果的原因顯現出來。天體力學的解釋假定萬有引力，是決定天體運動的各種原因藉以起作用的力量；化學的解釋假設有祕密的力量，它們按照化學計算的一定比例表現爲親和力，所有的效果最終都是以它們爲基礎，而效果是由於人們指出的原因所引起，並準時出現的；同樣，生理學的所有解釋則假設有生命力，它必定對特殊的、內在的與外在的刺激作出反應。情況到處都是這樣。就連很容易了解的力學所研究的原因，如撞擊和壓力，也都是以不可穿透性、凝聚性、堅固性、硬性、惰性、重力、彈性爲前提的。它們和上面提到的那些力一樣，都是神祕莫測的自然力，因此原因到處決定的，無非是原來無法解釋的力在何時何地表現出來，只能在假定有這些力量的情況下，原因才成爲原因，就是說，它們必定會造成一定的效果。

這就是狹義的原因和刺激的情況，**動機**的情況也相差無幾。由於動機作用和因果性並無任何根本的不同，而只是因果性中的一種，即是透過認識的媒介的因果性。因此在這一方面，原因也只是造成一種不能深究到原因的，因此是不能進一步說明的力量表現出來。這種力量，在這裡就叫作**意志**，但是我們對這種力量不像對別的自然力，僅僅是從外部去認識，而是依靠自我意識，也從內部和直接地去加以認識的。以意志爲目標的原因，在這裡被稱作動機，只有在如下的假設下才發揮作用，那就是這樣一種意志是存在的，並各具一定的特性。意志的這種專門的、各別的特性，使得它對相同的動機在每一個人身上的反應都不一樣，這種特性構成了我們所稱的**性格**，而由於性格不是先天地，而是只能透過經驗去認識的，因此又被稱作**驗知的性格**（Emperischer Charakter）。不同的動機對一定的人的作用方式，首先是由性格決定的；就像普遍的自然力是由狹義的原因引起的效果的基礎，和生命力是刺激的效果的基礎一樣，性格也是由動機引起的一切效果的基礎。它和自然力一樣，也是原初的、不變的和不可說明的。在動物方面，每一種屬的性格各不相同；在人方面，則每一個人的性格都不相同。只是在最高級的、最聰明的動物方面，儘管種屬性格占絕對的優勢，卻已表現出一種個體性格。

第一，人的性格是個體的，它在每個人身上都不同。雖然種屬性格是所有人的基礎，因此基本特點在每一個人身上重複出現，但在一定程度上有明顯的差別。在特點相互之間的結合和變化上有差別，以至於人們可以作這樣的假設：性格的道德差別和智力的差別是相似的，這有點言過其實，但這兩種差別肯定要比巨人與侏儒、阿波羅（Apollo）與忒耳西忒斯（Thersites）⑧之間軀體上的差別還要大。因此同一個動機對不同的人的作用是完全不同的，正如日光使蠟變白，但使氯化銀變黑；熱使蠟變軟，但使陶土變硬一樣。因此，我們不能只根據對動機的認識來預言行爲，必須對性格也有深刻的認識。

第二，**人的性格是驗知的**。人只能從經驗中去認識它，不但對他人是如此，對自己也是如此。因此，如果人們發現，他們所具有的這一種或那一種特點，如公正、無私、勇敢等等並沒有達到他們最善意地設想的程度，這時，他們常常會像對別人一樣，也會對自己感到失望。所以在面臨作出困難的選擇時，我們自己的決定對我們自己來說，在作出決定之前，也會像別人的決定一樣，是一個祕密。我們時而會想，應該作這樣的選擇，時而又會想，應該作那樣的選擇，而這都依據是這個動機，還是那個動機更靠近認識的意志，並試著向它施加壓力。這時，「我能做我想要做的」陳述就會造成一種意志自由的假象，最後總是較強的動機使自己的力量對意志產生了作用，而作出的選擇也常常會和我們當初的猜想有所不同。因此最後也沒有一個人會知道，在還沒有處於某種特定環境中時，別人和他自己會如何行動。只有在經過試驗以後，他才能對別人以及他自己有把握，然後他才能說：經過考驗的朋

⑧忒耳西忒斯，希臘軍的一個普通士兵。荷馬在《伊利亞特》中將他描寫成多話、凶狠、醜陋可笑的人物。近代文學中仍保留了他的這種形象，把他比喻爲粗魯、凶惡、乖僻的人。——譯者注

友、試用過的僕人是可靠的。一般來說，我們對待一個熟悉的人，就像對待任何一種其特點我們已經知曉的事物一樣，並且有把握預知從他那裡將能得到什麼和不能得到什麼。誰曾經做過什麼，在同樣的情況下就會再做一次，不論好壞。因此，需要大的、特殊幫助的人，就會求助於經過考驗證明是品德高尚的人；而想雇用一個殺手的人，就會在那些手上沾滿血跡的人中去尋覓。根據希羅多德（Herodot）的記載，⑨西拉古地方的蓋羅不得不把一大筆錢完全託付給一個人，這個人應該在不受任何監督的情況下，把這筆錢帶到外國去。在卡德茂證明自己具有罕見的，甚至是聞所未聞的誠實和負責的品格後，被選中承擔此事，他的可靠得到了充分的證明。同樣，只有從經驗中，以及當時機來臨的時候，我們才能認識我們自己，而信任和不信任就是建立在這種認識的基礎之上。隨著我們對自己的認識，我們對自己是滿意或不滿意也要根據我們在某種情況下，表現得深思熟慮、忠實可靠、守口如瓶、細緻入微，以及這種情況可能要求的品格，或表現得缺乏這些德性而定的。只有充分認識自己驗知的性格，才使人具有我們稱之爲**修養**的性格（erworbener Charakter）。具有這種性格的人，對他自己的特點，好的和壞的，也就會有深刻的認識，而且才能知道，他可以相信和要求自己做什麼和不能做什麼。他扮演自己的角色，在此之前，由於他驗知的性格，他只能扮演一種自然主義的性格（naturalisirter Charakter），即根據本性來扮演；現在則可巧妙

⑨《歷史》第七卷，第一六四頁。

地、有計畫地、堅定不移地、從容不迫地去扮演，而不會像從前那樣，被人們說的那樣任性了。任性始終顯示一個人，在某種場合下，對自己也曾錯看過。

第三，**人的性格是不變的**，人的一生始終是同一種性格。同一個眞實的人，就像螃蟹藏在它的殼中一樣，藏在他的年齡、他的狀況，乃至於他的知識和觀點變化著的殼中，而全然不變和始終是同一個人。他的性格只在方針和材料方面經受著一種表面的變化，這種變化是年齡及其需要的不同所造成的。**人絕不改變自身**：他在某種情況下是怎麼做的，在完全相同的情況下（即使對這些情況有正確的認識），他也會始終再度這樣做。人們可以從日常的經驗中獲得這一眞理的證明。但是這方面最令人吃驚的證明則是，人們在重新見到一個二十至三十年前的熟人，並即刻認出他還是老樣子時獲得的。儘管有些人嘴上否認這一眞理，然而他自己則是以此爲行動前提的，因爲他絕不會再度相信一個他認爲不忠實的人，而會相信那個從前證明是忠實的人。所有對人的認識和對經過考驗的、守信用的人的堅信不疑，之所以可能，全是以這一眞理爲基礎的。即使這種信任曾欺騙過我們時，我們也絕不會說「他的性格變了」，而會說「我對他的認識錯了」。如果我們想要評判某種行爲的道德價値，那麼根據這一眞理，首先要弄清楚這一行爲的動機，然後才加以褒貶；但是我們的褒貶並不針對動機，而是針對性格，針對由這樣一個動機決定的性格，性格乃是這一行爲的第二個，而且是只有人才具有的因素。根據這同一個眞理，眞正的榮譽（並非騎士的或笨蛋的榮譽）一旦喪失，就很難重新建立，而唯一一次不光彩行爲的汙點卻永遠抹滅不去——就像人們所說的那樣，爲他打上了烙印。所以就有這樣的諺語：「偷過一次，永遠是賊。」根據這一眞理，在重大的國務活動方面，也會發生希望有人背叛，就能尋找叛徒，利用叛徒和褒獎叛徒的事，然後在目的達到後，又會明智地拋棄這樣的人，因爲情況會發生變化，而他的性格是不會變的。根據這同一個眞理，一個戲劇作家最大的錯誤就是，他不能保持他的人物性格，也就是說，他不能像大作家們那樣，用一種自然力的穩定性與嚴格的首尾一致性，來描寫他的人物性格，就像我用莎士比亞的例子詳細證明的那樣。[10]是的，連良心的可能性也是建立在這同一眞理之上，雖然這種良心總是使我們在晚年時才指責我們青年時的惡行。例如盧梭（Rousseau）是在四十年後才懺悔他控告侍女瑪利安偷竊一事，事實上是他自己做了之後而誣陷她。這種情況只有在下述條件下才有可能，那就是性格一成不變，因爲如果不是這樣的話，我們在晚年就不會對年輕時最荒唐的錯誤、最粗野的無知、最驚人的愚蠢感到慚愧，因爲情況已經變了，這些事情是認識上的事情，我們已擺脫它們了，早已像扔我們年輕時的服裝一樣把它們扔掉了。根據同一眞理，一個人即使在認識最清楚的時候，是在對自己的道德錯誤與罪行表示憎惡的時候，甚至是在最眞誠地決心改正的時候，實際上也不會改過，而是會不顧最堅定的決心和眞誠的許諾，一有新的機會，又故態復萌。對此，連他自己也會感到奇怪。能改正的只有他的認識，因此他會這樣想，他以前用過的某種手段並沒有

⑩ 見拙著《附錄與補充》第一版，第二卷，第一一八節，第一九六頁；或《全集》第九卷，第二五三頁。

使他達到目的，或者是弊多於利，所以他就改變他的手段，而不是改變他的目的。美國的懺悔制（das amerikanische Pönitentiarsystem）就是以此爲基礎的，它並不是要改良人的性格、人的心，而是要改正人的頭腦；它要向他指出，他因爲自己的性格而刻意追求的目的，沿著迄今所走的不正當道路的話，只會比走眞誠、勞動和滿足的道路更難達到，而且要付出更多的艱辛和遇到更大的風險。一般來說，只有各種改良和自新的範圍與領域才寓於認識之中。性格是不變的，動機是必然要產生作用的，但是動機一定要透過認識，而且是在認識作爲動機的媒介時才會起作用。但是，認識可以最廣泛地擴大，可以不斷地、無休止地矯正，一切教育都是爲此而做的。透過各種知識和觀點來培養理性，在道德上是很重要的，因爲這種培養爲動機（沒有它，人對動機將是封閉的）打開了大門。當人還不能理解這種培養時，動機就不爲他的意志而存在。因此，在外部情況相同時，一個人第二次的狀態，實際上會和第一次的狀態完全不同，也就是說，他只有在兩次情況的中間才變得能夠正確全面地把握那些情況，動機因而在這時才對他產生作用；在這之前，他並不接受它們。也就是在這種意義上，經院派哲學家所說的「目的因並不是按照它眞正的本質，而是按照它被認識的本質在產生作用」[11]這句話才是十分正確的。但是沒有一種道德的作用能進一步擴大到改正認識

⑪ 蘇亞雷斯：《形而上學的爭論》第二十三篇，第七－八節（Suarez, Francisco, *Disputationes metaphysicae*）。蘇亞雷斯，西班牙神哲學家，西元一五四八年～一六一七年。——譯者注

的程度，想用言辭和說教使一個人拋棄性格上的缺點，乃至改變他的性格本身，並改變他固有的德性，這種想法和想透過外物的作用使鉛變成黃金，想藉由精心栽培使橡樹結出杏的計畫如出一轍。

我們發現，「性格不變說」早已被阿普列尤斯（Apulejus）[12]當作一種不容置疑的信念提出來。他在《論魔法》（*Oratio de magia*）中，爲了反對對魔法的指斥而訴諸他那有名的性格，並說道：「有一個可靠的證明寓於每一個人的性格之中，從本性來說，始終能以同樣的方式從善或從惡，對於罪行的實行與否，性格提供了可靠的根據。」

第四，**個人的性格是天賦的**。它不是藝術品或是偶然情況的作品，而是本性自身的作品。它在兒童時代就已表現出來，並在小的時候顯示將來變成大人時會是什麼樣子。因此，兩個孩子，在完全相同的教育和環境之中，會十分清楚地表現出完全不同的性格，他們到老都將是這樣一種性格。就其基本特徵而言，性格甚至是繼承來的，但只承自父親；而智慧則相反，是承自母親。我在我的主要著作第二篇的第四十三節，已談到過這一點了。

從對個人性格的本質的這一論述中，我們當然會得出這樣的結論：德行與罪惡乃是天賦的。這一眞理也許並不符合某些偏見和某些「婦人哲學」及其所謂的實際利益，也就是它們

⑫ 阿普列尤斯（Apulejus Lucius, 125-180），羅馬作家、哲學家，新柏拉圖主義者，著有《變形記》（*Metamorphosen*，又名《黃金驢》，*Der goldene Esel*）等。——譯者注

那些狹隘的概念和有限的小學生觀點，卻早已是道德之父蘇格拉底的信念。根據亞里斯多德的說法，蘇格拉底（Sokrates）主張「善惡並不在於我們」。⑬亞里斯多德反對這一點，只能說他自己的記性太差，因爲他本人也有著和蘇格拉底一樣的看法。他在《尼各馬可倫理學》第六卷第十三頁，十分清楚地表達了相同的意見：「對所有的人來說，個別的性格特徵看來都是本性早已固有的，因爲正直、適度和勇敢，以及其他德性與我們是與生俱來的。」如果我們看一看亞里斯多德在《論善惡》（*De virtutibus et vitiis*）一書中概列的所有德性和罪過的話，那麼我們就會發現，所有這些德性和罪過在眞正的人的身上只能設想爲是**天賦的**特性，而且只有作爲這樣的特性，它們才是眞的。反之，如果是來自反思，如果是可以隨意設定的話，那麼實際上就會是某種**虛假的**東西，就不是眞的，因此就會無法繼續存在下去，在緊急情況下也不可能禁得住考驗。即使我們把亞里斯多德和所有先人都沒有談到過的基督教的愛的德性，即博愛也加到這些德性中去的話，情況也不會有什麼兩樣。一個人不倦地向善，和另一個人不思改悔地、根深柢固地作惡；一方面是安敦寧（Antonine）、哈德良（Hadrian）、提圖斯（Titus）的性格，另一方面是卡利古拉（Kaligula）、尼祿（Nero）、圖密善（Domitian）的性格，它們竟是從天外飛來，竟是偶然情況，或純粹是認識和教養的作品？恰恰是尼祿會以塞涅卡（Seneka）爲師？這一切毋寧說是由於天賦的

⑬ 見亞里斯多德《大倫理學》（*Eth. magna*），第一卷，第九頁。

性格，這一整個人的眞正核心，他的全部善惡的萌芽。不抱偏見的人自然而然就會有的這一信念，也導引著維萊伊烏斯・帕特爾庫魯斯（Vellejus Paterkulus）的筆，在論到伽圖（Kato）⑭時寫下這樣的話：「一個和德行結爲兄弟的人，因爲天性，在各方面都更近於神，而不是人。一個從來不務正業的人，爲了讓人把他看作是一位正人君子也會這樣做，但不是因爲別的，而是因爲他不得不這樣做。」⑮

反之，德行與罪過，或者一般來說，這樣的事實，即兩個受過相同教育的人，在完全相

---

⑭ 安敦寧（一三八—一六一）、哈德良（七十六—一三八）、提圖斯（三十九—八十一），三人均爲羅馬皇帝，都曾修築防禦工事；卡利古拉（十二—四〇）、尼祿（三十七—六十八）、圖密善（五十一—九十六），三人均爲羅馬暴君。塞涅卡（西元前四—六十五），羅馬詩人和斯多噶派哲學家，曾任尼祿之師，後被賜死。維萊伊烏斯・帕特爾庫魯斯，羅馬西元一世紀初的歷史學家，著有西元三〇年前的羅馬簡史。伽圖（Kato, Marcas Porcius），西元前九十五—前四十六，羅馬監察官伽圖的曾孫，保守的元老院貴族黨領袖，後在爲保存共和國的戰爭中，自殺殉國。——譯者注

⑮ 這段話後來慢慢地成爲宿命論者武庫中的一件常規兵器。這種榮耀肯定是畢達哥拉斯這位一千八百年前優秀的老歷史學家做夢也沒有想到的。它先是受到霍布斯（Hobbes）的稱讚，後來是普利斯特里（Pristley），而後又有謝林在他論自由的文章（第四七八頁）中引用了這段話。但爲了自己的目的，譯文有錯謬。因此他並沒有提到維萊伊烏斯・帕特爾庫魯斯的名字，而是聰明地，顯得很尊重地說是「一個老者」。最後，我也想引用這段話，因爲這段話確實符合實際。

同的情況和誘因之下，卻做出了完全不同的、甚至相反的事情，其根源究竟是什麼？在假設有那種意志自由的情況下，是完全無法考察的；性格之事實上的、原初的基本差異，與這樣一種意志自由的假設是不相吻合的。這種意志自由假設，每一個人在任何情況下都應該同時有可能做出相反的事情來，因此這時，他的性格生來就必須是一張白紙，就像**洛克**所說的知性那樣，不能天生就具有一種向某方面的傾向，因爲這樣一種傾向恰恰有可能會揚棄人們就「**無限制的意志自由**」所構想的那種完滿的平衡。因此在那種假設下，不同的人，其被觀察到的不同行爲方式的原因，絕不可能是由於**主觀**的原因，但也更不可能是由於**客觀**的原因；因爲如果是由於客觀的話，那麼決定行爲的就會是客體，那麼所要求的自由就會喪失殆盡。這時剩下的唯一出路就是，將行爲方式那種事實上的巨大差別的根源挪到主、客體之間去，也就是使它們依據客觀事物如何被主觀所把握，即如何被不同的人所**認識**的不同方式而產生。但這樣一來，一切都要歸結於對當前情況的正確或錯誤的**認識**，因此行爲方式的道德差別，就會變成單純的判斷正確與否的差別，道德就變成邏輯。現在，如果自由意志的追隨者最後還企圖擺脫那種不幸的進退維谷的話，他們就不得不說，雖然並沒有天賦的性格差別，但從外部情況、印象、經驗、例子、教訓等也可以產生一種類似的差別。而性格一旦以這樣的方式形成之後，人們就可以用它來解釋行爲的差別了。對此，我不得不說：第一，根據這種說法，性格將很晚才建立起來（而實際上早在孩提時代就可以看出性格的），和大多數人將在他們獲得一種性格以前就已死去；第二，所有那些造成性格的外部情況，就會完全不在我們的轄區之內，就會是偶然產生的（或者如果人們願意的話，是由天意造成的），以及是以其他什麼方式產生的。因此，這時如果性格是由這些東西產生的，並因而又產生了行爲的差別，那麼對行爲應負的一切道德責任就完全被取消了，因爲很顯然，它最終是偶然或天意的作品。這樣一來，我們就可以看到，在自由意志的假設下，行爲方式差別的根源以及因此道德或罪惡和責任的根源就成了虛無縹緲之物，找不到任何立足之地。但結果就是，那種假設雖然乍看之下很符合無知者的口味，然從根本上來說，不但和我們的道德信念相違背，而且如同已充分指出的那樣，也是和我們知性的最高原則相矛盾的。

就像我在前面詳細論述過的，動機，如同一般的原因，都是必然要產生作用的，但其必然性並不是沒有前提條件的。現在，我們已認識了它的前提條件，它藉以立足的基礎，那就是天賦的、**個體的性格**。在無機界，每一種效果都是兩個因素，即在無機界中表現出來的普遍**自然力**，和造成這種表現的個別原因的必然產物，而人的每一個行爲，一樣也是他的**性格**和出現了的**動機**的必然產物。如果已經有了這二者，那麼行爲就會必不可免地隨之產生。如果產生另一種行爲，那就必須有一個不同的動機，或是有一個不同的性格。如果不是因爲性格是很難探測到的，如果不是因爲動機常常是很隱密的，而且總是受到人的思想範圍內的，他人無以接近其他動機的反作用的干擾的話，那麼人的任何行爲肯定都是可以預知的，甚至是可以測算出來的。人所刻意追求的目標已經由其天賦的性格決定了，他爲此而採用的手段則是由外部情況和他對此的把握所決定，而把握的正確與否又關乎他的智力及學養。到了這時，他的個別的行爲，以及他將在世界上起的全部作用才作爲最後的結果從這一切中產生出來。我在這裡論述的關於個體性格的學說的結論，人們也可以在歌德的一段極優美的詩歌中找到，他用詩歌的形式十分正確地說道：

在你降生的那一天，
太陽站著受眾星的禮讚；
你立即不斷地成長，
循著你踐世時的規律。
你必須這樣做，
不得回避，
女巫這樣說，
先知這樣說。
時間和權力都不能粉碎，
那意氣盎然的、已鑄就了的形式。[16]

[16] 《上帝和世界，原始文字，神祕的》（*Gott und Welt, Urworte, Orphisch*）。

因爲每一個存在物必須具有一種對它來說是根本性的、特有的本性，憑著這種本性，它才成其爲它；它始終堅持這種本性，原因必然會使它表現出來。但這種本性絕不是那些原因的作品，而且也不會因它們而發生變化。這一切不但適用於人及其意志，而且也適用於大自然中其餘的所有生物。人爲了存在也具有一種本質，就是說具有恰恰是造成他的性格，和只需外界推動才顯現的基本的特性。因此，如果希望一個人，在相同的誘因下，這一次這樣行事，下一次卻完全不同，那就等於是希望同一棵樹，在今年夏天長出櫻桃，而明年夏天卻結出梨。仔細地觀察一下，意志自由就意味著一種無本質的存在，這就是說，某物是存在的，而同時確實又是無，這又等於是不存在，所以是一個矛盾。

對於上述看法，就像對於因果律的先天肯定的，因而是無例外地有效的一樣。還必須補充一點，那就是各個時代眞正深刻的思想家，雖然他們的觀點會迥然不同，但有一點卻是一致的：他們都堅持在動機出現時意志動作的必然性，以及反對意志自由說。不過那些沒有思考能力的，讚美假相與偏見的人中的絕大多數，總是頑固地反對這一點；因此，那些有識之士甚至把這一眞理推到了極點，用最堅決的，甚至是最傲慢的言辭來推廣這一眞理。其中最有名的要數布里丹（Buridan）⑰之驢。但幾百年來，人們在現存的布里丹著作中並未發現

⑰ 讓·布里丹（Jean Buridan），約一三〇〇—一三五〇，法國哲學家，唯名論者，曾師從奧卡姆，一三二七年曾任巴黎大學校長。——譯者注

這個驢子。我手頭有他的一部似乎是印於十五世紀的《詭辯》（*Sophismata*），這部書既沒有出版地點，也沒有出版年分，也沒有頁碼。雖然驢子作爲例子幾乎出現在每一頁上，但我卻並未找到這個驢子。拜勒（Bayle）關於布里丹的文章是所有有關布里丹文字的基礎，他完全的誤以爲，人們只知道布里丹的一篇《詭辯》，而我卻有一整部四開本的《詭辯》。拜勒十分詳細地討論了這個問題，既然如此，他就該知道那些似乎是從未被人注意到的東西，他就該知道，早在布里丹很久以前，就已有了的比喻，而這個比喻在某種程度上已經成了我在這裡爲之奮鬥的偉大眞理的象徵和樣板了。在但丁（Dante，他掌握他那個時代的全部知識，而且生在布里丹之前。他並沒有說到驢子，但卻談到了人）的著作中，有這樣的句子，他以這些句子作爲他的《神曲．天堂篇》（*Paradiso*）第四歌的開頭：

> 在兩種放在同等的距離，發出同等香味的食物之間，
> 一個人縱然自由，也會吃不到食物活活餓死。⑱

其實這一點，亞里斯多德也早已講到過了。他在《論國家》（*De coelo*）第二卷第十三頁上就說過這樣的話：

---

⑱ 但丁：《神曲．天堂篇》，譯文參見上海譯文出版社朱維琪譯本（一九九〇年八月第一版，第五一四頁）。

同樣的則是高度飢渴者的例子，

他的飢餓感和乾渴感是同樣強烈的，

這時，如果他和食物與飲料的距離總是相等的話，他必會靜靜地佇立著。

布里丹的那個例子是從這些源泉中汲取來的，他只是把人改爲驢子，而這僅僅是因爲，他用蘇格拉底和柏拉圖，或者用驢子作爲他的例子，是這位枯燥乏味的經院派學者的習慣。

意志自由的問題實際上是一塊試金石，人們可以藉此來區分思想深刻的思想家與淺薄之士；這一問題也是一座界碑，這兩類人就在此分道揚鑣。這是因爲前一類人都主張既定的性格與動機，必會造成一定的行爲結果，而後一類中的大多數卻都主張意志自由說。也還有一類是中間派，他們感到茫然、徘徊，將自己和他人的目的混在一起，或躲在言辭後面，或曲解問題，直到弄得大家再也不知道，問題究竟在哪裡。萊布尼茨就是這樣做的，他更多時候是個數學家、是個飽學之士，而不是哲學家。[19]爲了使這些中間派明白問題的究竟，我們不得不這樣向他們提出問題，而不是回避問題：

⑲ 萊布尼茨在這一點上的搖擺不定，最清楚地表現在他給柯斯達（Coste）的信中，見埃特曼編《哲學著作集》（*Opera phil. ed. Erdmann*）第四四七頁，又見《神正論》（*Théodicée*）第四十五—五十三節。

一、對於一個既定的人來說，在既定的情況下，是有兩種行爲的可能性呢，抑或只有一種呢？一切深思熟慮的人的回答是：只有一種。

二、對於一個既定的人來說，我們注意到，一方面他的性格保持不變，另一方面他受到其影響的情況，完完全全和直至最細小的方面都必然是被外部原因決定的；這些原因必然地要出現，而且其完全是由同樣必然的環節所組成的鎖鍊，是無盡頭的。他的生活經歷是否在什麼方面，哪怕只是最細小的方面，是否在某一事變、在某一場合，和已經歷的有所不同呢？堅定而正確的答案是：不！

從上面兩點產生的結論就是：**所有發生之事從最大的到最小的，都是必然要發生的。**誰害怕這兩句話，誰就必須再學習一些什麼和忘掉一些什麼，然後他才會認識到，它們是慰藉和恬靜的最豐富源泉。我們的行爲並沒有第一開端，因此也就不會有什麼眞正新的東西存在於其中，而**透過我們的所作所爲，我們也只是體驗到我們是什麼樣的人。**

所有發生的事情都有其嚴格的必然性，對於這種信念，儘管人們並不清楚，但卻是可以感覺到的；而古人如此堅持的命運觀，以及伊斯蘭教的宿命論，甚至還有對預兆一直無法根除的信仰，都是建立在這一信念上的。這是因爲連極小的偶然的事情，也是必然要發生的，且一切事情也可以說是相互協調的，因此全部都在一切之中迴響著。最後，一件事情又和另一件事情有關聯，一個人絕非故意地，而是完全偶然地傷害了或打死了另一個人，他就會一輩子爲這種不幸感到痛苦，就好像欠了債似的；在別人眼裡他也是個倒楣鬼，有一種丟了面子的感覺。感受到的性格不變及其表現的必然性的信念，對基督教的神恩選擇學說也並不是沒有影響的。最後，我還想說一點完全是附帶的看法，對於這一看法，每一個人都可以按照他自己對既定事物的想法，或加以附和，或置之不理。如果不是依據所有現象無區別地皆靠著一條因果鎖鍊結合在一起的，因此所有發生之事都有其嚴格的必然性，而讓這條鎖鍊在無窮的點上爲一種絕對的自由所打斷，那麼一切對未來的**預知**，在夢中、在能洞察一切的夢遊中、在幻景中，即使是客觀的，結果也絕對是不可能的、不可想像的。因爲這樣一來就不會有一種客觀上眞實的將來，哪怕它可能是可以被預見的；而我們現在確實只是對有關的主觀條件，即主觀可能性不表示懷疑。即使是這樣一種疑惑，今天，在無數來自最值得信賴的方面證明，確認有那種對未來的預見以後，在見多識廣的人那裡，也不再有什麼市場了。

對於已確立的關於一切發生之事的必然性學說，我還想補充如下幾點考察：

如果不是必然性貫穿於所有的事物並將它們組合在一起，特別是將個體的生殖轄於其下的話，那麼這個世界將會是什麼樣子呢？一個怪物、一堆廢物、一副無意義、無價值的怪相？也就確實是偶然的產物。

希望什麼事情都不發生，那就等於愚蠢地在折磨自己，因爲它就等於希望絕對不可能的事情，就像希望太陽會從西方升起一樣，是不合理性的。由於一切發生的事情，大的、小的，都是**嚴格**地必然發生的，因此要再去想引起那種事變的原因是多麼渺小和多麼意外，以及多麼易變，那就太沒有意思了，因爲這是幻想，因爲所有這些事變都像太陽從東方升起一樣，是同樣嚴格地必然要發生的，是以充分的權力在發揮作用的。對於發生的事變，我們更應該像對待我們閱讀的印刷品一樣。我們清楚地知道，在我們閱讀它們之前，它們就已存在了。我們就應該用這樣的眼光去看待這些事變。

第四章　先驅

爲了證明前文指出的那些深思熟慮思想家，就我們的問題所作的評論，我想引述其中幾個大家就此說過的一些話。

首先，爲了使那些可能相信宗教的理由與我維護的眞理是相對立的那些人冷靜下來，我想指出，耶利米（Jeremias）①早已說過：「人的行爲不在他自己的職權之內。他怎麼走路？走什麼路？不在任何人的職權之內。」我特別要提到路德（Luther），他在專門爲此所寫的那本《論不自由的意志》（*De servo arbitrio*）中，猛烈抨擊意志自由說。其中有些段落最能說明他的觀點，當然他並不是用哲學的理由，而是用神學的理由來支持這些觀點。我引用的是一七〇七年，在斯特拉斯堡出的Seb. 施密特版（Seb. Schmidt, Strasburg）。第一四五頁上有這樣的話：「因此，我們發現，在所有的心靈中都有這樣的話：自由意志是無，儘管這一信念被如此多的相反見解，以及如此多的權威弄得模糊不堪。」在第二一四頁上則有這樣的話：「在這裡，我要提醒意志自由的衛護者們，他們是用意志自由的主張來否認耶穌基督。」第二二〇頁說：「關於耶穌基督的文字都證明是反駁意志自由的。有無數這樣的證據，甚至全部文字都談到了耶穌基督。因此，如果我們把這些文字當作評判的標

① 耶利米是古希伯來先知，生活於西元前七、前六世紀之間，出身於鄉村祭司家庭，青年時期曾多次被捕入獄。耶利米目睹耶路撒冷城被毀，寫下《哀歌》五首，成爲古希伯來詩歌之絕響，猶太人紀念亡國之痛時必誦唱之詩歌，而《哀歌》也是《舊約全書》中音律最嚴整之詩作。——譯者注

準，那麼我絕對是對的，裡面每一句話都在詛咒意志自由說。」

現在來看一看哲學家們。我們用不著認眞地看待古人在這方面的觀點，因爲他們的哲學還處在樸素的階段，還沒有很清楚地意識到近代哲學兩個最深刻、最傷腦筋的問題，即意志自由的問題和外部世界的實在性，或觀念對現實的關係問題。古人對意志自由問題明白到什麼程度，我們可以從亞里斯多德的《尼各馬可倫理學》（*Ethica Nicom.*）第三卷C篇，第一到八節中看到，在那裡，人們將發現，他在這方面的思想從根本上來看，只涉及自然的和智力的自由，因此他談的始終只是任意和不任意，而任意和自由被看作是一碼事。那個比較困難的**道德之自由**問題，他還沒有論及，儘管有的時候，他的思想達到了這個領域，特別是《尼各馬可倫理學》的第二卷第二節和第三卷第七節，但他在那裡也犯了錯誤，他把道德從行爲導出，而不是反之。同樣的是他錯誤地批評了我在前面提到的蘇格拉底的觀點，然而在別的地方，他又把這個觀點變成他自己的觀點，例如同書的第十卷第十節：「但是，說到天性，那是很清楚的，它並不在我們的職權之內，而由於神的原因，是屬於眞正的幸運兒的。」接著他又說：「因此，性格總是先有的，它和德行相近，熱愛善和蔑視惡。」這和我在前面引的那段話是一致的，也和《大倫理學》第一卷第二節是相符的：「單純的決心並不能使人成爲最好的人，如果沒有這方面的天性的話，但是人確實可以變好。」在《大倫理學》第一卷第九到十八節和在《歐德穆斯倫理學》（*Ethica Eudemia*）第二卷第六到十節裡，亞里斯多德是在相同的意義上來論述意志自由問題的，而且比其他地方更接近一些問題之所在，然而一切仍顯搖擺和膚淺。他的方法總是那樣，不是開門見山地進行分析，而是進行綜合，從外部特徵中引出結論；不是深入進去以達到事物的核心，而是固守外部特徵，甚至玩文字遊戲。這種方法用在較深刻的問題上容易導致錯誤，是絕對達不到目的的。這時他就停留在必然和任意之間的被錯誤理解的對立面前，就像佇立在一堵大牆之前，只有越過這堵牆才能看到。由於動機剛好**作爲任意**的任意乃是**必然**的，意志動作沒有動機，就會像沒有一個想要的主體一樣，是不可能的。這樣的動機就是一個原因，就像一種機械的原因，只是在非本質方面兩者才有區別。甚至在《歐德穆斯倫理學》第二卷第十節，亞里斯多德也是這樣主張的：「因爲目標乃是一種原因。」因此，把任意和必然對立是根本錯誤的，儘管今天仍舊有許多所謂的哲學家和亞里斯多德一樣，還在把它們對立。

對意志自由問題講得較爲明確的，是西塞羅《論命運》（*De fato*）第三篇第十節和第十七節。他的論題當然很容易地會使他談到這個問題。他本人是同意意志自由的，但是我們也看到，克律西波（Chrisippos）和狄奧多羅（Diodoros）②早已多少有些明白問題之所在了。值得注意的還有琉善（Lukianos）《死者的對話》第三〇篇（*das dreissigste Todtengespraech*），對話人爲彌諾斯（Minos）和蘇斯特拉圖斯（Sostratos），這篇對話

---

② 克律西波，西元前二八〇—前二〇七，西西里人，斯多噶派大師；狄奧多羅，西元前三世紀人，爲麥克比派哲學家，曾師從歐幾里得，後爲小芝諾（Zeno）之師。——譯者注

是否認意志自由及與之有關的責任的。

但在麥克比人③的第四部書（收在希臘文的《舊約全書》裡，但路德編的卻沒有），有一篇文章已多少論到了意志自由，它的目的是要證明，理性有力量克服所有的情欲和情緒，第二部書裡的猶太殉道者就是證明。

我所知道的對這一問題已有明確認識的、最古老的人是亞歷山大里亞的克雷芒（**Klemens Alexandrinus**）。他在《彙編》（*Strom*）第一卷第十七節說：「如果心靈不擁有欲求和反抗的能力，那麼褒揚和指責，榮譽和懲罰就都是沒有根據的，而道德敗壞就是不自願的。」然後，在一句與前面說過的話有關的過渡句後面：「因此對我們的道德敗壞，神是完全沒有責任的。」這一句特別值得注意的副句表明，教會是在何種意義上理解這個問題的，以及根據它的利益立即作出什麼樣的決定。大約在兩百年後，我們發現內梅西烏斯（**Nemesius**）④在他的《人性論》（*De natura hominis*）第三十五章結尾和第三十九到四十一章裡，早已詳細地討論意志自由說。他把意志自由直截了當地視爲和任意或和抉擇相同一，並據此竭力主張和進行論證。然而也就由此揭開了對這一問題的討論。

但是，充分意識到我們的問題，以及與此相關的一切問題，我們發現應首推教父奧古

---

③ 麥克比人（Mackabäer, Makkbäer），猶太戰士的族名。——譯者注

④ 梅西烏斯，西元二世紀的希臘哲學家，新柏拉圖派創始人。——譯者注

斯丁，因此我們要在這裡考察一下他的觀點，儘管他首先是個神學家，其次才是哲學家。然而在他的三卷《論自由意志》中，我們看到他因爲這個問題而陷入了明顯的困境和搖擺不定之中，甚至達到了矛盾的地步。一方面，他並不想像貝拉基（Pelagius）⑤一樣，給予意志自由那麼大的地盤，以至於先天的向惡、贖罪的必然性和自由的神恩選擇，將因此而被摒棄掉，人因而能用自己的力量成爲公正和幸福。在《關於自由意志中平等的證明》（*Argumento in libros de lib. Arb.*，見《論自由意志》第一卷第三篇第九節）中，他甚至暗示，對於爭論的問題的這一方面（路德後來激烈地抨擊這一方面），他還有更多的話想說，如果那些書不是在貝拉基出現之前業已寫就的話。爲了反對貝拉基的觀點，他後來又寫了一本《論本性與恩惠》（*de natura et gratia*），其間，他已在《論自由意志》第三卷第十八章（第五十一節）中說過這樣的話：「但是，現在人並不是善的，而且也沒有能力成爲善的，現在，他也不能看到，他該是什麼樣的，或者他可能看到了，而不想成爲如他見到的他該有的那樣。」在《自由意志的證明》〔*Argumentum de liberoarbitrio*，見《訂正》（*Retract*）〕第一卷第三篇第九節還說：「現在他可能會由於無知而不能自由地作出意志決定，以選擇他實際上該做些什麼；或者他可能會由於肉慾的習慣（由於致命的先天向惡的

---

⑤ 貝拉基，生卒年月和國籍不詳，有一說是和奧古斯丁同年同月同日生，主張意志自由而與奧古斯丁相對立。——譯者注

力量，這種習慣很自然地會在一定程度上得到發展），儘管他也看到了，他應該如何正確地行動，而且也想這樣做，卻不能付諸實施。因此，如果意志本身不能因上天的恩澤而從奴役中解救出來，由於這種奴役，他變成了惡的奴僕，以及因此如果意志本身不能在對罪的克服中得到支援的話，那麼塵世就不會有公正和虔誠了。」

然而另一方面，下面三個原因又促使他去爲意志自由辯護。

第一是他反對**摩尼派教徒**的立場，《論自由意志》就明確表達了這種立場，因爲摩尼派是否定自由的意志的，並認爲惡，例如災禍有著另一個根源。他在《靈魂的起源》（*De animae quantitate*）的最後一章中就影射並攻擊這種觀點：「靈魂被賦予意志的自由抉擇，誰企圖用可笑的小聰明來動搖這一點，那他就瞎了眼，他就會……。」

第二是我指出的那種天然的迷惑，由此他把「我能做我想要做」看作是意志自由，和把「**任意**」看作和「**自由**」是同一的。他在《論自由意志》第一卷第十二篇（第二十六節）中說：「有什麼東西會像意志本身是在意志的權力之內的呢？」

第三是認爲必須把人的道德責任和上帝的公正一致。奧古斯丁的敏銳使他極其認眞地想到了一個問題，而要解決它又是如此的困難，以至於如同我知道的那樣，有那麼多後來的哲學家寧可不聲不響地回避這個問題，彷彿它不存在似的（只有三個人是例外，因此我們馬上就會講到他們）。奧古斯丁和那些哲學家不同，他在《論自由意志》的導言（第一卷第一篇第一節）裡極其坦誠地把它講了出來：「請你告訴我，上帝不是惡的創始人吧！」接著就在第二章（第四節）裡更詳細地論道：「下述問題使我不安，如果罪惡來自上帝創造的靈魂，而那些靈魂是來自上帝的，這樣一來，罪惡不就間接地要歸於上帝了嗎？」對話人接著說：「現在你講的正是使我在思考時感到痛苦的事情。」（第五節）是路德又重新撿起了這個十分困難的問題，並且用極其激烈的言辭提了出來。他在《論不自由的意志》第一四四頁說：「但上帝必須是這樣一個上帝，他依靠他的自由使我們屈從於必然性，這一點連樸素的理性也得承認。如果人們承認全知和全能，那麼自然而然的和不可辯駁的結果就是：我們不是由自己造出來的，不是由於自己而生存和做什麼的，而只是由於上帝的全能。上帝的全知和全能與我們的意志自由是直接相矛盾的。任何人都必不可免地會承認，我們成爲我們所是的東西，不是由於我們的意志，而是由於必然性；因此我們不能依仗一種意志自由，想做什麼就做什麼，而是要依據上帝的預見，以及透過不可或缺的、不變的決定和意志去實行的。」

我們發現，十七世紀初的瓦尼尼（Vanini）是充分認識到這一點的人。這種認識是他那堅定不移的，當然在時代壓力下，盡可能狡猾地、隱蔽地反對有神論的思想核心。一有機會，他就會回到這種認識上，並且不倦怠地從各種不同的觀點出發來闡釋這種認識，例如在他的《永恆天意的圓形劇場》（*Amphitheatro aeternae providentiae*）第十六節中，他是這樣說的：「如果上帝向惡，祂就會實施之，因爲記載上就是這樣說的：『祂想要的一切，祂都會促成之。』如果祂不是這樣想的，而還是這樣做了，那我們會把祂或者說成是缺乏預見的，或者是非萬能的，或者是殘忍不仁的，因爲祂後來並沒有實施祂的決定，而不論這是由於祂的不知，或是由於祂的無權，或是由於祂的疏忽。……哲學家們說，如果上帝不想讓醜惡卑鄙的行徑存於世上，那麼毫無疑問，祂只要暗示一下，就可以把一切惡行從世界上趕出去和消滅掉。因爲我們之中有誰能違抗上帝的意志呢？如果不是上帝在罪人每次行惡時都給了他力量，那麼罪行怎麼能違背上帝的意志而被付諸實施呢？此外，如果人違背上帝的意志而誤入了歧途，那麼上帝就比違抗祂、戰勝祂的人還要軟弱。結果就是，上帝想要的世界就是這世界現在所是的樣子；結果就是，如果祂想要一個好的世界，祂就會有一個好的世界。」在第四十四節是這樣說的：「工具的所有人怎樣操縱它，它就怎樣運動，但我們的意志在活動時就像一部工具，而上帝反之就像是眞正的操縱者。因此如果意志做了壞事，上帝就要負責。……我們的意志，不僅是就其作用而言，而且就其本質而言，也是完全依附於上帝的。因此，實際上，我們不能讓意志爲什麼事情負責，無論就其本質或就其作用而言，都是如此；我們不得不讓上帝獨自爲一切負責，是祂創造了這樣的意志並使之活動起來的。……意志的本質和活動都源自上帝，因此意志的好作用和壞作用都得算在上帝的帳上，如果意志對於上帝來說就像工具的話。」但是，我們讀瓦尼尼的著作時必須注意，他使用的完全是一種謀略，他把他的眞正觀點，作爲他要蔑視和駁斥的觀點放到敵手的身上，而且闡述得令人信服和十分澈底，爲的是接著就由自己用膚淺的理由沒有說服力的證據與之相對，然後勝利地走開，好像打了一場勝仗似的，他希望引起讀者的反感。依靠這種狡猾的手法，他甚至騙過了很有學問的巴黎神學院，神學院竟對那一切都信以爲眞，竟眞心誠意地准許他的最無神論的著作出版。三年後，當他被活活燒死時，它打從心底感到高興，在他被燒死前，其謗神的舌頭被剪去了，因爲這確實是神學家們眞正有力的證明，而自從他們失去了這有力的證明以來，事情就倒退了許多。

在狹義的哲學家中，如果我沒有弄錯的話，休謨（Hume）是第一個這樣的人，他不再繞著那首先由奧古斯丁提出的嚴重的疑惑兜圈子，既不提奧古斯丁或路德，更不提瓦尼尼，就直截了當地論述那個疑惑，他在《論自由和必然》（*Essay on Liberty and Necessity*）快結尾的地方說：「當世界的創造者把這一部碩大無比的機器首先開動起來，並使一切生物都進入一種特殊的狀態，每一個其後發生的事件都以不可避免的必然性，從這種狀態中產生出來的時候，這個世界的創造者就是我們所有意志活動的最後發動者。因此人的活動絕不可能是向惡的，因爲它們是從這樣一個好的原因中產生出來的；或者如果它們可能是向惡的話，那麼它們就使我們的創造者捲進了同樣的責任之中，因爲它被承認是這些行動的最終因，是它們的發動者。就像一個引爆地雷的人要爲此引起的一切後果負責一樣，而不論導火線的長短如何；同樣的，如果必然要起作用的原因的無窮鎖鍊確定了的話，那麼造成第一個原因的東西，不論是有限的，還是無限的，也就是所有其他原因的創始人。」他試圖解決這個疑惑，但在最後又承認，他認爲它是無法解決的。

康德在獨立於他的前人的情況下，也碰到了同樣的障礙，在《實踐理性批判》（*Kritik*

der Praktischen Vernunft）第四版第一八〇頁和羅森克朗茨版第二三二頁：「一旦人們假定上帝作爲普遍的原初本質也是**實體存在的原因**，那麼看來人們也就必須承認，人的行爲的決定性根據是完全不在他權力之內的，而是在一個不同於他的最高本質的因果關係之內的，人的實存及其因果關係的全部確定是完完全全有賴於這一最高本質的。人就像是一部沃康松的自動機（Vanconçonsches Automat），是由一切藝術品的最高級大師所製造和操縱，自我意識雖然可以使它成爲一部思維的自動機，但是在這樣一個自動機身上，它的自發性的意識（如果把這種自發性看作是自由的話），就完全可能是一種錯覺，因爲這種自發性只是相對的。這個自動機的活動之最主要決定性原因，和一系列導致這些決定性原因的原因，儘管是內在的，但是最終的和最高的原因卻完全操在他人手中。」他想用區分自在之物和現象的辦法來解決這個大疑問，然而十分明顯，就本質上而言，事情並無任何改觀，以至於我相信，也許他並不是十分認眞地來對待這個問題的，連他自己也承認他的辦法不靈。在第一八四頁，他補充說：「別人試過的或可能試一試的其他辦法，是不是更容易些和更好掌握一些呢？但願有人說，形而上學的武斷的教師們在這一點上證明自己狡猾多於眞誠，他們盡可能地避開這個難題，希望如果他們完全不談這個難題的話，那麼也許就沒有人會輕易地想到它了。」

在對這些論述同一個疑惑的極其不同的看法，做了上述值得注意的綜述後，我想重回到我們的教父那裡。他希望用以克服他已感覺到的、極其嚴重的疑惑之理由是神學的，而不是哲學的，因此不具有絕對的適用性。如同已指出的那樣，支持這種適用性的是相對於上面提到的兩條理由的第三條理由：爲什麼他試圖維護上帝賜予人的意志自由。這樣一種意志自由，由於是把自己置於互相分離的創造者及其創造物的罪惡之間的，因此實際上就足以克服全部疑惑；如果就像在嘴上說說，它是很容易的，和無論如何它還能滿足並不比這種疑惑更深刻的思想的需要一樣，在進行嚴肅而深刻的考察時，它至少也還是可以想像的話。只是人們應該怎樣來想像，一物就其本質和存在而言是另一物的作品，而原初的和從根本上來說又是可以自我決定的，並因而又是可以爲自己的行爲負責的呢？每一物的作用都源自它的屬性的命題就推翻了那個假設，但其自身又是不可推翻的。一個人行惡，那是因爲他是惡的，但和那個命題，即每一物的作用都源自其屬性，相關的是他的結論；因此，存在來自何方，作用也來自何方。鐘錶師因爲他的錶不準而拿它出氣，對於這樣的人，人們將說些什麼呢？如果人們很樂意將意志變爲一張白紙，那麼人們也就不得不承認，假設有兩個人，其中一個人在道德方面遵循一種與另一個人完全相反的行爲方式，這種總有其來源的區別之根本，如果是存在於外部狀況之中，那麼顯然其責任就不在人；如果存在於人的意志本身的原初差異之中，這時人的全部存在和本質是他人的作品的話，那麼功過也和人無關。在上面提到的那些偉大人物都努力想找到一條從這個迷宮中走出來的途徑，但都失敗了以後，我必須承認，要想撇開人的意志的自我存在而設想它的道德責任是超出我的把握能力的。這種不可能無疑也就是斯賓諾莎（Spinoza）用以開始他的《倫理學》的那八條定義的第七條：「這樣的東西必須被稱作是自由的——那就是它的存在只是出於其本性的必然性，和其行爲只是由自身所規定的；但這樣的東西就叫作是必然的，或更多地是被迫的——那就是它的存在和行爲是由他人所規定的。」

因此，如果一件惡行是源自人的本性，也就是說是源自人的天賦之屬性的話，那麼很顯然地，罪過就在於這本性的創造者，而人們就發明了自由的意志。但是，在這種自由意志的假設下，本性應源自何方，卻完全沒有被看到，因爲意志從根本上來說，純粹是一種**消極**的特性，並且只是說：沒有什麼東西可以強使或阻止人做什麼行動，但這樣一來，行爲最終源自**何方**又變得完全不清楚了，因爲它應該不是來自天賦的，或被創造的人的屬性，這樣又得去麻煩他的創造者。因此，人怎麼說也是沒有罪責的，而他又確實是被做成要爲此負責的。自由意志的天然圖像就是一把沒有負擔的天平，它安靜地掛在那裡，如果不向兩個秤盤中的一個放上些什麼的話，就絕不會失去平衡。如同這天平絕不會因自我本身而運動一樣，自由意志也不會因它自己而造成一種行爲，因爲「無」正是從「無」中來的。如果天平向一端傾斜，那就必須有一個外來物放在這一端，這一外來物就是這運動的根源；人的行爲也一樣，必須由某物來喚起、某物積極地起作用，而不是僅爲**消極**的自由。但這只能有兩種辦法：或者由動機本身，也就是說由外部事情來做到這一點，如此一來，人對於行爲顯然就沒有責任；如此一來，所有的人在同樣的情況下，也就完全相同地行動。或者來自人對這些動機的接受性，也就是來自天生的性格，這就是說，來自人本來就有的傾向，傾向在個體身上可能是不同的，其力量作用於動機。但這樣一來，意志就不再是自由的，因爲這種傾向就是加在天平的一個盤子上的重物。責任又落到了把傾向加上去的人的身上，換言之，他的作品就是具有這種傾向的人；因此他只有在他本身就是他自己的作品，也就是說他本身擁有自主權時，才對他的行爲負責。

這裡所闡述的全部觀點，使我們看到了一切與意志自由有關的東西，意志自由在創造者和他的創造物的罪惡之間，挖了一條不可逾越的鴻溝，由此我們就可以明白，爲什麼神學家們會如此頑固地加以堅持？爲什麼他們的衛士——那些哲學教授們，會不遺餘力地加以支持？他們對大思想家們最有力的反證充耳不聞，仍堅持自由的意志，而且爲此而奮戰，就如同爲了他們的祭臺和家園而奮戰一樣。

最後，我想就我前面中斷的、關於奧古斯丁的報告作一結束，我的觀點大體來說是這樣的：「人實際上只有在原罪之前曾擁有過一個完全自由的意志，但是在原罪之後，就受到它的束縛，就只能從神恩的選擇和拯救中期望解脫。」這些話就像一個教父的話了。

這期間，透過奧古斯丁及其和摩尼派，和貝拉基派的爭論，哲學界終於領悟了我們的問題。從這時起，又經過經院學派，問題慢慢地更加清楚了，布里丹的《詭辯》和前面引用但丁的話就是證明。但是從各種跡象來看，湯瑪斯·霍布斯（Thomas Hobbes）是第一個涉及問題本質的人。他在一六五六年出版的著作《論自由和必然——駁布蘭哈姆博士》（*Quaestiones de Libertate et necessitate, contra Doctorem Branhallum*）就是專爲這個問題所作的。這部書現在已很少見。它被收在英文版一卷本的《霍布斯道德和政治著作集》（*Th. Hobbes moral and political works*, ein Band in Folio, London, 1750）中，從第四六九頁起就是這篇文章，在此我引用第四八三頁上的主要段落：

「六、無物是從自我開始的，任何事物都是由於一個自身之外的直接原因的作用。因此，如果現在一個人希望或想要某物，而就在此之前他還不曾希望過或想要過此物，那麼他想要的原因並不是想要本身，而是某個他物，不是依附於它的某物。據此，由於意志無可爭辯地是有意的行為的必然原因，以及根據剛才所說的，意志是必然地被獨立於它的他物引發的，因此結果就是：所有有意的行為都有著**必然的**原因，因此是被迫的。

七、我認為這樣的原因是**充分的**原因，那就是引起作用所必需的東西，它一點也不缺少。但這樣一個原因同時也是一個必然的原因，因為如果一個**充分的**原因不能發生作用是可能的，那麼它必定缺乏引起這種作用所必需的東西；不過這樣一來，原因就不是**充分的**了。如果一個**充分的**原因不能引起它的作用是不可能的，這樣一來，一個**充分的**原因就是一個必然的原因。很顯然地，由此得出的結論就是：一切被引起的東西，曾有過一個**充分的**原因，是它引起了那一切，不然的話那一切就絕不會發生。因此**有意的**行為也是被強迫的。

八、關於自由行為的那個習慣的定義（自由的行為就是這樣一種行為，即如果一切引起作用所必需的東西都已具備，也不能引起這種作用）是矛盾的，而且是無意義的，因為它認為，一個原因可能是**充分的**，也就是說是**必然的**，而竟可以不發生作用。」

在第四八五頁又說：「任何一件事情，不論看來是多麼**偶然**，或者是多麼隨意，其發生也是**必然**的。」

他在他的著名著作《論國家》（*De cive*）第一章第七節說：「每一個人都將被驅使去欲求在他看來是好的東西，都將被驅使去避免在他看來是壞的東西，尤其是最大的自然災害，那就是死亡。而死亡是源於自然必然性，這種必然性並不比使石頭落下的那種必然性小。」

有同樣觀點的，在霍布斯之後則有斯賓諾莎。他在這一方面學說的特點，只需引用幾段話就可以說明：

不能把意志稱作是一種自由的原因，而只能稱作是一種必然的原因。因爲意志和所有別的東西一樣需要一個原因，這一原因將迫使它以某種方式行動。」（《倫理學》第一部分，命題三十二）

至於說到第四條反對的論點（布里丹的驢子），我宣稱我完全承認，如果一個人處在那種均衡的狀態，且假定食物和飲料也和他有同樣遠的距離，則他必會死於飢渴。」（《倫理學》第二部分，命題四十九）⑥

就像觀念必然產生於現實存在著的事物中一樣，精神的決定也必然產生於精神之中。因

---

⑥ 參見商務印書館出版的賀麟譯本第二十九頁、第八十七頁。——譯者注

此誰如果相信，他可以根據精神的自由決斷或說話、或沉默、或做些什麼，那他就是睜著眼睛在做夢。任何一個事物都必然地是由某一外部原因決定的，並以一定的方式存在和發揮作用。例如，石頭從一推動它的外部原因中感受到一定的運動量，由於這一運動量，它就必然地要繼續運動下去。現在如果假設，繼續運動的石頭想到和感覺到了，它是根據這種力量而去繼續運動的，然後這石頭由於只感受到它想繼續運動，而沒有感受到相反的東西，於是它就認爲，它是完全自由的，除了是因爲它想這樣之外，並不是因爲別的原因而在運動。人的自由也是這樣，所有的人都吹噓自己擁有自由，而自由只在於，人感受到了自己的願望，卻沒有認識到決定願望的原因。至此，我已充分說明了，我對自由的和被迫的必然性及對想像的人的自由的想法。」（《書簡》第六十二封）

但是，值得注意的情況是，斯賓諾莎只是在四十歲時⑦才有這種想法，在此之前，一六六五年，當他還是個笛卡兒派時，他在《形而上學的沉思》（*Cogitatis metaphysicis*）第十二章中還堅決地持相反的意見，甚至和上面引用過的《倫理學》第二部分命題四十九中，關於布里丹的詭辯所說的話是直接矛盾的：「因爲如果我們假設是一個人代替一頭驢子，處在那樣一種均衡狀態之中，他也會因飢渴而死，那麼我們就必須不把他看作是一個會思維的生物，而看作是一頭最笨的驢。

⑦ 斯賓諾莎，生於一六三二年，卒於一六七七年，只活了四十五年。——譯者注

下面，我想講一下，還有兩個偉大的人物也有同樣的觀點轉變，這就證明了，要正確理解這個問題是多麼的困難，其正確觀點又是多麼的深奧。

休謨在他的《論自由和必然》（我在前面已引用過其中的一段話）一書中表示了他對動機既定時，個別意志行爲的必然性的十分明確的信念，而且用他易於爲人理解的形式十分清楚地闡述了這一信念：「於是，動機和有意的行爲之間的聯繫，就像自然界任何一部分中，原因和效果之間的聯繫一樣，是如此的符合規律和整齊劃一」。「因此，看來無論是在科學中，還是在任何一種行爲中，想要做些什麼，而又不承認必然性學說和關於動機對意志動作，性格對行爲方式的那個結論都幾乎是不可能的。」

但是沒有一個作家像普利斯特里（Priestley）[⑧]那樣對意志動作的必然性做過如此詳盡和令人信服的闡述，他的《關於哲學必然性的學說》（*The Doctrine of Philosophical Necessity*）就是專門討論這一問題的。這本書寫得極其清楚和易於理解，誰如果不相信這本書，那麼他的知性必定是被偏見所迷惑了。爲了說明他的結論，我從一七八二年伯明罕第二版中引了幾段話：

《序言》，第二十頁：「對我的知性來說，沒有比道德自由的概念更荒謬絕倫的了。」

---

⑧ 普利斯特里，一七三三年生於英格蘭北部約克郡，一八〇四年卒於美國賓夕法尼亞州，神學家，科學家。——譯者注

第二十六頁：「如果沒有奇蹟，或者沒有某一個外部原因的介入，某一個人的意志動作或行爲，就不會和已發生的有什麼不同。」第三十七頁：「儘管我的情緒傾向和規定不是重力，但它們對我來說確實有著一種肯定而且必然的影響和作用，就像重力之於石頭。」第四十三頁：「認爲意志是一種自我規定的東西的說法，根本就不提供一種概念，而且更有甚者還含有一種謬誤，也就是這樣一種謬誤：作爲一種效果的決定竟沒有任何原因而出現。因爲事實上除了在動機這個名詞之下被理解的那一切外，再沒有任何東西能引起那個決定。假使有一個人使用他想用的詞，即這樣一個概念：我們有時可以爲動機所決定，但有時又可以不爲任何動機所決定而去做什麼，那麼他無非是說，一只秤盤有時可以因重量而下墜，有時可以因某種根本沒有任何重量的，和不論它自身總想成爲什麼，而對秤盤來說是無的東西而下墜。」第六十六頁：「動機用適當的哲學術語來表達的話就是行爲的眞正原因，因爲這就和大自然中某物是某物的原因是一樣的。」第八十四頁：「如果一切先行的情況完全是一樣的話，那麼我們絕無權力可以作出兩種不同的選擇。」第九十頁：「一個指責自己在以往的生活經歷中的某一行爲的人，總是想像，如果他又碰到當時的情況，他不會那樣做。但這純粹是一種錯覺，如果他嚴格地考察自己，和估計一下所有的情況，那麼他就會明白，在內心情緒相同、在對他當時所有的事物看法完全相同（不包括一切自那時以來思考而得來的看法）的情況下，他不可能有和當時不同的舉措。」第二八七頁：「簡言之，除了在必然性學說和絕對的無意義之間作出選擇外，別無其他選擇。」

現在需要注意的是，普利斯特里的情況和斯賓諾莎，以及另一個馬上就要提到的偉大人物的情況完全相同。那就是普利斯特里在第一版序言，第二十七頁上所說的：「我並不是十分容易地就改信必然性學說的，就像哈特利（Hartley）博士本人一樣，我是在經過強烈的反抗才放棄我的自由的。在我關於這一問題所寫的那封長信中，我曾十分熱心地主張自由說，在別人的反對理由面前，我一步也不肯退讓。」

同樣情況的第三個偉大人物是伏爾泰，他以他那特有的親切和天真談到了他的轉變。在《論形而上學》（*Traité de métaphysique*）第七章，他曾詳細而生動地維護所謂的意志自由。只是在四十多年後，他才在《不可知的哲學》（*La philosopheignorant*）的第十三章宣導意志動作的嚴格的必然性。他在該章結束時寫道：「阿基米德是被迫留在自己房間裡的，其必然性是相同的：如果有人把他關在裡面，就像如果他在深思一個問題，以至於他沒有想到要走出房間。命運領導著願意的人，命運也拽著不願意的人。這樣想的傻子並不一直就是這樣想的，但最終他會被迫臣服。」

接著在《行爲的原理》（*Le principe d'action*）第十三章，伏爾泰說：「一只球撞在另一只球上，一條獵犬必然地和有意地追逐一隻鹿，這隻鹿跳過一條寬溝，其必然性和有意性並不比獵犬追逐它還少。這一切的被決定並不比我們在做任何事情時更不可抗拒。」

這三個極其偉大的人物認識到這一點都經歷了相同的轉變，然而都必然會使每一個這樣的人感到目瞪口呆：他們企圖用他們那天眞幼稚的自我意識的、根本不合事實的，「但我確實能做我想做的」說法來否認有充分根據的眞理。

康德就在這些離他最近的先驅後，把驗知的性格由於動機而被決定去行動的這種必然性，視爲一件不但在他這裡，而且在別人那裡也已解決的問題，而不想重新再去證明它，這就不會令我們感到奇怪了。他的《關於一般歷史的觀念》（*Ideen zu einer allgemeinen Geschichte*）就是這樣開頭的：「人們從形而上學的觀點，有可能把什麼看作是意志自由的概念呢？那就是同一意志的現象，即人的行爲，和每一種別的自然事變完全一樣，都是按照普遍的自然法則被決定了的。」在《純粹理性批判》（*Kritik der reinen Vernunft*）第一版第五四八頁或第五版第五七七頁又說：「由於驗知的性格本身必須是來自作爲效果的現象，和來自給予經驗的同一現象的規律，因此人的一切行爲在現象中，是由他驗知的性格，以及同時產生作用的其他原因根據自然規律來決定的。如果我們能澈底研究他的任意性的一切現象，那就絕對不會有哪一件行爲不是我們不能肯定地加以預言，和根據它的前行條件把它視爲必然的。因此，在看到這一驗知的性格時，就不會有自由，而根據這一性格，我們確實可以只考察人——如果我們只是想觀察，以及就像在人類學中一樣，想根據他的行爲對其動因作生理學的研究。」第一版第七九八頁，或者第五版第八二六頁上同樣意思的話：「意志也可以是自由的，但只是指我們的想要（Wollen）的可理解的原因。因爲，一談到我們的想要表現出來的現象，即行爲的話，我們就必須根據一種不可踐踏的基本原則（沒有這一基本原則，我們就不可能在經驗中運用理性），把它們解釋成和自然界的所有其他現象絕無任何不同，即按照這些現象的不變法則來解釋它們。」此外，在《實踐理性批判》第四版第一七七頁或羅森克朗茨版第二三〇頁也說：「因此我們可以承認，如果能夠對一個人的既用內在的行爲，又用外在的行爲表現出來的思維方式具有深刻的洞見，以至於我們對促使其行爲的每一個動機，包括最細微的動機，以及對所有作用於這些動機的外部原因都知道的話，那麼我們就肯定能夠對一個人將來的行爲作一預測，如同我們能夠預測月蝕和日蝕一樣。」

但在這裡，他依據悟知的性格（intelligibler Charakter）和驗知的性格之區別，提出了他的自由和必然共存說。由於我完全同意這一學說，我將在後面再度談到它。對於這一學說，康德講過兩次，即在《純粹理性批判》第一版第五三三頁到五五四頁，或第五版第五六〇頁到五八二頁；但講得更清楚的，則是在《實踐理性批判》第四版的一六九頁到一七九頁，或羅森克朗茨版的第二二四頁到二三一頁。每一個想要深刻認識人的自由和行爲的必然性相一致的人，都應該讀一讀這些極其深刻的段落。

我的這篇文章和這些尊敬的先輩之不同貢獻，迄今爲止主要在兩個方面：第一，由於徵文題目的導向，我把自我意識中的意志的內在感知和外在感知嚴格地區分開來，並且分別加以考察，這樣才有可能指出，對大多數人有著不可抗拒影響的錯覺，其根源何在；第二，我把意志和全部其餘的自然界聯繫起來加以考察，在我之前還沒有人這樣做過，這樣，這個課題就能得到它有可能得到的澈底、深刻、全面的研究。

現在想就康德之後的幾位作家說幾句話，我並不把他們看作是我的先輩。

對前文推崇過的，康德關於悟知的性格和驗知的性格的極其重要的學說，謝林（Schelling）在他的《對人的自由的研究》（*Untersuchung über die menschliche Freiheit*）第四六五頁到四七一頁做過一種闡述性的解釋，他的措辭很生動，這就使他較之康德的雖然來得澈底，但卻枯燥乏味的論述，更易於爲某些人所理解。在這裡我不能引述這一解釋，但爲了眞理和康德的榮譽，我不能不指出，謝林在講到康德所有學說中這一最重要、最值得讚賞的，我認爲甚至是最深刻的學說時，講得並不清楚，他在那裡所闡述的，就內容看是康德的東西，但他的表達方式卻會使絕大多數不熟悉這位偉人的深刻而困難的著作內容的讀者，誤以爲他們讀到的乃是謝林自己的思想。結果和我的這個看法完全相符，我只想從許多例證中舉一個出來。那就是，即使在今天，哈勒的一個年輕哲學教授埃德曼（Hr. **Erdmann**）博士在他的名爲《肉體和心靈》（*Leib und Seele*, 1837）的書，第一〇一頁上寫道：「連萊布尼茨也像謝林一樣，在他的論自由的文章中，讓心靈最先自我決定」等。因此，謝林對康德就處在阿美利加對哥倫布的那種幸運關係之中，新大陸的發現將印上他的名字。但這得歸功於他的聰明而不是偶然的機遇，因爲他在第四六五頁一開始就說：「一般首先是唯心主義把自由說抬高到那個領域的」等等，然而接著就是講康德的思想。因此，他不是誠實地提康德，而說是唯心主義，對於這個可作多種解釋的名詞，每一個人理解的就是費希特和謝林的。首先是費希特的哲學，但不是康德的學說，因爲康德是反對把它的哲學叫作

唯心主義的（例如《導言》，*Prolegomena*，羅森克朗茨版第五十一頁和第一五五頁），甚至在《純粹理性批判》第二版第二七四頁上還有一節「駁唯心主義」。在接著的那一頁，謝林很聰明地只是附帶地提到了「康德的概念」，以便安撫那些已經知道他在這裡如此虛僞地當作自己的貨物出賣的東西，乃是康德的財富的人。但接著在四七二頁上，竟不顧一切眞理和公正說道，康德在理論上並**沒有**達到那個觀點的高度等，而從上面我介紹參閱的康德那兩段不朽的話中，每一個人都可以清楚地看到，這個觀點正是康德一個人首創的，要是沒有他，還會有成千上萬像費希特先生和謝林先生，這類人根本就不可能掌握這個觀點。由於我在這裡談到的是**謝林**的文章，因此對於這一點，我不能保持沉默，我要把毫無疑問只屬於康德的東西歸還給康德，從而盡到我對人類偉大導師的義務。除了**歌德**，只有他才是德意志民族的眞正驕傲，尤其是在這樣一個，歌德的那句「幼年的民族乃創造的主人」（《譬喻》，*Parabolisch*）極其適用的時代，我更應該這樣做。此外，謝林在同一篇文章裡還毫無顧忌地把雅各·伯麥（Jakob Böhme）的思想，甚至他的話據爲己有，對它們的出處提也不提。

謝林的那篇《對人的自由的研究》除了對康德思想進行這樣的解釋外，就再也沒有什麼關於康德這些思想的新的、澈底的闡述了。這一點其實在謝林文章一開始對自由下的定義中就可以看出來了。謝林的定義是：自由是「一種善與惡的能力」。對於基督的教義問答手冊來說，這樣一種定義是合適的，但對哲學來說，等於是什麼也沒說，也就是毫無用處。因爲善惡還談不上成爲自身很清楚明白的，無需解釋、確立和證明的簡單概念。謝林的文章，整體而言只有一小部分是論述自由的，它的主要部分實際上是一份關於上帝的詳細報告，該文的作者透露他對這位上帝是非常熟悉的，因爲他甚至向我們描述了祂的誕生；只有一點遺憾的是，他一句話也沒有提到，祂是如何達到這一步的。文章一開頭就是一堆似是而非的詭辯，任何一個不爲其狂妄言辭迷惑的人，都可以看出文章的淺薄。

自此以後，由於這種以及類似的作品緣故，在德國哲學中，代替清楚的概念和公正的研究的是「理智的直觀」（Intellektuale Anschauung）和「絕對的思維」（Absolutes Denken）：使人敬佩和不知所措，故弄玄虛，以及用各種手段在讀者眼裡撒沙子，成了慣用的手法；主觀武斷普遍地代替眞知灼見，貫穿於講座之中。透過這一切，哲學，如果人們還可以這樣稱呼它的話，必然愈來愈沉淪，最終達到最可鄙的地步。大臣的走狗黑格爾，爲了重新扼殺由康德取得的思維自由，就使哲學這個理性的女兒和眞理未來的母親淪爲國家目標、蒙昧主義和新耶穌會教義的工具。爲了遮醜，同時也是爲了最大限度地愚弄別人，他就在上面加上了一堆空話、廢話、胡話以作掩護；這種胡話，人們只有在某個時候，才能在瘋人院以外的地方聽到。

哲學在英國和法國，就整體來講，還停留在洛克和孔迪亞克（Condillac）遺留下來的那個水準上。被他的出版商柯辛（Cousin）稱作「我生活的時代的法國第一個形而上學家」的芒・德・畢朗（Maine de Biran），[9]在他一八三四年出版的《物理學和倫理學論集》（*Nouvelles considerations du physigue et moral*）中表明，他是無限制的意志自由的狂熱信徒，並且把它看作全然是不言自明的。德國近代那些拙劣哲學論著的撰稿者們也如出一轍，無限制的意志自由在他們那裡名爲「德行的自由」，是確定無疑的，就好像上文提到的那些偉大的思想家從來就沒有存在過似的。他們認爲意志自由是直接地存在於自我意識之中，並因而是如此的不可動搖，一切反對的理由無非只是詭辯而已。這種異乎尋常的自信純粹是由於善良的人，完全不知道什麼是意志自由，和意志自由意味著什麼；而是不懷惡意地只把它理解爲是我們在本書第二章所分析的意志對軀體肢節的控制，對此一個理智的人是絕不懷疑的，而其表述也剛好是那種「我能做我所想的」。他們十分眞誠地認爲，這就是意志自由，而且堅持這是不容置疑的。這就是那種不負責任的立場，在如此多的偉大先驅之後，黑格爾哲學把德國思想的精神推回到這種立場之中。對於這類人，我們當然可以發出這樣的呼喊：

難道他們不像婦道人家嗎？
他們老是只提到他們的第一個詞，

---

[9] 芒・德・畢朗，一七六六—一八二四，法國哲學家、心理學家。——譯者注

儘管別人講理性已有數小時之久。⑩

確實，上面提到的神學動機，對他們其中的某些人可能悄悄地產生了作用。然後又有我們今天醫學的、動物學的、歷史的、政治的和文學的撰稿人們，他們特別喜歡抓住每一個機會，來談到「人的自由」、「德行的自由」！對此，他們有點自鳴得意。這群人當然不會設法來弄清楚這個問題，但如果有人測試他們一下，那麼就會發現，他們所想的或者是完全的「無」，或者就是我們那陳舊的、眞誠的、很有名氣的「無限制的意志自由」，他們也能給它加上十分時髦的套話，也就是一個概念。當然，要使多數人相信這一概念的不成立，一直沒有成功，學者們也避免用如此清白無辜的口吻來談論它。於是他們之中也就有了幾個不夠自信的人，表現得很可笑，再也不敢說什麼意志的自由，而是用「精神的自由」來取而代之，使之顯得更精緻，並希望藉此能偷偷地溜過去。他們想些什麼，我有幸知道並告訴那些以疑惑的目光注視著我的讀者：無，純粹的完全的無，除此之外，只是用良好的德國方式和手腕，表達一個無關緊要的、歸根到底什麼也沒有說出來的術語。對感到空虛和膽怯的他們來說，它倒是一個很好的避風港。精神這個詞，實際上是一個形象化的術語，它表達的總是**理智的能力**（Intellektuelle Fähigkeiten），和意志是對立的；這種

---

⑩ 席勒：《華倫斯坦之死》第二幕第三場（Schiller, *Wallensteins Tod*, II, 3）。

能力就其作用而言完全是不自由的，首先適應、順從、服從邏輯的規律，然後是它們每次認識的**客體**，以便純粹地，也就是**客觀**地把握這個客體，而這絕不是意謂著意志可以代替理由（尤維納利斯語，[11]見《詩集》第六首，第二二三頁）。總之，這個在今天的德國文壇到處遊蕩的「精神」，是一個極其可疑的傢伙，因此只要它一出現，人們就應該查一查它的身分證。它最主要的工作就是替與膽怯連在一起的思想貧困作掩護。此外，眾所周知，Geist（原意爲氣息、微風，後來爲精神等意思）這個詞和Gas（氣體）這個詞是相近的，Gas源自阿拉伯文和煉金術，意味著Dunst（水氣、雲霧）或luft（空氣、微風），就好像spiritus、πνευμα、animus這三個詞和άνεμος意思相近，都有氣、風和精神、心靈等意思一樣。

因此，如上所述，關於我們的論題，在哲學界以及在別的學術界，是根據前面提到的那些大思想家的全部有關教導在發展的，並一再證明，在任何時代，大自然只造就極少數幾個眞正的思想家作爲罕見的例外，而且這幾個人始終也只是爲很少數人而存在著的。也因此，錯覺和謬誤就一直占據著統治地位。

---

⑪ 尤維納利斯，約六〇—一四〇，古羅馬諷刺詩人，留下諷刺詩五卷十六首，各首長短不一，最後一首沒有寫完。因詩獲罪朝廷，年近八旬被遣往埃及（一說不列顛），死於客鄉。他的詩歌頗受斯多噶派哲學思想影響。——譯者注

大詩人的重要作用也在道德問題上得到了證明，他們並不是根據系統的研究來發表見解，而是他們能深刻地洞察到人的本性，因此他們的見解就直接觸及了眞諦。莎士比亞（Shakespeare）《一報還一報》（*Measure for Measure*）第二幕第二場，描寫伊莎貝拉請求攝政王安格洛赦免她被判死刑的兄弟，此對話就是一例：

安格洛：「我不想這樣做。」
伊莎貝拉：「但是，如果您想要做的話，您能做嗎？」
安格洛：「看啊！我不想做的事，我不能做。」

在《第十二夜》（*Twelfth Night*）第一幕中：

啊！命運，現在你能顯示你的權力了：該發生的事總要發生，沒有一個人是他自己的主人。

瓦特·司各脫（Walter Scott），這位深知和擅於描寫人的心靈及其最隱密感情的大作家，在他的《聖·羅蘭的井》（*St. Ronan's Well*）第三卷第六章中，也揭示了那個深刻的眞理。他描寫了一個垂死的懺悔的女罪人，她在臥榻上企圖透過自白來減輕內心的不安，司各脫讓她在自白中說：

> 走開，把我交給我的命運吧！我是世上從未有過的最可憐、最可鄙的人，我自己也覺得我可鄙至極。因爲就在我懺悔的時候，還有什麼東西在向我祕密地低聲說道，如果我還能是從前的我，我就會把我做過的壞事重做一遍，而且更壞。啊！蒼天佑我，消滅這些可恥的想法吧！

可以爲這種文學描寫作證的，是下面這件與這種描寫並行不悖的事實。這一事實極有力地證明了性格不變說。它是一八四五年七月二日《泰晤士報》從法文《新聞報》轉載的，而我是從《泰晤士報》翻譯的，標題是《奧蘭的軍事處決》：「三月二十四日，西班牙人奧古拉，又名艾梅茨被判處死刑。在執行前一天，他在和看守的談話中說：我並不像人們說的那樣有罪，我被控犯有三十件殺人罪，但實際上我只做了二十六件。從兒童時期起，我就嗜血，七歲半時曾刺殺一位小孩。我曾殺害一名孕婦，後來又殺了一個西班牙軍官。結果，我不得不逃離西班牙。我逃到了法國，在我參加外籍軍團前，我又犯案兩次。在所有罪案中，我最後悔的是，在一八四一年我帶領一個中隊，俘虜了一個特派全權代表，他由一名軍曹、一名下士和七名士兵護送著，我下令把他們統統砍了頭。這些人的死使我心情十分沉重，我在夢裡看到他們。明天，在那些奉命槍斃我的士兵們身上，我將看到他們。儘管如此，**如果我重獲自由，我還會去殺人**。」

下列歌德《伊菲格尼》（*Iphigenia*）中的對話也有這樣的意思：

阿卡斯：「你沒有尊重忠告。」
伊菲格尼：「我樂於做我想做的。」
阿卡斯：「你還能及時改變想法。」
伊菲格尼：「**這完全不在我們的許可權之內**。」

席勒筆下的華倫斯坦的一段有名的話也道出了我們的基本眞理：

要知道，人的行爲和思想並不像海中盲目運動的波浪。
人的內心世界，他的微觀世界是一座深井，它們永遠從中湧出。
它們是必然的，就如樹之果，
偶然事件不會像變戲法似地改變它們。
一旦我研究了人的內核，
我就知道他的願望、他的行爲。[12]

---

[12]《華倫斯坦之死》第二幕第三場結尾。

第五章　結論和進一步的見解

在我維護的眞理方面，其所有光榮的先輩中，不但有文學上的，也有哲學上的，我在前面都已很高興地提到了。哲學家的武器不是權威，而是理由，所以我也只用理由來從事我的事業，並且希望，我已把它說清楚了。我現在確實有權利得出不眞實就不可能的結論，由此，上文在研究自我意識時，直接地和事實上後天證明了的對皇家科學院所提出的問題否定，現在也間接地和先驗地得到了證明。原因就是根本不存在的東西，在自我意識中也不會有可以得到證明的證據。

儘管我在此維護的眞理，可能是屬於與短視人們的偏見相左的那些觀點之列，甚至可能遭致懦弱無知者的厭惡；但這一切並不能阻止我直截了當、無保留地闡述這一眞理。我在這裡並不是在和老百姓說話，而是在和一所著名的科學院說話，這所科學院提出它十分合乎時代精神的問題，不是爲了維護偏見，而是爲了尊重眞理。此外，正直的眞理研究者，只要是涉及爲了建立眞理和信仰眞理，就會始終只注重其理由，而不是其結果；好像時間一到，它自己就會建立起來似的。不關心結果如何，只考察理由，不是先問被認識到的眞理是否符合我們其餘的信念體系，這一切康德早已講過了。我忍不住想在這裡重複他的話：「這種做法有力地使已被別人認識和讚賞的準則，在任何一種科學研究中，盡可能精確地、公開地、不受干擾地繼續它的進程。不管在它的範圍之外是否會和什麼東西相違背，都是只在它自身範圍之內，盡可能眞實全面地完成它。不斷的觀察使我相信，在一件事做到一半的時候，如果我考慮到不相關的其他學說，有時我就會疑慮重重；但如果我在這件事最終完成之前，不顧這些疑慮，只關注我的事情，那麼當我做完這件事時，其結果最終會以始料不及的形式和完全不考慮那些學說，對它們不抱任何門戶之見和偏見，而自動產生的結果完全一致。只要作家們決心更坦誠地對待事業的話，他們就可以避免某些錯誤，節省某些不必要的力氣（因爲它們是以假象爲目標的）。」（《實踐理性批判》第四版第一九〇頁，或羅森克蘭茨版第二三九頁。）

我們的形而上學知識，總的來講，距離獲得這樣一種確信確實還是十分遙遠的，即我們應該拋棄某種得到澈底證明的眞理，因爲它的結果和那些形而上學知識不相符合。毋寧說，每一種已經獲得的和確立起來的眞理，總而言之是知識問題範圍內的一個已被征服的部分，也是一個放置槓桿的堅固的支點。這根槓桿將推動其他重物，是的，人們從這一部分出發，就可以在有利的情況下，一下子就達到對整體的，比迄今已達到的更高的把握。因爲在任何一個知識領域，把眞理連結起來都可以使一個已完全肯定地把握個別觀點的人，由此出發去把握整體。對於一道數學難題，唯一已知的量具有無可估量的價值，因爲它使解題成爲可能；同樣，對於所有人的問題中最難的一個形而上學問題，對行爲由既定性格和既定動機產生的嚴格必然性的堅定不移，先驗地和後驗地得到了證明的認識。就是這樣一個無法估量的資料，人們只要從它出發，就可以解開整個問題。因此，一切沒有得到牢靠的科學檢驗的東西，在它們阻礙這樣一種得到證明的眞理時，都必須向它讓步，而不是眞理向它們讓步。眞理絕不答應任何適應和限制，以便和沒有得到證明的、也許是錯誤的見解求得一致。

這裡，我還要作一般性的說明。對我們結論的回顧促使我們看到，關於那兩個問題，即意志自由、現實與觀念的關係問題，它們被描述爲是近代哲學最深刻的問題；而古人則相反，並沒有明確意識到，對於這兩個問題，健全但粗陋的知性不僅沒有駕馭的能力，而且甚至還有著一種重要的天然的導向錯誤的傾向，要它擺脫這種傾向，就需要有一種十分發達的哲學。因此對它來講，在關於認識的問題上，實際上很自然地會過於看重客體了，於是就需要有洛克和康德，以便指出認識中有多少東西是源自主體的。關於願望的問題，它則相對地傾向於極不看重客體，而太看重主體，其做法則是讓願望完全出自主體，並沒有很好地考慮客體蘊含的因素，即動機。實際上正是動機決定了行爲的極其個體的特性，而只有行爲的一般的和本質的東西，即行爲的基本道德特性是出自主體的。在思辨的研究中，這樣一種對知性來講是很自然的倒置，當然不會使我們感到奇怪，因爲它本來就被規定成只是爲了實際的目的，而絕不是爲了思辨的目的。

現在，如果我們根據我們迄今爲止的論述，完全放棄了人的行爲的一切自由，並把人的行爲視爲完全服從於極其嚴格的必然性的，那麼我們就達到了這樣一點，在這一點上，我們將能把握作爲較高級種類的眞正的道德自由了。

因此，還有一種意識的事實，爲了不擾亂研究的進程，我至今一點也沒有提到它。這就是對我們的所爲極其清楚和肯定的責任感，即對我們的行爲有能力負責任的感覺，其基礎不可動搖地確信，我們自己是我們行爲的行爲人。由於這種意識，任何一個人，包括深信迄今所講到的，我們的行爲出現的必然性的人，都不能有這樣的想法：用這種必然性爲自己的過錯開脫，把罪過推到動機身上，理由是動機出現時，行爲就必不可免。因爲他肯定看到了，這一必然性是有一**主觀**條件的，和在這裡，在**客觀上**（根據事實），即在已有的情況下，也就是在曾經決定了他的行爲的動機的作用下，一種完全不一樣的行爲。一種和他的行爲恰恰相反的行爲是十分可能的，是可能發生的，**只要他是另一個**人，事情就完全取決於這一點。由於他是這一個人，而不是另一個人；由於他有著這樣一種性格，另一種行爲當然是不可能的。但就他自身而言，也就是**客觀**上來看，對他而言也是可能的。因此，他意識到的**責任**，只是在剛開始時和從表面上來看，是符合行爲的，但從根本上來說是符合他的**性格**的，他覺得自己應該對**這種性**格負責；而其他人也要他對**這種性**格負責，原因是爲了確定行爲人的特點。他們的評價馬上就會捨棄事實，「他是一個壞人、一個惡棍」，或「他是一個小偷」，或「他是一個卑鄙虛僞的小人」，他們就這樣評論，把指責也溯源於他的**性格**。這時，行爲及動機，只是作爲行爲人性格的證據而受到考察，但卻是此行爲人的可靠特徵，所以他就是不可改變的而且是永遠固定的。因此，亞里斯多德的話是十分正確的：「我們稱讚那些完成一件行爲的人，但是行爲是性格的標誌，所以我們也稱讚每一個沒有完成行爲的人。這是因爲我們只是相信，他可能是有能力去完成它的。」因此，憎恨、厭惡和蔑視並不是針對暫時性的行爲的，而是針對行爲人，即性格的永駐的特點的。在所有的語言中，形容壞道德的詞，即咒罵惡行的詞，更多的是**人**的賓詞，而不是行爲的賓詞。這些賓詞是依附於性格的，因爲性格必須負責，它要爲行爲的發生負責。

什麼地方有過失，什麼地方也就必須有責任。因爲責任是唯一可以推斷出道德自由的事實，因此自由也就存在於此，即在人的道德之中。尤其是我們早已確信，當行爲在性格的前提下，嚴格地必然地要出現的時候，不可能在個別的行爲中直接找到自由；但性格就如在第三章中指出的那樣，是天生的和不可改變的。

因此，現在我們從意識的事實中推斷出這種意義上的自由，即唯一有事實根據的自由，以及找到了它的所在地以後，我們想進一步的考察它，並盡可能地從哲學上來把握它。

我在第三章中已指出了，人的每一個行爲都是兩種因素——自身的性格和動機的產物。這絕不意味著，它是動機和性格之間的中介物，即二者之間的妥協，而是充分利用二者；這是由於就其全部可能性而言，它是同時以二者爲基礎的，也就是以產生作用的動機碰到了這種性格，以及這種性格是可以由這樣一個動機來決定的爲基礎的。性格是個別的、意志的、從經驗上加以認識的，持續不變的特性。由於這種性格和動機一樣，是每一個行爲的如此必要的因素，因此我們的行爲是出自於自己的這種感覺，那個「我想要」就得到了解釋（「我想要」陪伴著我們所有的行爲，每一個人由於它而不得不把這些行爲視爲他自己的行爲，因而感到要對這些行爲負道德上的責任）。而這又正是前面在對自我意識作考察時發現的「我想要」，和「想要的始終只是我想要的」，這一點使頭腦簡單的人頑固地堅持人的作爲的絕對自由，即無限制的意志自由。這無非是說，行爲的第二個因素的意識，就這一因素本身來說，單獨是完全沒有能力引起行爲的，而在動機出現的時候，它同樣也是沒有能力使行爲不發生的。但由於這一因素以這種方式行動了起來，它才把它自己的特性告訴認識能力。這時，認識能力本質上是指向外的，而不是指向內的，甚至連自己意志的特性也要從它的行爲才能經驗地加以認識的。這個進一步的和愈來愈深刻的認識，實際上就是我們稱爲良心的東西；良心因此也直接地是在行動之後才表現出來的，在此之前至多只是間接的。這是由於在考慮時，也許要對已經解釋清楚的類似情況進行反思和回顧，而把良心當作一種將來要出現的東西估計進去。

這就使人要想起上一章提到的，康德關於驗知的性格和悟知的性格之關係，以及因此關於自由與必然的統一之論述。這些論述是這位偉大的思想家，也是人們迄今所能提出的最美妙、最深刻的論述。我完全是以此爲基礎的，再重複一遍就顯得多餘了。但是只要人們有能力的話，就可以從中明白，我們行爲的嚴格必然性是如何和爲責任感作證的自由並存的；而我們就由於這種自由，因而成爲我們行爲的行爲人，並對此負有道德責任。康德提出的那個驗知的性格對悟知的性格之關係，是完全以他全部哲學的基本特點爲基礎的，即是以現象和自在之物的區別爲基礎的。在康德方面，經驗世界的完全經驗的現實性，是和它超驗的觀念性並存的；同樣地，行爲的嚴格經驗的必然性和其超驗的自由也是並存的。因此，驗知的性格，如同整個的人作爲經驗的對象，就是一純粹的現象，因此是被束縛於一切現象的形式，即空間、時間和因果關係之中，並遵循其法則的。反之，作爲自在之物，獨立於這些形式，因此不服從時間差異；而持續不變的條件和這全部現象的基礎，就是他的悟知的性格，也就是他作爲自在之物的意志，當其處於這樣一種特點之中時，也就是具有絕對的自由，也就是獨立於（作爲一種純現象形式的）因果法則。但這種自由是超驗的自由，換言之，是不存在在現象之中的；只有當我們不再考慮現象及其全部形式，而達到處於全部時間之外的，人的自在的內在本質時才存在的自由。由於這種自由，人的一切作爲就都是他自己的作品，儘管人的一切作爲是源自驗知的性格，是在驗知的性格和動機相遇時必然發生的。因爲這驗知的性格純粹是悟知的性格之現象，存在於我們依附於時間、空間和因果關係的認識能力之中，也就是我們的自在本質向這認識能力表現的方式和方法之中。因此，雖然意志是自由的，但是不是就其自在本身而言的，是在現象之外的，而在現象之中則反之，它就以其所有行爲都要依據的某種性格表現出來。如果附加的動機又被進一步規定的話，它就必然會表現爲是這樣的而不是那樣的。

我們可以很容易地看到，這條路使我們不再像庸俗觀點所認爲的那樣——要到我們個別的行爲中，而是要到人的全部存在和本質自身中去尋找我們自由的產品。它必須被設想爲是人的自由行動，只是對於囿於時間、空間和因果關係的認識能力，才表現爲諸多區別的行爲；但是，正因爲用這些行爲表現的東西其原初的統一性，它們就都必須帶有完全相同的特點，並因此表現爲是由引起它們的，而且是詳細地規定它們每一次的動機所嚴格地強使的。因此，行爲出於存在，對於經驗世界來說，就是無例外地固定了。每一事物都按照其特性而活動，它因此而產生的活動又表明了這一特性。每一個人都按照他是什麼樣的人而行動，據此，每次都是必然的行爲就每一行爲的情況而言，都只是動機所決定。因此，在行爲中不可能看到的**自由**，必須寓於**存在**之中。把必然性加於存在和把自由加於行爲，在任何時代都是根本錯誤的，都是把根據和結果加以顚倒；相反地，**自由**只寓於**存在**之中，但是從存在和動機中必然會產生行爲，從**我們的所作所爲**中，我們認識到**我們是什麼人**。責任的意識和生命的道德傾向就建立在這一基礎之上，而不是建立在想像的意志的無限自由之上。一切都取決於一個人**是**什麼樣的人，他**做**什麼是由此而自動發生的，這是一個必然的結論。任意和原初的意識不可否認地伴隨著我們所有的行爲（儘管它們是依附於動機的），依靠這種意識，行爲才是**我們的**行爲，因此這種意識並不是虛妄的。但是其眞正內容絕不只是行爲，其發端也更遠，這是由於一切行爲（在動機的推動下）必然由以發生的我們的存在和本質自身，事實上也包含在其中。正是在這種意義上，我們可以把那種任意和原初的意識，以及伴隨我們行爲的責任意識喻爲一項指標，它指向的對象比它似乎指向的同一方向上的較近對象還要遠。

一言以蔽之，人在任何時候只做他想要做的，而且是必然去做；但這取決於他已經**是**他所想要的，因爲從他是什麼人中必然產生他每次所做的一切。如果我們客觀地考察他的作爲，也就是說從外部去考察，那麼我們就一定會看到，他的作爲就像每一個生物的行爲一樣，必須十分嚴格地服從因果律；相反地，每個人在主觀上（極內在地）會感到，他始終只做他**想要**做的，不過這僅僅表明，他的作爲純粹是他自身本質的表現。因此，每一個生物，甚至是最低等的生物，只要是有感覺的，都將感覺到這一點。

所以，**自由**並沒有因我的論述而被揚棄，而只是被拽了出來，即從個別行爲的領域被拽了出來，在那裡可以證明是不可能有自由的，我把它提到一個更高的，但對我們的認識來說不是那麼容易達到的領域，即它是超驗的。我正是在這個意義上理解馬勒伯朗士（Malebranche）①的名言：「自由是神祕的。」我的這篇文章就想在這句名言的呵護下，試答皇家科學院提出的問題。

---

① 馬勒伯朗士，一六三八－一七一五，法國哲學家，唯理主義者。一六六〇畢業於索爾朋即加入神父修道會，後潛心研究笛卡兒學說。——譯者注

附錄　針對第一章的補充

我在文章開頭時，把自由分爲自然的、智力的和道德的三種，在論述第一種和最後一種自由之後，現在還有第二種要加以討論。這純粹是爲了文章的完整性，因此在這裡簡單地補充說明。

智力（Intellekt），或者說是認識能力（Erkenntni Bvermögen），乃是**動機的媒介**；也就是說，動機是透過這個媒介對意志，即人的眞正核心產生作用的。然而只有當動機的這個媒介處在一種正常狀態之中，它的功能才得到正常的發揮，動機因而能夠像它們在現實的外部世界裡存在著的那樣，不受扭曲地供意志加以選擇。只有這樣，意志才能按照它的本性，即人的個體的性格作出決定，也就是**不受阻攔**地按照它自己本身的本質表現出來。這時人**在智力上是自由**的，也就是說，他的行爲是他的意志對動機做出反應的純結果。在外部世界，動機就像存在於所有其他人面前一樣，存在於他的面前，因此，他對這些行爲就負有道德上和法律上的責任。

這種智力的自由將得到揚棄，或者是由於動機的媒體，即認識能力長期地或只是暫時地受到了破壞；或者是由於外部環境，在個別情況下扭曲了對動機的把握。前一種情況發生在瘋狂、昏迷、疾病發作和睡意朦朧時，後一種情況就發生在犯了嚴重的、無心的錯誤時，例如有人把毒品錯當藥品而誤食，或者把夜裡進來的人當作強盜而殺死。因爲在這兩種情況下，動機都被扭曲了，所以意志就不能像面對智力，正確提供它的那些情況那樣地作出決定。因此，在這種情況下，犯罪也就可以不受法律的懲罰。因爲法律是從正確的前提出發的，即意志並不是道德上的自由，以及在某種情況下，人們不可能**駕馭**意志，倒是人要受動機的強制，於是法律就想用更強的反動機，即威脅說要加以處罰來對付所有可能的犯罪動機，而一部刑法也無非是一部對付犯罪的反動機的目錄而已。但如果使這些反動機起作用的智力不能接受它們，並用以勸阻意志，那麼要它們起作用就是不可能的，它們對它來說也就是不存在的。這就好比人們發現使機器轉動的繩索，其中一根斷了。在這種情況下，罪責從意志轉移到了智力，而智力是不服從懲罰的；倒是法律，還有道德是和意志有關係的。只有意志才是眞正的人，智力只是他的工具，是他伸向外部的觸角，也就是使動機對他產生作用的媒介。

這一類行爲在**道德上**也是無效的。因爲它們不是人的性格的特徵，或是他本來想這樣做的，結果卻那樣做了；或是他不可能想到本該阻止他這樣做的東西，即讓反動機產生作用。這就像如果使一種進行化學檢測的物質受多種試劑的作用，便知道它和什麼樣的試劑最接近；而如果在全部試驗之後發現，由於意外的障礙，有一種試劑根本就沒有產生作用，那麼這個試驗也就是無效的。

此外，智力的自由，我們在這裡把它當作是完全被揚棄了的，也可能只是被**減少**，或部分被揚棄。特別是在情緒激動和心醉神迷時就容易這樣。情緒激動是意志的一種突然的、強烈的興奮，是由外來的、變爲動機的表象引起的；這種表象有一種活力，能使所有其他可以成爲反動機的表象都黯然失色，不會清楚地被意識到。這些反動機大多只具有抽象的性質，純粹是思想；而那個表象卻是直觀的、眼前的，這時，這些反動機並不能馬上就啓動，因此也就不能像英語中所說的那樣fair play（公平比賽）：在它們產生反作用之前，行爲已經發生。這就像在決鬥中，其中一方在裁判號令之前先開了槍。這時，不但是法律的責任，還有道德的責任，根據情況的特點，也是或多或少地，然而總是部分地被揚棄了。在英國，一個人在倉促之間沒有經過一絲考慮，因極度突然的憤怒而殺了人，被稱作爲manslaughter（誤殺），只受到很輕的處罰，有時甚至完全不會受到處罰。心醉神迷是一種易於導致情緒激動的狀態，這是由於它會使直觀表象變得越發強烈，使與之相反的抽象思維變弱，並增強意志的力量。這時，爲心醉神迷本身負責就代替了爲行爲負責，因此他在法律上是不能原諒的，雖然這時智力的自由是部分地被揚棄了。

對於這種智力的自由，即在思維方面的自動性和非自動性，亞里斯多德在《歐德穆斯倫理學》第二卷第七章和第九章已講到過了，雖然講得十分簡單和不夠充分，而在《尼各馬可倫理學》第三卷第二章中講得較爲詳細。智力的自由指的是，如果法醫學和刑事司法機關問：罪犯是否是處在自由的狀態之中，並因此在刑事上是否有責任能力。

因此，一般地講，當人們在犯罪時，或許是不知道自己是在做什麼，或許根本就沒有能力去思考那應該阻止自己的東西——即行爲的結果的話，這時的一切罪行就都應該被視爲在智力自由不存在的情況下所犯下的。因此，在這種情況下，罪犯可以不受懲罰。

相反地，有些人認爲，由於不存在道德的自由，以及由此產生的一個既定的人的任何行爲都是不可避免的，所以就沒有罪犯要受處罰了。他們的這種看法是出於錯誤的刑罰觀，即刑罰就其自身來講就是打擊犯罪，出於道德的原因就是以惡制惡；但這樣一種做法，雖然康德曾經這樣教導過，可能是荒謬的、無意義的和完全不公正的。因爲一個人怎麼有權自命是他人在道德方面絕對的法官，並因他的罪行而責罰他呢！倒不如是法律，即懲罰的威脅，其目的就是成爲還未發生的罪行的反動機。如果在個別的情況下，法律失去了它的這一作用，那就必須加以執行，若非如此，則在將來的各種情況下，它也會失去這種作用。就罪犯這方面來說，在這種情況下，他受到了處罰，完全是由於他的性格屬性，他的這種性格屬性和作爲動機的環境，以及他使自己看到逃避懲罰的希望的智力聯合在一起，使他不可避免地做了那件事。在這方面，只有在下述情況中，他會受到不公正的待遇：那就是如果他的道德特點不是他自己的作品（即他的智力的行爲），而是另一個人的作品。行爲及其結果的這樣一種關係，在下列情況中也會發生：如果他的罪惡行爲的結果不是按照人的法則，而是按照自然法則出現的，例如，如果因輕佻放蕩而染上可怕的疾病，或者如果他在企圖偷竊時，因意外而遭遇不幸；例如，在夜裡闖進了豬圈，想牽走豬的普通住客，結果碰到的不是豬，而是熊，牠的牧人是傍晚時分光顧這家客棧的，熊張開雙臂迎著他過來了。

道德的基礎

沒有獲得哥本哈根丹麥皇家科學院褒獎（一八四〇年一月三十日）

道德，鼓吹易，證明難。

——叔本華：《自然界中的意志》第一二八頁

丹麥皇家科學院提出的問題及其前的引文

由於德行的原初理念，或關於最高道德準則的基本概念，以其固有的而絕非邏輯的必然性，不但出現在那個目標爲闡明對道德的認識的科學之中，也出現在實際生活之中。在這實際生活之中，它又部分地出現在對我們自己行爲的良心的評判之中，和部分地出現在我們對他人行爲的道德評價之中；此外，還由於許多和這一原初理念密不可分的、由它引發出來的道德基本概念，例如：義務的概念、責任的概念等也以同樣的必然性，在同樣的範圍內產生著作用。由於我們時代的哲學研究所走過的道路，顯示重新研究這個課題看來是十分重要的；因此，科學院希望下述問題能得到深刻的思考和闡述：

道德的來源和基礎可否在直接蘊涵於意識（或良心）之中的德行的理念中，和在對其他由此產生的道德基本概念的分析中探得，抑或可否在另一個認識根據中探得？

第一部分　前言

第一章　關於問題

「爲什麼哲學家們對道德學的首要基本原則的意見很不一致，但在他們從那些原則推導出來的種種結論和種種義務上卻很一致呢？」這個問題是由哈爾勒姆荷蘭皇家科學院一八一〇年提出的有獎徵文題目，已經由J．C．F．邁斯特（Meister）解決了。與我們面前這一任務相比，這個問題不過是小菜一碟。因爲：

一、皇家科學院現在提出的這一問題，涉及的卻是倫理學的，因而也是道德客觀的眞正基礎。一個科學院提出這樣一個問題，它本身所意欲的，絕不是像對公眾進行的講演那樣，本著實用的目的，以華而不實之詞、面面俱到之論，作正直與德行的訓誡；相反地，作爲科學院，它認識的是理論的目的，而不是實用的目的，它所意欲的是對一切道德的、健康的行爲進行純哲學的，亦即摒棄一切既定的原理、一切未經證明的前提，以及所有形而上學的與神學的材料的、客觀的、未加掩飾的赤裸裸的描述。然而，這個問題確實是困難重重，每個時代和國家的哲學家，已經爲它磨鈍了他們的才智；尤其棘手的是，所有東方的與西方的諸神，實際上也是從那裡得到它們的實存的，所以，如果科學院能利用這一機會解決這個難題，它的獎金肯定不會白花。

二、除此之外，對倫理學基礎進行任何理論的考察研究，必將遇到特殊不利的條件，因爲這類研究很容易令人疑惑，好像是企圖破壞倫理學的結構本身，使之全面崩潰。事實上，對於這一問題，我們頗有把實際目的與理論密切結合起來的傾向，以致使前者的善意熱忱很難遏制其不合時宜的干預。每個人也不是都有能力把追求淨化一切利害，甚至習以爲常道德之客觀眞理的純理論探索，和對內心神聖信念的無恥攻擊嚴格區別開來。所以那位在這裡著手這項工作的人，爲了鼓舞自己，必須永遠牢記，只有這個科學院的僻靜之處與庇護所，才能遠離大眾的日常瑣事，遠離市場的嘈雜忙亂，在那裡沒有任何人世間的雜訊，在那裡，只能看到儼然聳立於雕像座上的唯一上帝眞理，那獨一無二、突兀崇高的眞理。

從上述兩個前提得出的結論是，必須允許我有完全的言論自由以及懷疑一切的權利；此外，如果我對這一難解問題確實有所貢獻，不論多小，那一貢獻必將是重要的。

但是，還有阻礙我前進的其他種種困難。皇家科學院要求寫出一簡短倫理學專著，完全靠其自身陳述倫理學的基礎；這意思是說，它應脫離與一般體系，即任何哲學的實際形而上學的聯繫。這樣的要求不僅一定會使這一研究更加困難，而且必然使研究成果不夠完善。很久以前，C．沃爾夫（Wolff）在所著《實踐哲學》（*Philosophia Practica*）第二篇第二十八節論道：「只有形而上學之光照耀實踐哲學時，才能驅散其中的陰暗。」而且康德在《道德形而上學的基礎》（*Grundlegung zur Metaphysik der Sitten*）的前言中說道：「形而上學必須先成立，而且如果沒有它，根本就不會有道德哲學。」因爲，正如世界上每一種宗教一樣，只要它教以道德，就不能依靠道德本身，而要以整套教義加以支援（其首要目的正是要成爲道德意識的支柱）。對哲學也是一樣，不管倫理學的基礎是什麼，它本身必須附屬於某一個形而上學體系，並從中尋求支持；也就是說，在一種事先假定的關於世界以及關於一般實存的解釋中尋求支持。其所以如此，是因爲對宇宙本質的最終而眞實的結論，必然與涉及人類活動的倫理學意義的結論密切相關；並且是因爲，在任何情況下，那被表述爲道德基礎之物，如果它不純粹是一個高浮雲中脫離現實世界的抽象公式的話，它必須是在客觀宇宙中，或在人的意識中，可以被發現的某一事實。但是，就這點而論，它自身只能是一種現象，因此像一切其他現象一樣，它需要進一步的一種解釋，而這種解釋是由形而上學提供的。哲學的確是這樣一個互有聯繫的整體，以致如果不聯繫到一切其他部分，就不可能澈底討論任何一部分。因此，柏拉圖曾十分正確地說道：「那麼你認爲，不同時了解全體的本質，即事物的全體性，有可能眞正充分地了解靈魂的本質嗎？」（《斐多篇》第三七一頁）自然的形而上學、道德的形而上學，以及美的形而上學，彼此互爲前提，僅當把它們視爲互相聯繫時，它們對事物之眞正所是，以及對一般實在的解釋才能完整無缺。因此誰要準確地追溯這三個形而上學中任何一個的終極起源，就必定要在解決這問題時借重於其他二者；如同要絕對清楚而澈底了解世界上任何單個事物，就意味著要對其他一切事物的完全了解一樣。

現在，如果我們從一給定的，假定爲眞的形而上學體系作爲出發點，我們會用綜合方法達到一個道德基礎，並且這一基礎，好比說，是從下面建立起來的，就會爲這樣產生的倫理學結構提供一個可靠的根據。但在現在的情況下，鑒於這問題的條件強使倫理學脫離一切形而上學，那就只剩下分析的研究方法了，不是從外在經驗的事實就是從意識的事實出發。的確，這樣一來，後者的終極來源可能回溯到人類的精神，不過那時必須把這一來源視爲一件基本事實、一個原初現象、一種不能從任何別的事物派生的東西；結果，整個解釋仍然只是一種心理學的解釋，它與任何一般形而上學觀點的聯繫，充其量也只能說是輔助性的。另一方面，如果我們首先能研究形而上學，然後用綜合方法從其中推導出倫理學的話，那麼，在人類的本質中找到的這基本材料，對倫理學的首要現象，均能依次得到說明與解釋。然而，這就意味著等於構造一個完整的哲學體系，從而將超越所給定的問題的界限；所以我不得不在由這問題本身之孤立的狹隘性所規定的這些界線內，回答這給定的問題。

最後還有以下諸多考慮。這裡打算置倫理學於其上的基礎，將證明是個很小的基礎；結果，我們只將查明，人類許多合法的、可贊成的以及值得稱讚的行爲，其中的少數源自於純粹道德的動機，而大多數必須歸諸於其他根源。這使人們不太滿意，因爲它並不像一個定言命令那樣炫人眼目，它永遠準備著發命令，只有它本身才可以命令應該做什麼和不應該做什麼；而其他完全是物質性的基礎只能沉默不語了。

所以，我只能提醒讀者記起《聖經．傳道書》（第四章，第六節）的話：「手滿了一把，得享安寧，強如滿了兩把，勞碌捕風。」在一切知識中，眞正的、經得起檢驗的、牢不可破的係數，永遠是不大的；正如地球的金屬層中，一百磅石頭內才藏有幾英兩黃金一樣。但是，是否別人寧可像我一樣，想要有保證的所有物，而不要顯得龐大的所有物，意即寧可要最後留在坩堝裡的少量黃金，而不要那與它一同取出來的大量物質；或者，是否人們倒要指責我，沒有給倫理學提供一個基礎，卻去掉倫理學的基礎，因爲我證明人類合法的與可稱讚的行爲，時常沒有一點點純粹道德價值，而且在大多數情況下，只有極少行爲的原來動機，不是最後應該歸之於行爲者的自私心的。所有上述情況，我暫且不作決定，並且我這樣做，不但感到憂慮，還感到無可奈何，因爲我長期以來和J．G．馮．齊默爾曼（Zimmermann）抱持著一樣的想法，當他說道：「請確信，直到你快死的那一天，你才知道世界上最罕見的就是一位好裁判官。」（《論孤獨》〔*Ueber die Einsamkeit*〕，第一篇，第三章，第九十三頁。）

對一切眞正和自願的正義、對一切仁愛、對一切高潔來說，這些品質不論可能在什麼地方發現，我的理論僅能指向一個很小的基礎；而我的反對者卻十分自信地爲倫理學建構寬闊的基礎，它們造得強固，足可承受一切可能的重擔，同時又把它強加於每個懷疑者的良心，伴以威嚇的目光斜視他自己的道德。與上述情況相比，我自己的處境確實是苦惱可悲的，這就像在李爾王面前的克爾戴莉雅的困境，她用平淡無力的話語保證她對父親的孝心，而她兩個口才好的姐姐則感情奔放地斷言如何如何盡孝。①因此，似乎需要一種從獵智場採用的某格言提供興奮劑作爲鼓勵，例如「偉哉眞理的力量，眞理必勝」；但對一個一生艱苦勞作的人來說，這一格言也不會給予很大的鼓舞。與此同時，我願意與在我一邊的眞理一起冒這次險，反對我也將同時是反對眞理。

① 參見《莎士比亞全集·李爾王》（人民文學出版社，一九八四年版）。——譯者注

第二章　一般的回顧

就普通人而論，道德發生於神學，並且是以作爲上帝特殊旨意的神學爲根據的；另一方面，我們看到，哲學家們幾乎沒有例外，都竭力設法完全排除這種基礎。的確，只要他們能躲開它，他們甚至寧願用詭辯論來回避。這種對立來自何處？毫無疑問地，想像不出任何比神學的基礎更能直接生效的倫理學基礎了，因爲誰會如此大膽地敢於反對全知全能上帝的旨意呢？當然，沒有人；若是這一旨意以權威性的法定方式宣布（如果可以這樣說的話），根本不給他留有任何懷疑的餘地就好了。然而，恰恰是不允許這種情況出現，但採取的卻是相反的方法，即人們設法把宣布的法律歸於上帝的旨意本身，用以說明法律是和我們自己獨立的，因而是與自然的道德觀念相一致的方法，以便使這些觀念看來像是更直接的與確定的。不過這還不夠，我們察覺到，一種完全爲避免懲罰和獲取獎賞的行爲，表面上看來似乎眞有道德；因爲，畢竟這種行爲其根源本來就在於自私心，只是每次在感到或多或少是受騙以後，才終於明白原來是這麼一回事。現在看來，不是別人，正是康德摧毀了直到他時代認爲不可動搖的思辨神學的基礎。思辨神學迄今一直支撐著倫理學，並且爲給前者取得某種實存，即使是個想像的也好，他希望從相反的方向開始，使倫理學支撐思辨神學。因此現在想把倫理學建在神學上，就更加不可能了；因爲再也沒有人能知道，這兩者中哪個應是支持者，哪個應是被支撐者，這結果是個循環論證。

正是透過康德哲學的影響，透過同期所有自然科學空前進步造成的效果，就此而論，過去任何時代和我們自己時代相比，似乎都是幼稚的；最後，透過梵文文獻的知識，以及那些最古老、傳播最廣泛的婆羅門教與佛教的知識，從時間和空間來說，它們是人類最重要的宗教體系，而且事實上，是我們本民族的，現在公認是亞洲人血統的我們民族的原初宗教。他們從異國他鄉跨越幾個世紀，再一次送來一個啓示；——我說，因爲上述這一切，歐洲學術界的基本哲學信念，在最近五十年中經歷了一場變革，也許大部分人僅勉強地承認，但卻是否認不了的。這種變化的結果是：倫理學的舊支撐物已證明是腐朽了，但對倫理學本身永遠不會毀壞的確信仍存；從而便產生一種信心，認爲必然存在著一種不同於迄今提供的，但適合當代進步觀念的倫理學基本原理或基礎。人們愈來愈感到這種需要，我們無疑從中了解到，皇家科學院要用現在這重要的問題當作有獎徵文題目的道理。

在每個時代，都曾傳布很多的好道德，但對其存在的理由的說明總是困難重重。總的來說，我們可以看到，人們一向在事物的本質中以及人的本性中兩方面，努力尋求某種客觀眞理，以便從中能夠按照邏輯方法推導出倫理道德的訓諭和指令；但都是徒勞的，這結果總是一樣的。人們發現，每一人類個體的意志完全受他個人福祉的吸引，完全的福祉的觀念被稱爲「幸福」；而這種對自我狀況滿足的追求，導致人類走上一條根本不同於道德很願意指向的道路。人們於是又努力設法把幸福和德行劃上等號，把它說成是德行的後果與效應。以上兩種嘗試總是失敗，而這種失敗並非因爲缺乏詭辯術，然後又只好求助於人爲的種種公式，有純粹客觀的與抽象的，也有後驗的與先天的，不一而足，認爲從那些公式無疑地能推衍出正當的道德行爲。但是在人的本性中，根本找不到任何東西能爲這些公式提供一個基礎，使它們在面對人的立志作用之自私自利傾向時，眞正能幫助指導他的意志的奮戰。我認爲，爲了證實以上所述的一切而描述並批評迄今仍存在的每一道德的基礎，似乎是多餘的；這不但是因爲我也抱有奧古斯丁（Augustine）的意見，即重要的是關於一件事情的眞相，而不是人們對它的意見；而且也因爲那會像往紐卡斯爾（Newcastle）運煤一樣，根本無此必要，因爲皇家科學院十分清楚過去爲倫理學建立基礎諸種嘗試的情況，何況提出這一徵文的問題正表明已了解那些嘗試不適當。任何不太了解這些情況的讀者，可以在加爾夫（Garve）的《倫理學主要原理概觀》（*Uebersicht der vornehmsten Principien der Sittenlehre*）以及在斯陶德林（Staüdlin）的《道德哲學史》（*Geschichte der Moralphilosophie*）兩書中，讀到對以往嘗試雖非全面但很細心的論述。回顧過去，與生活關係這麼密切的倫理學，遭到形而上學這門深奧科學一樣的不幸命運，而且它的第一原理從蘇格拉底（Socrates）時代以來從未間斷探索，然而仍待尋覓，令人感到非常沮喪。再者，我們應記住，倫理學中包含在它的根本命題內的本質的東西，比其他任何科學中的還要多；推論也很簡單，它們會自行出現。因爲所有它的命題都能得出結論，但是很少能進行判斷，而這正是爲什麼冗長的教科書與關於德行的文章，既空洞無物又令人厭煩的原因。與此同時，如果我能以熟悉所有以前的倫理學基礎爲前提，我的任務將會減輕。任何人看到古代與現代的哲學家（教會的信條就足以滿足中世紀需要），爲了公認的道德需要提供一個能證明的基礎，曾如何訴諸極不同的與非凡的論證，以及他們如何還是不得不承認失敗。他將能夠估量這問題的困難，從而評價我的貢獻大小，並且有誰已認識到迄今走過的道路都未能達到目的的人，他必將更願意和我一起踏上一條與它們根本不同的途徑——這條途徑直到現在不是沒有人注意，就是人們不屑一顧；也許因爲它是一條最自然的途徑。①事實上，我對這個問題的解答將提醒許多人想起哥倫布的雞蛋的故事。

我只將專門對最近給倫理學提供一個基礎的嘗試——我是指康德的道德學——提出批判的考察。對此考察我將更加澈底，部分因爲康德的偉大道德學改革，確實給了這一科學一個比以前的那些更爲優越的基礎；部分因爲它仍然是這一領域中唯一的、重要的意見，因此康德道德學迄今被普遍接受，並且普遍地施教，雖然對它的說明與術語因不同修飾有某些變化。它是近六十年的倫理學體系，在我們步入另一途徑之前，必須將它排除。進一步來說，我對康德的基礎批判，也將給我一個機會考察與討論倫理學大部分的基本概念，其考察結果將成爲我以後論述的出發點。此外，由於用對立物實例說明彼此，彰明較著，這一方針正是達到我自己的見地之最好準備與導向，確實是條直通路。我的主要觀點與康德的是正相對立的，所以一開始如果略去下面的批判，立即轉向我自己闡述的正面部分，這會是非常錯誤的，那樣一來恐怕我的闡述只有一半可以理解。

無論如何，傳訊一次道德學到法庭受澈底審查的時候確實已經到來。在半個多世紀裡，它一直悠閒地躺在康德爲它布置的軟墊上——實踐理性的定言命令的軟墊上。當今這個命令大多是以一個比較平和且不太誇張的名稱介紹給我們的，這一名稱已傳布較廣，其名爲

---

① 「我不知道是什麼狡詐的惡作劇者，或確切地說是什麼命運，引導人們相信謊言甚於明顯純粹的事實。」——卡斯蒂（Casti）

「道德法則」；這樣命名以後，它向理性與經驗鞠躬後，便悄悄溜進屋裡去了。一旦進屋，它又吩咐又命令，沒完沒了，而且以後永遠也不能要它說明理由。康德，作爲這一事物的發明者，尤其當他用創造的手段，暫緩考慮更加明顯的謬誤時，他總會對他的創造感到滿意，這是正常的，確實不可避免。但是，不得不旁觀而看到愚人們在他準備好的舒適軟墊上嬉戲，並且在他時代以後，這軟墊已愈來愈遭到踐踏，最後被踩平了——這眞是難以忍受。我是指日報的陳腐編輯人員，他們以愚蠢的狂妄自信認爲，如果他們只要訴諸據說是我們理性固有的那個「道德法則」，他們便已經給倫理學一個基礎了；於是他們在這上面得意地編織如此紊亂、範圍廣泛的成套空洞詞句，以致他們竟能使最清楚與最簡單的生活關係變得不可理解：所有這一切，他們從來連一次也沒有認眞自問，事實上是否確實眞正存在像一個合適的道德法典，銘刻於我們頭腦與心靈中那樣的一個「道德法則」。

因此，我感到特別高興，能著手從道德學那裡移開它寬綽的休息軟墊，並且毫不保留地宣布我的意圖，證明康德的實踐理性與定言命令是完全沒有保證、沒有根據和虛構的假設；我還將進一步說明，康德的整個體系，和他的先驅者們的那些體系一樣，缺乏一種堅實的基礎。所以，道德學將仍被置於其從前完全無依無靠的狀況，保持原狀，直到我終於證明人類本性的眞正道德原則——一個無可辯駁地有效的、其根源就在我們存在本身中的原則。然而，後者沒有像上述軟墊那樣的寬裕基礎；所以，毫無疑問地，那些習慣於辦事從容不迫的人，除非澈底意識到，他們舒適老座位下的基礎已破壞得多麼嚴重，否則他們是不會捨棄那個座位的。

第二部分　對康德道德學基礎的批判

第一章　序言

康德對道德科學的偉大貢獻是，他清除了這門科學中的一切幸福論。對古人來說，倫理學是關於幸福論的學說；對現代人來說，它的絕大部分一直是一種救世學說。前者想要證明德行與幸福是等同的，但這就好像有兩個圖形，不管怎樣擺放，彼此永遠不能重合；後者則曾設法把兩者聯結起來，不是用同一律，而是用因果律，從而使幸福成為德行的結果。但要做到這一點，他們不得不求助於詭辯，不然就假定一個任何感官都不能感覺到的世界存在。

古人中僅有柏拉圖是個例外，他的體系不是幸福論的，而是神祕論的；甚至犬儒派與斯多噶派也只不過是幸福論的一種特殊形式，要證明這一點並不缺乏資料與證據，但我現在工作的性質不允許我占用篇幅贅述。①

那麼，古代人和現代人一樣（柏拉圖是唯一例外）同意把德行只當作達到目的的手段。確實，嚴格來說，甚至康德從道德學中排除幸福論，也是表面多於實際，因為他在德行與幸福之間仍留有一定的神祕聯繫；——在他關於最高善的學說中兩者連接發生的一段，非常晦澀難懂；然而，明顯的事實是，德行的發展進程和幸福的發展進程背道而馳。略此不提，我們可以說，康德認為道德學原則似乎是根本不依經驗及其教訓為轉移的某種東西；它是先驗的，或形而上的。他承認，人類行為具有超越經驗的一切可能性的重要意義，所以實際上是引向他稱之為悟知的世界、純智所思的世界、自在之物的世界。

① 整個說明，請見《作為意志和意象的世界》，商務印書館版，第一篇第十六章，第一三六頁及其後。

康德的道德學贏得的名聲，不只是由於它所達到的這一更高水準，也是由於它的結論之道德純潔性與高超。大部分人正是被後者所吸引，沒有太注意那以一種很複雜、抽象與虛構的形式提出來的基礎；而康德自己則需要他的所有敏銳能力與綜合能力，使該基礎有個牢固的外觀。幸而，他把他的道德學和對其基礎的說明分開了，專門爲後者著有《道德形而上學的基礎》一書，所以我們將發現，其主題恰恰和我們的這一有獎徵文一樣，因爲他在序言第八頁這樣說道：「本文章不過是在探求並確立道德的最高原則。這一探索，就其欲達目的而言，是完整的，並且應該與其他一切道德的研究分開。」就是在這本書裡，我們發現這基礎，更確切地說，他的道德學的要義，闡述得準確透徹，簡明而有系統，這在他的其他著作中極爲少見。再者，它的很大優點在於，它是康德的第一本道德著作，僅僅比《純粹理性批判》晚四年出版，[2]因此出版時雖然他已六十一歲，但尚看不到老年對他智力的不利影響。另一方面，這種不利影響在《實踐理性批判》中顯然可見，該書出版於一七八八年，或者說是在不當修訂的《純粹理性批判》第二版的一年之後，他的不朽傑作顯然在這一版被毀壞了。對此問題的分析，可見於新版中由羅森克朗茨（Rosenkranz）所寫的序文。[3]我自己的研究對此完全沒有不同的意見。《實踐理性批判》的主要內容，包括上述《基礎》中一樣的材料；不過後者的形式更爲簡明嚴格，而在前者中，這一課題講得冗長囉唆，多有離題，甚

---

② 《道德形而上學的基礎》於一七八五年出版，《純粹理性批判》第一版，一七八一年出版。——譯者注

③ 我的分析實際上是出自我自己，但在這裡我借用了羅森克朗茨的。

而爲了加深印象，還用了一些道德上誇張的辭藻。當康德撰寫這一書時，他終於在晚年贏得了無愧的聲譽；因此他深信會得到無限關注，便聽任老年的多話喋喋不休。

但是，《實踐理性批判》包括的兩節，則是它所特有的：第一，關於自由與必然性兩者之間關係的闡述（第四版第一六九頁到一七九頁，及羅森克朗茨版第二二三頁到二三一頁）。這一節受到無數讚揚，無疑是早年寫就的，因爲它與《純粹理性批判》中處理這同一個課題的方法，完全協調一致（第五六〇到五八六頁；羅森克朗茨，第四三八頁以後各頁）；第二，道德神學，終於愈來愈被認識到這是康德考慮的眞正目標。在他的《道德學的形而上學原理》（*Metaphysische Anfangsgründe der Tugendlehre*），這一寫於一七九七年，這可悲的科學的姐妹篇中，老年的衰弱乏力終於完全占了上風。根據這些理由，我現在的批判將主要涉及首先提出的專題文章，即《道德形而上學的基礎》，並請讀者了解，凡未說明出處的所有頁碼數字全是指《基礎》這本書的，其他兩本書僅作爲輔助的或次要的參考材料。本批判爲了澈底探索康德的道德學，是針對並且主要涉及這《基礎》的，爲能適當理解我的批判，我希望讀者能細心再通讀它，使思想上對其內容有個十分清楚與新鮮的印象。那不過是第一二八頁正文與第十四頁前言的事（在羅森克朗茨版一共才一百頁）。我將引用一七九二年第三版的文句，並加上由羅森克朗茨出版的新的完全版本的頁碼數字，其前標以「羅」字。

第二章　論康德道德學的命令形式

康德的第一個錯誤步驟，在於他對道德學本身的概念。可以看到，這一點在第六十二頁（羅，第五十四頁）說得很清楚：「在一門實踐哲學體系中，我所關注的並不是要找出發生之事的理由，而是要找出關於縱然從未發生，仍應當發生之事的法則。」我們立刻就能知道，這是明顯的竊取論題。誰告訴你，存在著我們行爲應該遵守的法則？誰告訴你，那應當發生但事實上從未發生的事情？你有什麼理由一開始就提出這一假設，並且以後把一個用立法命令詞語表述的，作爲唯一可能的道德學體系，強加給我們？我認爲，與康德所說的相反，研讀倫理學的學生和一般哲學家完全一樣，必須以此爲滿足——即闡明與解釋那給定之物。換句話說，那實在是或發生的事物，以便獲得對它的一種理解；並且我進一步認爲，在這個方向上要做的事情很多，比數千年來迄今已做的事情還要多。根據上述竊取論題，康德未做任何事前研究，立即在前言（它完全談這問題）中假設，純粹道德的法則存在，而且自此以後這一假定一直保持不變，形成他整個體系的眞正基礎。然而，我們寧願首先考察由「法則」這詞所指謂的概念。這個詞眞正的、原初的意義，只限於像公民之間的法律；它是羅馬人的「Lex」（法）與希臘人的「νομος」（習慣，法律），一種人類的法規，而且依賴於人類的意志作用。當應用於自然界時，它有一種另外的、派生的、比喻的、隱喻的意義；大自然的作用，部分由先天而知，部分由經驗學得，而且恆常不變，我們稱爲自然的法則。這些自然法則中只有極少部分能先天地認知，康德以極妙的精確性，把它們歸入名之爲「自然的形而上學」一類。當然，只要人類屬於自然，就還存在一種關於人類意志的法則，並且這一法則是絕對可證明的，不容許有例外，是不可違反，像山一樣不可動搖的。它不像定言命令那樣，本來意指一種似必然性，反而意味著一種完全的與絕對的必然性；它是動機形成的法則，是因果作用法則的一種形式，換言之，它是以知性爲中介產生的因果作用，它是人類意志本身所服從的唯一可證明的法則。這一法則意指：所有行爲沒有充分的動機便不能發生。像一般因果律一樣，它是一種自然法則。另一方面，道德法則，除了人類規則、國家法令或宗教教條以外，被設想爲不用證明即存在，這是錯誤的。康德認爲這樣的法則是理所當然的，便犯了以假定爲根據的錯誤，尤其冒失的是，他立刻又補充說（前言第六頁），一項道德法則應該意含「絕對的必然性」；但是，「絕對的必然性」的特性表現在任何地方都是不可避免地產生一連串後果，那麼，這個概念怎麼能連接到這些所謂的道德法則上去（他提出「你不該說謊」當作道德法則一個例子）？誰都知道，康德本人也承認，這樣推理上的聯繫大概不會發生；確實，與此相反則是常事。

在科學倫理學中，除意志作用法則外，我們要承認其他支配意志的法則——那些原初的和不以人的命令爲轉移的法則——以前，我們必須首先證明並推定它們的實存；也就是說，只要是在倫理道德事物方面，我們不僅涉及推薦誠實，而且涉及實踐誠實。直到給出那一證明，我將只承認一個可以追溯到關於法則、戒律、義務的概念所由輸入到倫理學的來源。這一來源與哲學無關，我意指摩西十誡。確實，上述康德提出的第一個道德法則例子中「Du sollt (sic) nicht lügen」（你不該說謊），du sollt的拼法，自然地洩露了這個來源。然而，除去表明這一來源外根本沒有其他來源的一個概念，不經進一步審察，沒有權利這樣強行闖入哲學的倫理學。除非提出人們信爲合格的證明，否則人們將拒絕接受它。因此，康德一開始在這一課題，就犯了他第一個竊取論題的錯誤，而且不是個小錯誤。

於是，我們這位哲學家在他的序言中，便這樣武斷地認爲，這道德法則是給定的，而且毫無疑問是存在著的；他又以完全同樣的方法，對待與之密切相關的義務概念（第八頁；羅，第十六頁）。沒有對它做任何進一步檢驗，他逕自承認它爲道德學的一個正當附屬物。但在這裡，我不得不再次提出異議，這樣被無條件拿來使用的這一個概念，完全和法則、命令、責任等類似觀念一樣，其來源在神學道德學；而且只要它未能提供從人的本性或從客觀世界得出的充分可信憑據，它將一直是哲學道德學的局外之物。直到那時我只能承認十誡才是所有這些互有關聯的概念的來源。自基督教興起，毫無疑問，哲學倫理學已經不知不覺地爲神學倫理學所塑造，並且因爲後者本質上是獨斷專橫的，前者便以戒律和義務的灌輸形式出現，完全天眞地、毫不懷疑地認爲，這種角色首先需要進一步支援；相反，它卻眞認爲那就是正常的本然形式。所有的民族、時代與信條，甚至所有哲學家（眞正唯物主義者除外），都已不可否認地承認，人類行爲的道德意義是一種形而上學的意義，換句話說，這種意義超越這個現象世界的實存而達到永恆，這固然是事實；但同樣這也是眞的，即使用命令與服從、法則與義務等措辭對這個事實的陳述，根本不是它的本質部分。進一步說，這些概念脫離它們的淵源、神學的假設，便在現實中失去一切意義，而企圖用與康德關於絕對的責任和無條件的義務的談論，以代替前者的嘗試，是用空話滿足讀者，不，更有甚者，是讓他消化一個形容詞與其形容物結合的矛盾。

一切責任的觀念與意義，純粹來自於它對威脅性懲罰和允諾的獎賞的關係。因此，早在康德以前，洛克說道：「因爲，既然假定對人的自由行動訂出規則，而不在規則上附加某種善與惡以強制他的意志，這是徒勞的；無論何時，我們假定一項法律，我們就必須也設定某種獎懲於該法律以利實施。」（《人類理解論》卷二，第三十三章，第六節）所以應該去做的事情必然是由懲罰或獎勵決定的；因而，用康德的語言說，它本質上，不可避免地是假言的，正如他主張的那樣，絕非定言的。如果我們不考慮這些條件，責任的概念就變得沒有意義，所以絕對的責任確實是一個形容詞與其形容物相結合的矛盾。一個命令的聲音，不論它發自內部或來自外部，只可能被想像爲一種威脅或指望；因此服從這種視情況不同而可能是聰明或愚蠢的命令，總還是受自私自利驅動的，所以道德上並無價値。

這種關於一個無條件的責任概念，是康德道德學的根基，其不可思議與謬誤，以後在這體系本身，即在《實踐理性批判》中出現：像有機體內某種有毒物質，不可能永遠隱藏不露一樣，遲早必定顯示出來。因爲這種責任，說是這樣沒有條件的，可是在背後卻設定不止一個條件——它設定一位授獎者、一種報償，以及受獎者個人的不朽。

如果一個人眞的把義務與責任當作倫理學的基本概念，這當然是不可避免的；因爲這些觀念本質上是相對的，而且它們的重要意義全靠可能的懲罰和允諾的獎賞而定。那被假設爲德行所儲備的報酬足以清楚地表明，德行僅僅從表面上看，才不是爲了得到什麼而工作。然而，這一報酬是蒙上了薄紗，莊重地以最高善的名義放在人們面前的，最高善即德行與幸福的合一。但是從根本上來說，這只不過一種其源頭爲幸福的道德，是建立在自私自利上的道德；換句話說，它是幸福論，它已經被康德視爲一個擅入者鄭重其事地從他的體系前門推出去了，反而以最高善的名義又讓它從後門爬進來。這就是這無條件的絕對責任的假定，隱藏著它事實上隱藏的一個矛盾，如何報復自己的仇恨的。另一方面，有條件的責任當然不能是任何倫理學的第一原則，因爲凡是出於考慮獎懲的行爲，必定是一種利己主義的交易，這種交易本身根本沒有任何眞正道德價值。這一切都清楚地顯示，如果我們確實是認眞地想眞實說明人類行爲的重要意義——一種超越現象之外而永恆的意義——的話，確實需要對倫理學有一種更高尚而更廣闊的看法。

正如一切責任完全依賴於一種條件，一切義務也是如此。這兩個概念密切相關，確實差不多是完全等同的。它們唯一的差別可以說是：通常責任可以建立在純粹強制上，而義務則包含有意承擔責任的意思，諸如我們看到的主人與僕人、首長與下級、統治者與被統治者之間那樣的義務。此外，因爲任何人都不會無償地承擔一項義務，每項義務也意味著一種權利。奴隸沒有任何義務，因爲他沒有任何權利；但是他受到一種建立在純粹強制上的責任之支配。在隨後的一部分，我將解釋義務這一概念在倫理學中最適當的意義。

如果我們使倫理學以一種命令的形式出現，使之成爲一種義務的學說，把人類行爲之有無價值視爲盡義務與否，我們應記住，這種對義務以及對一般責任的觀點，無可否認地純粹是來自神學的道德觀念：主要來自十誡，所以它在本質上是牢固地建立在人之依存於另一個意志的假設之上，這一意志向他發布命令，宣布獎勵或懲罰。但是，關於這樣一個意志的假設，在神學中愈是肯定與精細，就愈不應該不露聲色、毫無疑惑地把它介紹到哲學道德學中來。因此我們沒有權利事先假定，這命令的形式，這命令、法則與義務的規定，是哲學道德學的一個要素和當然的事情；而且，用「絕對的」或「定言的」這種詞，去代替與這樣概念的眞正本質密不可分的外在條件，這是個極其拙劣的變動——這樣一來，便產生了像上面解釋過的那種形容詞與其形容物結合的矛盾。

康德於是立即或未加仔細研究，便從神學道德學中借來這個道德學的命令形式。前者（換言之，即神學）的諸種假設確實深深扎根於他的體系中，而且實際上唯有這些假設提供一些意義或觀念給他的體系，所以確實是隱含在他的體系中，不能把它們從它那裡分離出來。這麼做之後，當他已經詳細說明他的見解時，再從他的道德學研究發展出一種神學——這著名的道德神學，就很容易了。因爲這些概念隱含在他的命令中，並且隱藏於他的道德學基礎內，只需要把它們提出來，明確地表述爲實踐理性的公設就可以了。於是，爲了給世人以巨大啓迪，一種純然依賴於道德學，實際上確實是從那裡推導出來的一種神學出現了。其所以如此，是因爲這道德學體系本身是建立在隱蔽的神學種種假設上的。我不是要嘲笑才這樣比較，但這處理過程的方式，就像在那裡有一個人在變戲法，準備讓我們大吃一驚，他爲我們變啊變出一件東西來，實際上是他事先用他的技巧藏在那裡的。康德的操作步驟抽象地加以描述是這樣：他使那應該是他的第一原則或假定的東西（即神學）成爲結論，而把那應該推演爲結論的東西（即定言命令）當作他的假定。但是在他已經顚倒了這最重要的事以後，沒有人，甚至他自己都辨認不出它實在是什麼了，即那過去人們所共知的神學道德論體系。這一把戲究竟如何耍的，我們將在本部分第六章與第七章加以考察。

倫理學自然時常以命令的形式表述，而且在康德以前的哲學中，也被視爲一種義務的學說；但它當時總是以一個上帝的意志爲基礎，上帝的存在已用不同方法證明，所以沒有不合邏輯的問題。然而，一旦有人像康德那樣，嘗試給倫理學一個獨立於這個意志的基礎，並且不用形而上學的假設把它建立起來，卻用「你應該」和「那是你的義務」的詞語（那就是命令的形式）當作倫理學根據，而不首先從其他根源推演出其眞實性，這就再也沒有什麼正當理由了。

第三章　專論對我們自己義務的假定

康德很歡迎這種形式的關於義務的學說，但在他擬定的意見中，沒有涉及這一問題。因爲，有如他的先驅者一樣，他也把對自己的義務和對別人的義務並列。不過，我完全反對這一假定，並且由於沒有其他更好的機會談這一問題，我就在這裡附帶解釋一下我的觀點。

對我們自己的義務，正如所有其他的義務一樣，必須建立在正當或建立在愛的基礎上。而我們自己的義務建立在正當基礎上是不可能的，因爲有這樣一條不證自明的原則：意志所准，所爲無害。因爲我所做的事總是我決意做的事，因而可以說我對我自己做的事，絕不是我不願意做的事，所以它不能夠是不公正的。其次，論到建立在愛的基礎上對我們自己的義務。倫理學發現在這裡它已無事可做，它來得太晚了。違背自愛的義務之不可能，這也由基督教道德學的第一條法則設定了：「愛人如己。」根據這一法則，每個人對他自己懷有的愛當然被視爲一切其他愛的最高限度和條件；而其逆陳述，「愛己如愛人」，卻從未另外提出過，因爲每個人都會感到，後一陳述並沒有充分表達他的要求。進一步說，自愛是一項要求超出義務要求以外需要完成的唯一的義務。康德自己在《道德學的形而上學原理》第十三頁（羅，第二三〇頁）中說：「每個人必然自願的事情，不屬於義務的概念。」不過，這種關於對我們自己義務的觀念仍然享有信譽，確切地說，它大多得到特殊的偏愛；對此我們無須感到驚奇。但令人好笑的是，有的情況下，人們也開始對他們的身體安全表示焦慮，十分認眞地談到自我保存的義務；這時，我們可以很清楚地看到，恐懼會馬上讓他們拔腿就跑，他們絕不需要任何義務法則的幫助，他們就知道向前跑了。

在對我們自己的義務中，一般是把不自殺的義務放在首位，爲此所採取的論辯方針，不但充滿了偏見，而且是建立在最淺薄的根據上。人和動物不同，人不僅承受短暫即逝的肉體痛苦，也要承受那些縈繞過去與未來的循環往復、無比沉重的精神痛苦之折磨；而大自然，作爲補償，只賦予人能夠依照他自己的意願在自然本身爲之規定的時期以前，結束他生命的特權；因此，儘管動物能夠活命多久就必然活多久，人則只要希望活多久才需要活多久。

他是否應該根據倫理學的理由放棄這一特權，是個困難的問題，無論如何都不能用平常膚淺的道理來決定。康德認爲，並非不值得提出反對自殺的論據（第五十三頁〔羅，第四十八頁〕及第六十七頁〔羅，第五十七頁〕），從良心上來說，我只能說它們是可鄙的，根本不值得回答。認爲這樣一種想法就能夠從伽圖、從克婁巴特拉（Kleopatre）、①科西阿斯·納爾娃（Kocceius Nerva）②或拜托斯（Paetus）的妻子阿莉婭（Arria）的手裡，奪下自殺的匕首，這確實是太可笑了。如果眞正存在著不自殺的道德動機的話，它們一定埋藏得很深，靠一般倫理學的測錘是無法探知的；它們屬於對事物的一種更高的觀點，甚至爲本篇文章見解所不及。③

一般來說，在對我們自己的義務章節標題之後，可列出兩部分：一部分是關於處世本領

---

① 埃及著名女王（西元前六十九—前三〇），當羅馬派屋大維征埃及後自殺。——譯者注

② 羅馬皇帝（西元九十六—九十八年在位），羅馬有名的五賢王之一。——譯者注

③ 自殺有禁欲主義的理由，可見於我的主要著作《作爲意志和表象的世界》，第四篇，第六十九章。

通則，一部分是關於衛生保健規定；但是這兩類都不屬於本來意義上的道德學。目錄的最後便是對非自然色慾的禁律——手淫、雞姦與獸姦。這些色慾中，手淫主要是幼年時期的惡習，應該以營養學作爲反對它的武器，而不是以倫理學爲主；因此我們發現，旨在反對手淫的書的作者，都是醫生（例如蒂索特〔Tissot〕等），而不是道德家。在營養學與保健學盡其所能地，以不可辯駁的道理，把這一惡習打倒之後，如果倫理學想繼續做這件工作，它也找不到有什麼它可做的事情了。此外，獸姦實屬非常少見的情況，它極爲反常、特殊而如此令人噁心，有悖於人性，以致它自身勝於所有論證的理由，對其自身加以評判而深惡痛絕這一奸行。至於其他，由於這種奸行是人性的一種後退，它實際上是觸犯人類本身的行爲，並且在理論上也是如此。所以在我們正談到的這三個性變態行爲中，倫理學應當研究的只有雞姦問題，在研究公正問題時涉及這一惡行。因爲它侵犯公正，在這一事實面前，「意志所准，所爲無害」這一箴言便不適用了。這一不公正行爲在於，誘姦較幼小的、沒有經驗的人，使他（她）們的身體與道德兩方面受到嚴重摧殘。

第四章　論康德道德學的基礎

道德學的命令形式，我們在第二章已證明是一竊取論點，它是直接與康德偏愛的一個觀點相聯繫的，對此，我們可以原諒，但是不能採納。有時我們見到一位醫生因使用一定藥物獲得明顯療效，便幾乎對所有疾病都開這一藥方；可以把康德比喻爲這樣一位醫生。在人類知識中，他把先天的東西和後天的東西分開，這是他對形而上學堪以誇耀的最爲顯赫而富有意義的發現，彼時以後他便設法到處應用這一方法。這兩種形式分開的方法，進而也使道德學包括兩部分，一個純粹的，即一個先天可知的部分，和一個經驗的部分。這有什麼奇怪的呢？他認爲，爲了給道德學奠定基礎，這兩部分中的後者是不可靠的，應加以摒棄。《道德形而上學的基礎》的目的，就是勾畫出前者的輪廓，並且單獨地加以展示，於是他把這部著作表述爲一門純粹先天的科學，使用的方法完全和他陳述的《自然科學的形而上學原理》一樣。事實上他在斷言，他沒有根據、不經推演或任何證明而設定存在的道德法則，還是一個先天可知的，不依任何內在或外在的經驗爲轉移的法則；（他說）它「完全建立於純粹理性的概念上；而且應被認爲是一個先天綜合命題。」（《實踐理性批判》第四版，第五十六頁；羅，第一四二頁）但是根據這一定義，立即可推得這一含義，即這樣一項法則，像任何其他先天可知的事物一樣，只能是形式的，因此和行爲的形式有關，和它們的本質無關。請想想這是什麼意思！他又強調補充說（《基礎》前言第六頁；羅，第五頁）：「不論主觀地在人的本性或客觀地從外界狀況中，尋求它都是沒用的」，並且（同上書前言第七頁；羅，第六頁）還說：「與它有關的不論什麼東西，都不能從對於人的知識，即從人類學借取絲毫。」在第五十九頁（羅，第五十二頁）他重複說：「我們切不可以任何理由，錯誤地又企圖從人性的特殊性質推導出人的道德原則」，在第六〇頁（羅，第五十二頁）他又說：「從人的特殊自然稟賦，或從某些感情與癖好，或甚至從人性獨具的，而不必定視之為每一個有理性者的意志之特殊傾向推導出來的任何原則，都無法為道德法則提供一個基礎。」這絕對肯定地表明，康德並不說這所謂的道德法則是能用經驗證明的一個意識的事實——這就是後來自稱的哲學家們，個別或集體地希望如何把它搪塞過去的方法。他在拋棄每一個道德的經驗過程中，拒絕接受一切內在的經驗，而且更加斷然拒斥一切外部的經驗。於是他把他的道德原則——我特別指出這一點——不建立於任何可證明的意識事實上，諸如一個內在的自然稟賦，也不建立於外部世界事物任何客觀關係上。不行！那樣一來就成為一個經驗的基礎了。與此相反，純粹的先天概念，即迄今不包括任何得自於內在或外部的經驗之諸概念，因而純粹是沒有肉核的空殼——則被用來構成道德的基礎。讓我們仔細考慮一下這種見解的全部意義，人的意識和整個外部世界，以及它們所構成的一切經驗與一切事實，都完全從我們腳下掃除淨盡。我們無物可站於其上，而且我有什麼可依附或堅持之物？什麼也沒有，只不過幾個完全抽象、完全非實體的概念，和我們自己完全一樣地在空中遊蕩。一項道德法則就從這些概念，或者更正確地說，從它們和做出的判斷的關聯之純粹形式中，被宣告產生了；這一法則根據所謂的絕對必然性被認為是有效的、力量強大的，足以對欲望的洶湧聚集、對情感的激動、對自私心的巨大力量，加以控制和約束。我們拭目以待看看情況是否如此。

康德另一個偏愛的觀念是密切地與這一先入之見相聯繫的，即認為道德學的基礎必然而嚴格地是先天的，完全和所有經驗的事物無關。他說，他設法要建立的道德原則，是一個由純粹的形式內容組成的先天綜合命題，因此僅僅是個純粹理性的問題。接著就這點而論，不只對人來說，而且對一切可能的有理性者來說，都被認爲是有效的；確實，他宣布「單純由於這個原因」，這道德原則就適用於人類，即因爲偶然性，人類才歸入有理性者的範疇。他不把道德原則建立於感覺上，而是建立於純粹理性（它只不過了解其自身及其反題的陳述）上，其原因就在這裡。如此，這種純粹理性便不是按照它實在的與唯一的所是——一種人類的智慧——看待，而是按照一個自存的實在的本質看待，不過連最小的權力也沒有。這樣的榜樣和先例的有害影響，已充分在當今可憐的哲學中顯露出來了。確實，這種不是爲了作爲人的人而存在，而是爲了一切有理性者而存在的道德學觀念本身，對康德來說，是一個如此牢固確立的原則，一個如此喜歡的觀念，以致他一有機會就再三講它，從不感到厭倦。

相反地，我堅持認爲，我們絕沒有資格把我們僅僅在單一的種中知道的東西，提升到一個屬。因爲我們能帶進我們關於這屬的觀念，只不過是我們從這一個種中已抽象出來的東西；因此，我們斷言爲這屬的屬性，終歸只能被理解爲是這單一的種的。而如果我們企圖從思維中除掉（沒有任何根據）人類的特殊屬性，以便形成我們的屬，我們也許應移開這準確的條件，利用這種條件，才使剩餘的屬性可能實體化爲一個屬。正如我們承認一般智力是動物性存在物的一個屬性，因而認爲它存在於動物本性之外，並且獨立於動物本性，是完全不對的；同樣，我們承認理性是人類獨具的屬性，但也毫無權利設想理性存在於人類之外，並隨而創立一個屬，叫作「有理性者」，不同於其單一的眾所周知的種「人類」；我們更沒有理由爲這樣想像的理論上的有理性者制定法則。談論外在於人類的有理性者，就像談論外在於物體的、重的存在物一樣。人們不得不懷疑，康德當時正有點想到可愛的智慧天使，或者至少期望它們能使讀者信服。無論如何，這一學說心照不宣地假設，有一種完全不同於敏感性格，與植物的性格之有理性的性格，它死後仍然存在，而彼時確實不過是理性而已。但是在《純粹理性批判》中，康德自己已經明確而精心地除去了這最超驗的實體，然而通常在他的道德學中，尤其在《實踐理性批判》中，似乎背地裡總有這種思想逗留徘徊，即人的內在的與永恆的本質是由理性構成的。關於這一個只是偶爾出現的問題，我簡單地表示相反的意見就行了。理性，確實就智慧整個地說來，是次要的、是現象的一種特性，實際上是由有機體所制約的；其實人之中的意志才是他的眞正自我，是他的唯一的屬於形而上學，因而是不可毀滅的部分。

康德把他的方法應用於哲學理論方面，獲得了成功，這使他也將這一方法擴充到實踐方面。在這裡他也力圖把純粹先天知識和經驗的後天知識分開。爲了這一目的，他設想，正如我們先天地知道關於空間的、時間的與因果性的諸法則一樣，我們也以同樣或類似的方法，得出我們行爲的道德準繩，它是在我們所有經驗以前就給予我們的，並且是在一個定言命令中顯示出來的，一個絕對的「應該」。但是，在這個所謂的先天道德法則和我們關於空間、時間與因果性之先天的理論知識間的區別，是多麼的大啊！後者只不過是我們智力的諸形式，即諸功能的表述，只有靠它們我們才能夠把握一個客觀世界，而且只有在那裡，它才能得到反映；所以世界（正如我們認識它那樣）是絕對地受這些形式制約的，並且所有經驗必定總是準確地和它們相一致；正如我透過一片藍色玻璃看到的一切東西，必定是藍色的一樣。不過，前者通常所說的道德法則，則是經驗在每一步都要嘲笑的東西；確實，正像康德自己說的，人們在實踐中是否眞正有過一次遵循道德法則，都是可疑的。在這裡全部被歸類於先驗性概念下的這些事物，是多麼完全不同啊！此外，康德忽視了這一事實，按照他自己的教言，在理論哲學中，恰是我們關於時間、空間與因果性的知識的先驗性——因爲這是獨立於經驗的——嚴格地把這種知識僅限於現象，即僅限於反映於我們意識中的世界的圖景，並且使知識，對於事物的眞正本質，即對於任何獨立於我們理解它的能力而存在的事物，則完全無效。

同樣地，當我們轉到實踐哲學時，康德所謂的道德法則，如果它在我們自己之內有一個先天的根源，那麼它也必定是現象的，而且完全不觸及事物的主要本質。不過，這一結論則與事實本身產生極尖銳的矛盾，與康德對事實的看法產生極尖銳的矛盾。因爲正是我們之內的道德法則，他到處（如《實踐理性批判》第一七五頁；羅，第二二八頁）都表述是與事物的眞正本質聯繫最密切，甚至是直接與它接觸著的；並且在《純粹理性批判》所有章節中，只要這神祕的自在之物稍微清晰的出現，便顯示它是和意志一樣的在我們之內的道德法則。但是他對此未加以重視。

在本部分第二章，我已說明康德如何從神學的道德實踐或教誨，大量接收來的倫理學的命令形式，即關於責任的、法律的與義務的概念；並說明了與此同時他如何不得不留下這一問題而不論，即在神學領域，唯一能使這些觀念有力量的、有意義的，究竟是什麼。但他感到這些觀念需要有某種基礎，於是他甚至要求，義務概念本身也應當是履行義務的根據；換句話說，它自身應是它自己的強制力。一個行爲，他說（第十一頁；羅，第十八頁），除非是單純地當作一種義務，爲了義務的緣故，不是感覺喜歡它而去做的，便沒有眞正的道德價值；並且，如果一個人心中沒有同情心，對別人的痛苦漠不關心，在氣質上對人冷漠無情，但只要他完全出於可憐的義務感而施惠於人，只有這種性格才開始具有價值。這一斷言，它是違反眞實的道德情操的。這種把無愛尊爲至上，它恰恰是和基督教的道德教義相反，後者把愛置於萬事之首，並教導說，「沒有愛，仍然與我無益」（《新約．哥林多前書》第十三章，第三節）；這種愚蠢的道德迂拙之論，席勒曾用適切的兩首諷刺短詩加以譏諷，詩的題目是《良心的顧忌》（*Gewissensskrupel*）與《決定》（*Entscheidung*）。

似乎，完全與這方面相配合的《實踐理性批判》的一些章節，是引發席勒這兩首詩的直接原因。例如，在第一五〇頁（羅，第二一一頁）我們得知：「服從道德法則，一個人感到義不容辭，這不是建立在自發的愛好上，也不是建立在甘願努力做上；未經任何必須服從的命令，而是建立在一種義務感上。」是的，必須命令！多麼奴性的道德！又在第二一三頁（羅，第二五七頁）說：「憐憫的感情與溫柔的同情，實際上會使思想正確的人感到煩難，因爲這些情緒擾亂了他們審慮中的格律，所以意欲逐漸發展以擺脫它們，而只服從能立法度的理性。」現在我毫不猶疑地主張，支配上述（第十一頁；羅，第十八頁）漠不關心別人痛苦的、無愛的施惠者的，只不過是（如果他沒有另外動機的話）對諸神的奴性的恐懼，不管他稱他的崇拜物是「定言命令」或菲茨利普茲里（Fitzlipuzli），[①]都是一樣。因爲除恐懼外，還有什麼能打動鐵石心腸呢？

再者，在第十三頁（羅，第十九頁）我們發現，根據上述觀點，康德認爲一個行爲的道德價值，不在於導致這一行爲的意向，而在於行爲遵循的格律；我則與此相反，請讀者考慮，只有意向才決定行爲之道德價值的有無，因此同一個行爲，可根據決定做出行爲的意向，應得到懲罰或讚賞。所以無論何時，人們討論涉及道德上相當重要的行事做法，總要考察行動的意向，並且只有根據這一標準，才能判斷這一問題；同樣地，如果一個人認爲他的行爲被誤解，他只能在行爲的意向方面尋求正當理由辯護，如果他的行爲結果有害，他也只能以此尋求寬宥。

在第十四頁（羅，第二十頁）我們終於看到義務的定義，它是康德的整個道德學體系的基礎概念：「義務是出於對法則敬畏的一個行爲之必然性。」但是，必然的事物絕對是要發生的；而以純粹義務爲基準的行爲，則一般根本實現不了。而且還不止如此，康德本人承認（第二十五頁；羅，第二十八頁），完全出於純粹義務決定的行爲，我們舉不出任何確實的範例來；在第二十六頁（羅，第二十九頁）他說：「從經驗中絕不可能確實知道，是否的確曾有過一個唯一實例顯示：一個行爲雖然也出於義務，便是純粹建立在義務的觀念上的。」在第二十八頁（羅，第三十頁）與第四十九頁（羅，第五十頁），也有類似的話。那麼，在什麼意義上必然性能被歸因於這樣一種行爲？鑒於對一位作者的詞語總要給予最有利

---

① 更正確地說，應是Huitzilopochtli：一個墨西哥神。

的解釋，才是公正的；我們願設想他的意思是，一個出於義務的行爲客觀上是必然的，但主觀上是偶然的。只有這種解釋才能自圓其說，因爲，這一客觀必然性的目標究竟在哪裡呢？其結果大半，也許甚至永遠不能在客觀實在中實現。我不願抱持著任何成見，但不能不認爲，這一表達式——一個行爲的必然性——只不過是對「應該」一詞的一種強行隱藏、很不自然的釋義。如果我們注意到，在同一定義中用「敬畏」這個詞代替本應是「服從」的意思，這一點就看得更清楚了。與此相類似，在第十六頁（羅，第二十頁）注釋中，我們讀到：「Achtung（敬畏）僅意謂我的意志服從一項法則，法則之直接決定意志，以及這樣被決定的意識——這就是敬畏的意義。」用什麼語言？在德語中，應當用的詞是Gehorsam（服從）。但是，用敬畏來代替服從，實際上很不恰當。這樣做總不能沒有理由吧！這樣做必定適合某一目的，顯然這不外是掩蓋這個命令形式及義務概念，都是得自神學的道德觀念這一事實；正如我們在前面已看到的「一個行爲的必然性」，用這個表達式代替「Soll（應該）」一詞是多麼勉強而彆扭，但卻單單選用它，因爲「Soll」是《聖經》十誡的準確用語。上述定義：「義務是出於對法則的敬畏的一個行爲之必然性」，因此應該用自然的、不僞裝的、明白易懂的語言解釋爲：「義務意謂出於服從法則而應該做的一個行爲。」這就是「這獅子狗的原形」。②

---

② 「這獅子狗的原形」，見歌德《浮士德》，第一部，《書齋》。叔本華意指，他的分析已揭明康德用語的眞義，正如浮士德用他的驅妖術，迫使裝作獅子狗的梅菲斯特（Mephistopheles）恢復他的原形。——譯者注

那麼現在談談這個法則，它是康德道德學的眞正基石。它包括些什麼？並且它是寫在什麼地方的呢？這是我們要探究的主要之點。首先請注意，我們研究兩個問題：一個與原則有關，另一個與道德學的基礎有關——兩件完全不同的事情，雖然它們時常而且有時甚至有意地被混爲一談。

一個道德體系的原則或主要命題，是它所規定的行爲路線之最簡短、最準確的定義，或者，如果它沒有命令的形式，就是它認爲具有眞正道德價值的行爲路線之最簡短、最準確的定義。因此，它包括以一般術語對一單一原則的闡明，即從該體系推演出來的、循德行之路而行的指向；換言之，它是德行之所是（ὅ，τι，德行的原則或本質）。而任何道德學的理論基礎是德行之所以然διότι（德行存在的理由或其根本原因），應盡責任的理由，給予勸誡或稱讚的理由，不論其理由能在人性中，或在世界的外在條件中，或在任何其他事物中找到都可以。正如在一切科學中那樣，在道德學中也必須清楚地把所是與所以然加以區別；但是大部分道德學教師卻故意混淆這一區別，很可能是這所是（是什麼）很容易說明，而這所以然（這理由）極難說明。所以他們喜歡設法以前者之豐，補後者之欠，使富者與貧者喜結良緣，③把它們放進同一個命題裡。其做法一般是：從能夠表述這熟悉的所是或原則的簡

③ 叔本華肯定正想到柏拉圖的《會飮篇》（*Symposium*）中第二十三章的著名神話，愛神Eros被描繪爲貧（πενία）與富（πόρος）的後代，他們在阿佛洛狄忒（Aphradite）的生日，於宙斯（Zeus）的花園中結婚。——譯者注

單形式中，把這所是或原則取出來，並且強行把它放進一個人爲的公式；從該公式中，它反而被推演爲已知前提的結論，於是這種做法使讀者錯誤地感受到，似乎他不僅已了解這事物是什麼，而且也了解它的原因。我們透過回憶所有極爲熟悉的道德學原則，可以很容易使我們自己相信這一點；然而，因爲在下文中，我無意模仿這種賣藝者的把戲，而想以完全誠實坦率進行論述，我絕不能把道德學的原則和它的基礎相提並論，必須使兩者截然分開。因此，這所是——即這原則、這基礎命題——對其本質來說，所有道德學的教師看法確實是一致的，儘管他們很可能給它穿上不同的服裝。我將立即用我認爲可能是最簡單、最正確的形式表述，即：「不要害人，但應盡力幫助人。」說實在話，這就是所有道德作家竭盡全力試圖說明的命題，它是這些人得出的深度、廣度大大不同的推論之共同結果，它是仍被探尋的這所是之所以然；這結果，它的原因還沒有。因此它自身只不過是所與，需要知道的與它有關係之物，則是所有道德體系，也是本有獎徵文的問題。解決這一謎題將揭示道德學的眞正基礎，它像哲人石一樣，亙古以來人們就一直渴求。前面我對這所與、這所是、這原則的解釋，是最正確的表達，這一事實可以由此說明，即它支持道德學的一切其他訓誡爲已知前提的結論，因此構成它所想達到的目標；所以一切其他道德命令，只能被視爲上述簡單命題的釋義，視爲其間接的或僞飾的陳述。例如，這甚至可適用於那老一套但顯然是基本的格律：你不希望別人如何待你，你也不應該如何待人。④這裡的缺點是，這種措辭僅涉及法律

④ H．格勞修斯（Grotius）認爲，這句話是羅馬皇帝塞維魯（Severus，一九三—二一一年在位）說的。

加給的義務，與德行所要求的義務無關；——這容易補救，去掉「不希望」和「不應該」即可。這樣改動以後，這句話的真正意思不外是：不要損害人，但要盡力幫助人。但是這種意義僅僅是透過拐彎抹角的詞句得出來的，這公式從表面上看似乎已顯示它自己的終極基礎，它的所以然διότι；然而，情況並非如此，因為一點也不能由此得出，如果我不願意別人如何待我，我就不應該如何對待別人。上述情況，也適用於道德學迄今提出來的所有其他原則或最主要命題。

如果現在我們回到前面提出的問題：根據康德，義務是出於對法則的服從，這法則的內容是什麼？並且它是建立在什麼基礎上？——我們將發現，我們這位哲學家，像大多數其他人一樣，已經以一種極虛偽的方式，把道德學原則和它的基礎緊密地連接在一起。我再請讀者注意一開始我曾考察的事情，即康德主張：道德學的原則必須是純粹先天的和純粹形式的，確切地說，是個先天綜合命題，因此不能包含什麼物質之物，也不依賴於什麼經驗之物，不論客觀地是外在世界中的，或者主觀地是在意識中的，諸如什麼情感、愛好、衝動等。康德完全意識到這一主張的困難所在，因為在第六十頁（羅，第五十三頁）他說：「在這裡我們將看到，哲學確實已處於一個不穩固的立場；儘管它的立場無論在天上或是地上，均無所依傍或憑藉，它卻應當是穩固的。」所以，我們將以更大的興趣與好奇心，等待他對自己提出的問題所給的答案，即某物是如何從無中產生；也就是說，從不包含任何經驗或物質之物的純粹先天概念中，有形的人類行為的法則是如何發展出來的。這一過程，我們知道，可以當作化學的象徵：在化學中，從三個無形氣體（氮、氫與氨），就這樣在顯然空無一物的地方，於我們眼前產生了固體的氯化銨。

然而，不論康德願意或是能夠將他完成這一困難任務的方法解釋清楚，我都希望比他解釋得更加清楚。我的說明之所以更加必要，是因爲人們似乎很少正確認識他做了什麼。幾乎所有康德的追隨者都錯誤地認爲，他直接把他的定言命令表明爲一意識的事實。但在那種情況下，它的根源應是人類學的，而且，由於建立在經驗上，雖然是內在的，他本應有一經驗的基礎：這一見解直接違背康德的觀點，而且他再三加以駁斥。例如，在第四十八頁（羅，第四十四頁）他說：「是否任何這種定言命令到處存在，是不能夠從經驗決定的」；在第四十九頁（羅，第四十五頁）又說：「這定言命令的可能性，必須完全以先天爲根據加以研究，因爲我們在這裡用任何經驗的證據，都無助於了解其眞實性。」甚至於萊因霍德（Reinhold），他的第一個門徒，都忽略了這一點；因爲我們看到他所著《十九世紀初期哲學評論》（*Beiträge zur Uebersicht der Philosophie am Anfange des 19.Jahrhunderts*）第二期，第二十一頁上寫道：「康德設想這道德法則是一直接而確定的實在，一原初的道德意識的事實。」但是如果康德確實曾想把這定言命令當作一意識的事實，從而給它一經驗的基礎，他無論如何一定是能夠照樣提出來的。可是他恰恰永遠沒有這樣做。就我所知，這定言命令，第一次是在《純粹理性批判》（第一版第八〇二頁，第五版第八三〇頁）中出現，完全出人意料，沒有任何初步事實，只用一個完全不合理的「所以」把它和前一個句子連接起來。只是在《道德形而上學的基礎》——我們在這裡特別注意的一本書中，才第一次明確、正式地介紹這定言命令是一定概念的一個推論。而我們在萊因霍德的《與批判哲學一致的準則》（*Formula concordiae des Kriticismus* 一文，見前著第五期，它是關於批判哲學最重要的雜誌）第一二二頁，我們竟讀到以下句子：「我們把道德的自我意識與經驗分開，前者作爲一個超越一切知識的原初事實，是和後者在人類意識中分不開的；並且我們根據這種自我意識，把義務的直接意識，即我們不得不承認——不管令人愉快或是令人不愉快——的意志的合法性，理解爲刺激以及爲其自己運作的尺度。」

這可眞正是「一篇迷人的文章，除此之外還有一個很美麗的假說」（席勒語——作者）。但是嚴肅地說，我們看到，在這裡他把康德的道德法則發展到一種多麼荒謬絕倫的竊題論證！如果萊因霍德的話是正確的，道德學無疑就會有一個無比堅實的基礎，並且也不需要爲有獎徵文出什麼問題，鼓勵朝這個方向探索了。但是最令人奇怪的是，想到人們爲尋求道德學的基礎，熱情地、堅韌地辛苦了漫長的幾千年，才遲遲發現這樣一種意識的事實。康德本人對這一可歎的錯誤負什麼責任，我將在下文說明；無論爲何，人們對他的追隨者中確屬大多數人的這一嚴重錯誤，不能不感到驚愕。難道當他們書寫關於康德的哲學專著時，就從來未注意到《純粹理性批判》第二版經過修改，已損毀得面貌全非，成爲一本毫無邏輯連貫的，自相矛盾的著作嗎？這種情況似乎現在才明朗化；並且我認爲，這一事實已由羅森克朗茨所編康德著作全集第二卷的前言，正確地分析過了。可是，我們應記住，許多學者不停地忙於教師與作家的工作，沒有什麼多餘時間從事私人的和精深的研究。可以肯定，我從教書中學習並非是無條件地眞的；確實我們有時候試圖把那句話歪改爲：總教書，我什麼都學不到；甚至狄德羅（Diderot）借拉摩（Rameau）⑤的侄子之口說出的話，也並非全沒有道理：「『就這些教師來說，你認爲他們懂得他們教授的科學嗎？一點也不懂，我親愛的先生，一點也不懂。如果他們擁有教授科學的足夠知識，他們便不教科學了。』『爲什麼？』因爲他們會寧可一輩子去研究它們。」——（歌德的譯文，第一〇四頁）利希滕貝格（Lichtenberg）也說：「我看到的，卻是有專門職業的人，時常剛好是學問並非最好的人。」但是回到康德的道德學，大多數人，若只得出的結論與他們的道德感情相宜，便立刻認爲，在結論推導中不會找到任何缺點；但如果這推證過程看來困難的話，他們也不爲此自找許多麻煩去研討，而是願意相信學術專業團體。

因此，康德給予他的道德法則的基礎，絕不是能以經驗證明的一個意識的事實；他既不把它奠基於道德感情，也不奠基於以其美妙的現代之名稱爲「絕對的設準」（absolutes Postulat）掩蓋下的竊題論證。寧可說這一基礎是由一種很精巧的思想方法製成的，康德在第十七頁與第五十一頁（羅，第二十二頁與第四十六頁）兩次提出這一方法或過程，現在我將著手把它弄清楚。

請注意，康德嘲諷意志的一切經驗的刺激，所以首先摒除了本來能成爲決定意志的活動之經驗法則的一切事物，不論是主觀的或客觀的。結果是，他把他法則的內容或實質剝落得

⑤拉摩（一六八三—一七六四），十八世紀法國著名音樂理論家、作家，其羽管鍵琴曲（古鋼琴曲）流傳至今。主編《百科全書》的盧梭與狄德羅等作家，起初是拉摩音樂的熱心支持者。——譯者注

一乾二淨，僅僅剩下了它的形式，於是這只能是符合法則性的抽象概念；但這符合法則性的概念，是由對所有人都同樣有效的事物建立起來的，所以這法則的實質由普遍有效事物的概念組成，那麼它的內容自然只不過是它的普遍有效性而已。因此這一公式讀作：「始終依據你能同時意願其成爲一切有理性者的普遍法則的那項格律而行動。」因此，這就是康德爲他的道德觀念原則，因而也是爲他整個道德體系建立的——大多被極嚴重地誤解——眞正的基礎。也請對照《實踐理性批判》第六十一頁（羅，第一四七頁），注1的結尾部分。

我誠摯地欽佩康德在實行這一精巧絕技中顯示出來的才智，但我繼續以全部嚴肅的精神，根據眞理標準，考察他的見解。我只想評論理性——以後我還要提出這一點——在他的見解中，因爲理性做出以上所說明的特殊的推論，而獲得實踐理性之名；那麼，實踐理性的定言命令便是從這一思想方法或過程產生的法則。因此實踐理性一點也不是大多數人，甚至包括費希特曾視爲之物——一種無法找尋其來源的能力、一種隱藏的特性、一種道德本能，很像赫奇森（Hutcheson）的「道德感」；但是它和理論理性完全相同（正如康德自己在他的前言第七頁；羅，第八頁以及其他地方多次所說的那樣）——事實上，就後者做出我已描述的推理過程而言，實踐理性就是理論理性自身。應注意的是，費希特稱康德的定言命令爲一絕對的設準（《全部知識學的基礎》，*Grundlage der gesammten Wissenschaftslehre*，圖賓根，一八〇二年，第二四〇頁，注釋）。這是竊題論證的現代的、更加顯眼的表達式，因此我們了解到，他也正式接受了這定言命令，從而必須把他也包括在那些犯了我以上批評的那種錯誤的人們之中。

這一康德的道德基礎之所以立即遭到直接反對，是由於這項道德法則的根源，是不可能在我們之內的；因爲它假設，人會自動地忽然產生念頭，要到處尋找他的意志甘願服從，且能決定他的行爲的一項法則。無論如何，這一程序不能夠自動地被他想起，至多在另一個道德刺激已向那裡補充了第一個刺激與動機以後，才可能產生這種思想程序；而且這種刺激應該是積極有效的、實際存在的，並且應顯示自身爲不但能自發地影響心靈，甚至能把其在場強加於心靈。但是這類事都與康德的假設相衝突，根據上述一連串的推理，這一假設被認爲是本身，即所有道德概念的根源——事實上，道德的顯著特徵。因此，只要沒有這種前在的鼓勵因素（因爲根據假設，除已解釋過的思想過程以外，不存在任何其他道德刺激），必定只有利己主義繼續作爲人的行爲準繩，作爲動機形成法則的指定路線；必定只是純然經驗的與剎那間的利己動機，毫無抑制地，決定每一不同事件中人的行動。既然根據這一假設，沒有任何聲音喝止他，無論什麼理由也不存在，爲什麼他竟要注意詢問，更不用說焦急地尋找，一項會限制與支配他的意志的法則呢？可是只有以這種假定爲條件，他才可能想出來上述驚人的心理詐術。不管我們多麼想要嚴格準確地說明這一康德的過程，或者是否我們寧可把它輕描淡寫爲某種模模糊糊感覺到的思想活動，這都無關緊要。對這過程的任何修飾，絕破壞不了這些根本眞理：不能無中生有，結果必有其因。道德的激勵，像每一動機使意志產生一樣，必須在一切情況下，能使人自動地感受到它、認識它，遂而必產生一種積極作用，所以是實在的。因爲對人而言，唯一具有實在性的事物是經驗的事物，不然就是認爲可能具有經驗的實存的事物，因此結論必然是：道德的激勵必須是經驗的，並且自動地照這樣顯示其自身；而且不等我們開始自我的搜尋，它必然到來，強加於我們，其用力之大，至少能使它克服那些竭盡全力和它對抗的種種自私自利動機。因爲道德學研究的是實際的人的行爲，不是研究先天的紙糊樓閣——這一做法，其結果是人們在嚴酷的人生重負與戰鬥中，永遠不會求助於它，並且在面臨我們感情沸騰將失去理智時，這種做法差不多和在一場大火中一個注射器一樣，毫無用途。

我在前面已經提及，康德如何認爲他的道德法則完全建立於抽象的、純粹先天的概念上，因而建立於純粹理性上，乃是它的特殊優點。得自於那裡的道德法則的有效性，（他說）不但適用於人，而且適用於所有有理性者本身。我們越發不無遺憾地認爲，純粹、抽象、先天的概念，沒有實在的內容，又沒有任何種類的經驗根據，在任何情況下，是絕不能鼓動人的；對其他有理性者，我當然不能談及。其次，康德的道德學基礎中第二個缺點，就是它缺乏眞正的實體。迄今人們一直未注意到這一點，因爲多半只有極少數康德道德學的熱情宣傳者，完全理解他的基礎的眞正本質。這第二個缺點，我再說一遍，完全沒有實在性，因此完全缺乏可能的功效。這結構飄浮於空中，像一個毫無內容的、最微妙的諸概念之網；它建於無物之上，所以無物能賴以支持、無物能被激動，而康德還給這一結構加一重擔，即關於自由意志的假設。儘管他時常公開聲稱，他確信自由在人的行爲中絕對沒有地位，從理論上說，連它的可能性都是不可思議的（《實踐理性批判》第一六八頁；羅，第二二三頁）；如果我們能準確地知道一個人的性格以及影響他的一切動機，那麼我們就能夠推算出他的行爲，像推算月蝕那樣準確無誤（同上書，第一七七頁；羅，第二三〇頁）。然而，他用他出名的結論：「你能夠行某事，因為你應該行某事」使自由成為一個懸設（雖然僅是理想化，並且作為一個設準）；並且這是憑藉他寶貴的道德學基礎力量，而這一基礎，有如我們了解的那樣，是漂浮於空中，無影無蹤的。但是如果曾清楚地認識到，一事物不存在，並且不能存在，那麼所有的一切設準到底有什麼用呢？拋棄這設準建於其上之物，肯定更為有用，因為它是一個不可能的假設；這一過程可以用這規則證明是合理的：從不可能性證明非存在是有效的（即一物之不可能性，使其非存在成為一個可靠的結論。——譯者注）並且用歸謬法證明，使這定言命令也會成為泡影。這是把一個錯誤學說而不是定言命令建立在另一個錯誤學說之上。

人們不會承認由幾個全然抽象空洞概念構成道德學的一個基礎，這一點康德自己肯定暗地裡明白。因為在《實踐理性批判》中，（正如我前面說過的）他寫得很不嚴謹，也缺乏條理，而且我們從中發現，他因成名而變得更大膽，令人驚異地看到，道德學的基礎是如何逐漸改變其性質，他幾乎忘掉該基礎僅僅是一個抽象觀念之網；事實上，他似乎顯然渴望使它變得較為實體的。因此，例如，上述著作第八十一頁（羅，第一六三頁）這樣說過：「這道德法則稍微是一個純粹理性的事實。」人們怎麼考慮這一特殊的表達式呢？在所有其他地方，凡屬事實之物都是和由純粹理性認知之物相對立的；同樣在第八三頁（羅，第一六四頁），我們讀到「一個直接決定意志的理性」等。

可是讓我們記住，康德準備提出他的基礎時，特意一再地反對一切人類學的根據，一切本能證明定言命令為一意識事實之物，因為這種證明會是經驗的。儘管如此，他的後繼者卻很受上述較不重要發言的鼓舞，大膽地走得太遠了。費希特在所著《倫理學體系》（*System der Sittenlehre*）第四十九頁，特意警告我們「不要自己被誤導入歧途，而去設法說明並從外在來源推演出我們有義務的意識，因爲這樣一來定會有損於這法則的尊嚴與絕對性」。多好的一個藉口！他又在第六十六頁說：「道德原則是建立在智力的絕對能動性的理智直觀之上的，是由純粹智力直接地、自動地構思出來的。」多麼華麗的辭藻掩蓋這種胡說亂語的無助！不論誰願意認識康德的門徒，如何一點一滴地完全忘卻並忽視他們師長最初給予道德法則的基礎與推論的眞正本質，他應該讀一讀載於萊因霍德所著《十九世紀初期哲學評論》（第二期，一八〇一年）中一篇很有趣的文章。在該文第一〇五、一〇六頁，這樣主張：「在康德的哲學中，自律（它和定言命令是同樣的東西）是一意識事實，並且不能進一步往後追溯，因爲它以一直接的意識顯示它自身。」

但是在這一情況下，自律是有一個人類學的，因而是經驗的基礎的——這一見解和康德公開的、不斷出現的言論完全相反。在第一〇八頁我們又讀到：「不僅在批判的實踐哲學中，而且在整個純粹化的或更高度的先驗哲學中，自律乃是完全由其自身建立的，而且是以其自身爲基礎之物。它既不可能是任何其他的基礎，也不需要任何其他的基礎；它是其自身爲絕對原始的，眞正的與確實之物；第一眞理；最卓異；絕對原則。所以，不論誰要爲這個自律想像、要求或探尋外在於其自身的任何基礎，他只能被康德學派視爲缺乏道德意識，⑥

⑥「正和我想到的一樣！如果他們給不出什麼理性的回答，很快的改變理由：他們說，良心出了毛病。」——席勒，《哲學家們》（*Die Philosophen*）。

不然就會被視爲由於在他的思考中，錯誤地使用主要原則而未能正確解釋這一意識。費希特與謝林學派挖苦這種人智力遲鈍，不能成爲哲學家，並且養成醜惡下等人的呆滯愚蠢的特性，或者（用謝林的更隱蔽的說法）無知大眾與膽小牲畜的特性。」所有人都將明白，這樣一個企圖靠這種輕蔑與武斷的措辭支持的學說，能夠有多少眞理；同時，我們應該毫不猶豫地說明，康德的追隨者則重視這些言辭，以眞正幼稚的輕信接受這定言命令，並立即把它視爲一個無爭論餘地的問題。事實是，在這種情況下，對一理論斷言提出的任何反對意見，很容易和道德上的不老實相混淆；結果，每個人雖然在他自己思想中，對這定言命令沒有很清楚的想法，卻寧可保持沉默；他暗自相信，很可能別人的境況較好，已經成功地形成了對它更清楚、更具體的認識。因爲沒有人喜歡把他的良心翻出來。

因此在康德的學派中，實踐理性及其定言命令，似乎愈來愈像一個超自然的事實，像一座人們靈魂中的德爾菲神廟，雖然由它的幽暗神殿所發出的神諭，未宣告將要發生的事，但卻確實宣告應當發生的事。這種實踐理性的學說，一經被接受爲，或更確切地說，以詭計加挑釁被提出爲一直接的、直觀的事實，不久便不幸地也擴展到理論理性；而這也不出所料，因爲康德自己曾常說，二者不過都是同一個理性（例如，前言第十二頁；羅，第八頁）。一旦允許在實踐領域中存在一個從德爾菲神壇發布的，即有權威的理性，也會把這同樣的特權給予理論理性；這一步很容易，因爲後者與前者密切相關——確實，和它是同質的。因此這一個就被宣稱正像另一個是直觀的一樣，這樣做的好處可算是既龐大又明顯。

於是，所有冒充的哲學家及喜好散布幻想的人，以無神論的斥責者F．H．雅各比

（Jacobi）為首，簇擁地來到他們根本料想不到給他們開的方便之門。他們想到市場去兜售他們的小商品，或者無論如何要拯救康德的教導可能會摧毀的、他們最重視的古老傳家寶。有如一個人一生中，單是年輕時的一個錯誤就毀掉整個事業一樣，當康德提出那關於實踐理性的錯誤假定時，也是這樣；他給實踐理性提供全然超驗的憑據，以及（像最高上訴法院那樣）「無根據」判決的權力，結果是從樸質莊重的批判哲學中，演變出一種性質完全和它不同的講授方法。我們聽到這樣一個理性，它最初僅僅模糊地「在揣度」，而後清楚地「在理解」超感覺之物，而在最後被賦予對它的一種純然的「理智的直觀」。每一個夢想者現在均能夠把他的內心怪念頭，散播為「絕對」之物，即由官方發布的對這個理性的判決與啓示。如果這新的特權已被充分利用的話，我們也不必驚訝。

那麼，這就是康德之後迅即出現的那種哲學方法的根源，這種方法是由空話、神祕化、矇騙、揚沙迷人耳目的做法，拼湊而成的。這個時代終有一天在哲學史上以「不誠實時期」而聞名。因為這一時期，再也看不到所有以前哲學家著作中突顯的那種誠實、那種與讀者一樣追求眞理的特點了。這些冒充的哲學家的目的，正像每一頁文章所證實的，不是要教育而是去愚弄他們的聽眾。最初，費希特與謝林當這一時代的英雄當得很出色；而追隨他們的那個人卻和他們很不相稱，才能又遠不如他們——我是指那愚蠢而笨拙的江湖騙子黑格爾。這合唱隊由一夥各種各樣哲學教授組成，他們莊嚴地對他們的公眾談論永久、絕對，以及其他許多他們自己也絕對一無所知的事情。

為了把理性提升到它先知的寶座，實際上在討論中插入一個可憐的戲謔語，利用它當作一個踏腳石。據斷言，由於Vernunft（理性）這一詞來源於vernehmen（理解），所以理性意指一種理解所謂「超感覺」之物的，或子虛烏有境界的能力。這一漂亮的意見得到無限贊同，在德國令人極其滿意地沿用了三十年之久；確實，它也成為哲學手冊的基礎。另外，如日在中天那般清楚，理性當然來源於vernehmen，且僅僅因為理性才使人優於動物，以致他不僅能聽，而且也能理解（vernimmt）——絕非子虛烏有境界發生的事——別人說的事情，有如一個有理性的人對另一個有理性的人所說的事情那樣，所說的話被聽者理解（vernommen）；而這種能力稱為理性。

這便是所有的民族、時代與語言，對理性一詞做出的解釋。人們一向認為，它意謂擁有一般的、抽象的、非直覺的觀念，並稱為概念，這些概念憑藉字詞來表示與限定。說實在的，單單這種能力就賦予人勝於動物的優越性，因為這些抽象的觀念或概念，亦即許多零散事物綜合組成的心理印象，是語言的條件，並且透過語言是實際思想的條件；再透過語言，這些概念不僅決定現在的意識（動物也有），而且也決定像過去與將來這樣的意識。於是可以說，它們是清楚回憶的、周密思考的、先見的以及意向的模型；是有系統的、合作的、民族的。貿易、藝術、科學、宗教與哲學的發展之恆常因素，簡而言之，是使人類生活截然異於動物生活的一切事物發展之恆常因素。動物只有由直覺而得知的觀念，所以也只有直覺的動機；因此它們選擇行為的步驟依賴動機，是很明顯的。對人而言，有這種依賴性也一樣是個事實；他也（考慮到個人性格差異，容有不同）在最嚴格的必然性法則條件下，受到種種動機的影響。不過，這些動機大部分不是直覺的而是抽象的觀念，亦即種種概念或思想，但仍然是先前的直覺知識，因此還是外在影響的結果。可是，這給他一種比較的自由（即同一個動物相比較而言）。因為他的活動，不是由當時直覺感知的環境決定的（一切其他動物是這樣的），而是由他從經驗推演或從教育獲得的思想決定的。所以，他也必然受這動機支配，旁觀者並非總能立即從他的行動看出來，它隱藏於頭腦中。就是這種動機，使得所有他的活動，以及他的行為與整個工作具有一種特性，它和一般可見於動物的習慣特性迥然不同。如此看來，他彷彿由更細微的、見不到的思路所引導，從而他的所有行動都帶有深思熟慮的標誌，進而取得使它們充分有別於動物活動的、看似獨立的外觀。然而，這些巨大差別完全源自於抽象的觀念、概念的能力。因此這種能力是理性的本質部分，亦即人類獨具的能力的本質部分，其名曰理性。如果有人問我，理性與知性（Verstand）有何區別，我會這樣答覆：後者是動物在不同程度上也具有的認識能力，而在我們人類之內則發展到其最高程度；換句話說，知性是對因果性法則的直接意識——一種先於一切經驗的意識，由知性的根本形式構成，其基本本質事實上已包含在知性之內。知性首先依賴對外在世界的直覺感知，因為感覺單獨地只能有印象的能力，這種印象遠遠不是直觀的感覺；確實，前者不過是後者的質料：心靈看、心靈聽，其他一切聾而盲。直觀感覺是我們直接把感官的印象歸因於其起因的結果，這種現象，正因為這智力活動，在我們特有直觀模式下，即空間中，呈現為一外在的對象。這足以證明，因果性法則是我們先天認知的，不是從經驗產生的；因為經驗自身，由於它以直觀感覺為先決條件，只有透過這同一法則才是可能的。所有更高質的理智，所有聰明、睿智、洞察力和敏銳，是和人們用以把握因果性在其一切關係中的作用之準確、充分成正比的；因爲一切關於事物關係的知識，從關係一詞最廣泛意義上說，是建立在對這一法則的理解上的，並且人們理解它的清晰與準確程度，是衡量一個人對另一個人在知性、精明與妙計方面優越性的尺度。另一方面，「有理性的」這個形容詞都是應用於形容這樣的人，他不允許自己受直觀印象且受思想與概念的指導，所以他總是在適當反思與預想以後，才著手並符合邏輯地工作。這類行爲在任何地方，都被認爲是有理性的。並不是說這種行爲一定意味著正直和對自己同胞的愛，相反地，很可能是以最有理性的方式；也就是說，根據科學而推導的結論，斤斤計較掂量，卻是遵循最自私、不公正和甚而邪惡的格律。所以在康德以前，從來沒有任何人曾把公正的、善良的和高尚的行爲，與有理性的行爲相提並論；這兩條行爲路線一直是完全分開、保持區別的，一個視動機作用的種類而定，另一個視基礎原則的區別而定。只是在康德以後（因爲他教導的，是德行來自純粹理性），有德行的人或行爲和有理性的人或行爲，才變成純一的和一致的東西，不顧所有語言對這些詞已經採取的慣用法——一種慣用法不是偶然形成的，而是普遍的，所以是人類一致的判斷成果。「有理性的」與「邪惡的」這兩個詞搭配得很好；確實，重大的、影響極壞的罪行，沒有這兩者的聯合，根本不可能完成。同樣地，我們時常看到「非理性的」與「心地高尚的」相聯繫；例如，如果我今天把自己的東西給予有需要的人，但實際上我明天比他更迫切需要這東西；或者，如果我因深受感動，以致把自己要償還債主的錢，送給一個受苦的人；像這樣的事例不勝枚舉。

我們已看到，這種把理性提升爲一切德行源泉的說法，由兩個斷言支持。第一，把它當作實踐理性，說成像個神諭一樣，斷然發布純粹先天的命令；第二，把它與《純粹理性批判》對理論理性的錯誤解釋聯結起來看，它被描述爲基本上與絕對有關的某種能力，正如在三種所謂的理念⑦中表明的那樣（這智力同時先天地覺察它們的不可能性）。並且我們發現，這種見解，正如「濫用最好的即是最壞的」那樣，領導著我們的頭腦，糊塗地以雅各比爲其首的哲學家們每況愈下。他們把理性說成直接領悟「超感覺」之物，並荒謬地宣稱，它是某種本質上與超越一切經驗之物，即與形而上學有關係的精神特性；而且它直接地、直覺地認識一切事物的終極原因，以及一切存有、超感覺、絕對、上帝等的終極原因。那麼，如果人們眞希望運用理性，而不是崇拜它的話，像以上這樣的斷言，一定在很早以前就遭到這一坦率的評論：「如果人類憑藉一種特別的器官，配備了他的理性，爲解決世界之謎，而擁有一種僅待發展的與生俱來的形而上學。在那種情況下，對形而上學的問題就一定會像對數學與幾何學的眞理那樣，意見完全一致；這樣一來，世界上就不可能存在許多根本不同的宗教，以及更多根本不同的哲學體系了。」的確，我們可能會猜想，如果發現任何一個人的宗教或哲學的觀點和別人的不同的話，他一定會立刻被認爲是精神病理學研究的對象，那麼以下這樸實的意見也會出現：如果我們發現有一類人猿，有意爲打仗或建築或任何其他目的而準備了工具，我們會馬上承認，這類人猿是天生有理性的；另一方面，如果我們遇到沒有

⑦ 這三種理念是：(1)心理的；(2)宇宙論的；(3)神學的。見《純粹理性批判》第二編，第二卷，第一章「純粹理性之誤謬推理」。——譯者注

任何形而上學或沒有任何宗教的野蠻人（確實有這樣的人），我們不會根據這一點便否認他們沒有理性。那一證明爲其號稱的超感覺知識的理性，由康德的批判才被置回適當界限以內；但雅各比的不可思議的理性，那直接領悟超感覺之物的理性，他本應想到它確實是根本不配批判的。同時，某種與此同類的傲慢專橫似神諭的理性，在各大學中，仍然是我們純潔青年思想的桎梏。

注釋

如果我們希望弄清楚這個實踐理性假設的眞正起源，我們必須稍微往前追溯它的世傳情況。我們將發現，這一假設是源自一種學說，康德已徹底證明它是錯誤的；然而就此而論，它仍然隱藏在他關於一實踐理性及其命令與其自律的假定之底層（確實他並沒有意識到這一點）——使人聯想到一種從前的思想模式。我意思是指所謂的理性心理學，據它說，人是由兩種完全異類的實體所組成的：實質的軀體與非實質的靈魂。柏拉圖是第一位明確說明這一武斷之見的，並竭力證明它是客觀眞理的；不過卻是笛卡兒以科學的準確性，精心設計這一見解，並充分加以發展完善。正如由斯賓諾莎、洛克與康德陸續證明的那樣，這暴露了這一見解錯誤的眞相。斯賓諾莎證明它是錯誤的，因爲他的哲學主要是反駁他的大師的雙重二元論，而且因爲他斷然否定笛卡兒的這兩個實體，並以下列命題作爲他的主要原則：「思維的實體與廣延的實體兩者乃是同一實體，它有時包含於後者的屬性（即廣延性）

中，有時包含於前者（即思維的屬性）中。」（《倫理學》，*Ethica*，第二部分，命題七，繹理。）洛克證明它是錯誤的，因爲他反對天賦觀念論，主張一切知識來自感覺，並教導說物質會思想這並非是不可能的。最後，康德在《理性心理學批判》（*Kritik der Rationalen Psychologie*）第一版論證它是錯誤的。萊布尼茨與沃爾夫是錯誤方的戰士，這給萊布尼茨帶來不應有的榮譽，人們把他與偉大的柏拉圖相比，而柏拉圖實在和他很不相同。

但是不宜在這裡詳述。根據這種理性心理學，靈魂從本源及其本質上說，是一種知覺實體，而只是作爲從那裡產生的結果，它才變得擁有了立志作用。按照靈魂不斷進行其活動的這兩種模式，知覺與立志作用，（並且是完全以本身）和軀體或精神相結合，這樣靈魂便有了一較低級或較高級的知覺能力，以及與此類似的立志作用的能力。這有高級能力的非實質的靈魂，完全獨立活動，不需要軀體合作。在這種情況下，靈魂是純粹的智性，由完全屬於它自身的諸概念以及由意志的相應活動組成，這兩者都是絕對精神上的，在它們範圍內沒有任何感覺的東西——感覺的東西來自軀體（「純粹的認識是與任何軀體形式毫無關係的認識。」見笛卡兒《形而上學的沉思》〔*Meditationes de Prima Philosophiae*〕第一八八頁）。所以它覺察到的不外是純粹抽象物、共相、固有概念、永恆眞理等；也因此它的立志作用完全受到像這些純粹精神的概念所控制。另一方面，靈魂的低級的感覺與立志作用的能力，則是它與軀體不同器官一致作用與密切結合的結果，從而對它未混雜物的精神的活動，產生一種有害作用。一切直觀的知覺都被認爲屬於這種低級能力，因此它一定是模糊混亂的，但能把對象和它的特性分開的抽象的知覺，卻會是清楚的！由這樣受感覺控制的知覺所決定的這一意志，形成低級的立志作用，並且它大部分是壞的，因爲它的行爲受感官衝動的引導；而另一意志（高級的）是不受約束的，由純粹理性引導的，並且只與非實質的靈魂有關。對這種笛卡兒學派的學說，德拉福格（De La Forge）在所著《人類思維論》（*Tractatus de Mente Humana*）曾給以最好的解釋，第二十三章中我們讀到：「它只不過是同一個意志，當它根據感官知覺刺激作出判斷活動時，稱爲感覺的欲望；在另一個時候，當心靈獨立於屬於感官及與之混雜一起的思想，作出關於它自己固有觀念的判斷活動時，稱爲合理的欲望（即理性的欲望）；這些思想是心靈的傾向的原因……其所以應該把這兩種不同意志的癖好，看作兩種截然不同的欲望，是因爲這一欲望時常與另一欲望相對立，心靈根據它自身固有的知覺建立起來的意向，和由軀體的愛好向心靈提示的思想，並不總是一致的；於是它（心靈）時常被迫欲求某物，而它的理性卻使它另選某物。」

從這樣觀點的模糊記憶中，終於產生了康德關於意志自律的學說，它作爲純粹的、實踐的、理性的代言者，爲一切有理性者本身制定法則，並且只承認形式的動機，反對實質的動機；後者只決定低級的欲望能力，對此高級的欲望能力持有敵意。至於其他，這整個理論雖然直到笛卡兒時期，還沒有眞正有系統地提出來，無論如何，遠溯至亞里斯多德就已經有了。在他的《論靈魂》（*De Anima*, I. 1），對此有充分的說明；柏拉圖在《斐多篇》（*Phaedo*，第一八八—一八九頁）以毫不含糊的暗示，爲此鋪平了道路。經笛卡兒的學說精心發揮，臻於非常完美，一百年後我們發覺，它已變得大膽有力，占據著首要地位；但恰恰因爲這個原因，它的眞實本質終被揭示。對當時甚爲流行的這一觀點，在穆拉托里

（Muratori）[8]的《論想像力》（*Della Forza della Fantasia*）第一到四章與第十三章，敘述簡明卓越。在此著作中，想像力被視爲一純粹實質的、有形的大腦之器官（低級的知覺能力），它的作用是根據感覺的所與，直觀地理解外在世界；留給非實質靈魂的，除思維、反思與決定的活動以外，別無他物。我們一定會感到，這種見解是多麼顯然地使這整個討論的課題困惑不解；因爲如果質料能夠對錯綜複雜的世界進行直觀的領悟，但它不能夠也使這個直觀抽象化，這是不可想像的，一切其他事物會由是接著發生。當然抽象不過是爲了一般概括，而排除不必要的事物屬性，換句話說，即個體的與特殊的差異。例如，如果我無視或者拿掉綿羊、公牛、雄鹿、駱駝等所獨具的特點，我就可獲得反芻動物的概念。透過這種操作辦法，這些觀念便失掉其直觀性，並且僅僅作爲抽象的、非直觀的觀念或概念，它們需要用言語文字把它們牢置於意識中，並容許可以適當運用它們，所有以上所述都表明，當康德提倡他的實踐理性及其各種命令時，他仍然受到那古老學說後效的影響。

⑧ 穆拉托里（Ludovico Antonio, 1672-1750），義大利神學家和歷史學家。——譯者注

第五章　論康德道德學的主要原則

在前一章我們已經檢驗了康德道德學的基礎，現在轉而檢驗奠基於其上之物——他的主要的道德原則。後者和前者的關係非常密切，確實，從某種意義上說，它們是一起發展的。我們已看到，表述這原則的公式如下：「只按照你能同時希望也能成爲一切有理性者的普遍法則之那項格律去行動。」這可眞是個奇怪的行事方法；一個人，根據假定，正在尋找決定他應該做什麼和應該不做什麼的法則，卻被教導首先要去探尋一個適合於管理一切可能的有理性者行爲的法則。但我們希望放過那個問題，只要注意這一事實就足夠了：康德提出的上述指導規則中，顯然我們並沒有得到道德法則本身，得到的僅僅是個路標，或應向何處去找尋它的指示。打個比方說，錢尚未支付，但我們握有它的一張匯票，那麼誰是出納員呢？馬上告你實情吧：關於這事的一個出納員，人們當然根本意料不到，他不多不少正是利己主義，我下面即將說明。

據說，這一戒令，是我能夠希望它是所有人的行爲指南的，它本身就是眞正的道德原則。我所能希望之物是已給的指示賴以旋轉的樞紐，但是眞正我能希望什麼？不希望什麼？顯然地，爲了決定關於正在討論的我能希望什麼，我還需要另一個標準；因爲沒有這種標準，我永遠找不到理解這來得像密令一般的教導的鑰匙。那麼，在哪裡可以發現這個標準呢？當然不在別處，只能在我的利己主義中，它是一切立志作用的離我們最近的，永遠現成的、原始的和活的標準，並且在任何情況下，它有權居於一切道德原則之首。尋找眞正道德法則的方向，它是包含在康德的定則中的，事實上，是建立在這心照不宣的假設上，即我只能希望那對我最爲有利之物。於是，因爲我在架構一個要人們普遍遵循的戒令，我不能把我自己視爲總是積極的，而必須考慮我偶然地和偶爾地扮演一消極角色；所以我的利己主義是根據這一觀點作出對公正與仁愛有利的決定的，不是出於什麼要實踐這些德行的意願，而是因爲它很想要體驗或感受它們。這使我們想到有這麼一個守財奴，在聽了一個勸人行善的說教以後，喊道：

想得多好，好極了！
我幾乎要喜歡乞討了。

這便是理解埋置於康德的道德學，其主要原則中的指向之不可缺少的鑰匙；他自己本來也不能不提供這鑰匙，只是在他提出他的戒令，唯恐我們會感到震驚時，他才沒有這樣做。爲了防止這一事實眞相立即暴露，他最後才在正文較後適當的段落表明，不顧他堂皇的先天建築，利己主義正坐在審判官席上，手持天平。進一步說，直到他根據偶然消極的方面的觀點做出決定以後，才感到這一見解對積極的角色也一樣適用。因而在第十九頁（羅，第二十四頁）我們讀到：「我絕無法希望有一項說謊的普遍法則，因爲那樣人們就不再相信我，要不就會報復我。」在第五十五頁（羅，第四十九頁）又讀到：「這樣一項法則的普遍性，即是說，每個人均可承諾他喜歡承諾之事，而無意信守諾言，定會使承諾本身以及承諾時可能懷有的其他目的，成爲不可能；因爲沒有人會相信它。」在第五十六頁（羅，第五十頁）關於冷酷無情的格律，我們發現以下的話：「一個決定這麼做的意志，會自相矛盾，因爲畢竟可能會發生這些情況：此人需要他人的愛與同情，而由於他憑藉一種從他自己意志所產生的自然法則，將使自己完全無法寄望於他所期待的協助。」同樣地，在《實踐理性批判》（第一部，卷一，第二章，第一二三頁；羅，第一九二頁）中讀到：「如果人人都對他人的疾苦視若無睹，而且你屬於這樣一個制度下，那麼你的意志會同意你安居其中嗎？」人們能回答說：「我們多麼輕率，批准一項不公正的法律，我們將自食其果！」（賀拉斯：《諷刺詩集》〔*Satire*〕卷一，第三章，第六十七頁）這些段落充分表明，應如何理解康德公式中「能希望」這一短語的意義；但是在《道德學的形而上學原理》中，他的道德學原則的這種眞正本質陳述得最爲清楚。在第三十節我們讀到：「因爲每個人均希望有人幫助。可是，如果他用言辭表達他不希望幫助別人的定則，那麼所有的人拒絕幫助他，就應當是合理的。因此這個自私自利的定則自相矛盾。」他說，應當是合理的！於是，就在這裡，再明確不過地宣布了，道德責任是純粹而且完全地建立在預先假定的互換利益上的，因此它是完全自私的，只能以利己主義解釋，這種利己主義在互利互惠條件下，作出一種妥協，聰明得很。如果這是制定國家組織的基本原則的問題，這種做法是很適當的，但是當要構建道德學的基本原則時，這種做法就不合適了。在《基礎》第八十一頁（羅，第六十七頁）有這樣的話：「始終按照你能同時希望其普遍性爲法則的那項格律去行動，這是唯一使一個意志永遠不會自相矛盾的條件。」依據上述，「自相矛盾」一詞的眞實含義，顯然可以這樣解釋：如果一個人贊成不公正與無同情心的格律，若他扮演一消極角色，他就會因此而想起這一格律，於是他的意志會與其自身矛盾。

從這一分析可以看得十分清楚，康德著名的重要原則不是像他不遺餘力再三堅持認爲的那樣——是一個定言的，而實際上是一個假言的命令；因爲它隱含地預設這一條件，即確定我做什麼的這一法則——因爲我使它普遍化，也將是一個人們對我做什麼的法則；並且因爲在這種條件下，我作爲較偶然地非積極的參與者，不可能希望不公正與無同情心。但如果我勾銷這一附帶條件，而也許信賴我超群的身心力量，自認爲總是積極的、永不消極的；那麼在我選擇可能普遍有效的格律時，如果除康德的以外不存在道德的基礎，我完全有理由希望不公正與無同情心，應該是普遍的定則，並且因此命令世人：

根據這簡單的計畫，
誰有權力照理可以攫取，
並且誰能保留照理可以保留。

——華茲華斯（Wordsworth）①

前一章我們已證明，康德的道德學主要原則，缺乏一切實在的基礎。現在可清楚地看到，在這個別缺點上，必須加上另一個缺點，縱然康德的明確辯護與此相反，即這一原則的隱蔽的假言的本質，在於它的根據原來不過是利己主義，後者是它所包含的指向的祕密

① 華茲華斯（William, 1770-1850），英國詩人，又譯渥茲渥斯。——譯者注

解釋者。進一步說，把它純粹當作一個公式，我們發現，它只是對這一著名定則「你不希望別人如何待你，你也不應該如何待人」的一個釋義，一種模糊而僞裝的表達方式；說得更精確些，假若我們取消「不希望」與「不應該」這種限制，並把由愛教導及法律規定的義務包括進去，就是如此了。因爲顯而易見，這是我能意願其應當規範所有人行爲的唯一格律（當然，這是從我可以扮演的可能消極角色觀點說的，在那裡，關係到我的利己主義），這一定則也不過是「不要損害人，但要盡力幫助人」這一命題的繞圈子的說法。或者如果喜歡的話，稱之爲其前提，這一由我設計的命題是關於一切道德體系，一致要求人們應有行爲的最簡單最純粹的定義，即「不要損害人，而就你所能幫助人」。道德信念與原則的眞正而實在的本質就在於此，而絕非任何他物。但它以什麼爲基礎呢？給予這個命令力量的又是什麼？這是人們今天仍然面對的這古老而困難的問題。因爲，在另一方面，我們聽到利己主義高聲喊叫：誰也不要幫助，如果損害別人會給你任何好處，寧可損害他們；不止如此，邪惡則用另一種方式向我們說：寧可就你所能損害一切人。把一個相當於或稍優於利己主義和邪惡加在一起的競爭對手，列入名單——這是一切道德學的任務。這裡是羅德斯島，你就在這裡跳吧！②

② 意即：「這裡是試驗的地方，讓我們就在這裡看看你能做什麼吧！」此拉丁諺語得自《伊索寓言》。一個吹牛者自誇有一次在羅德斯島跳躍，曾跳到令人驚奇的高度，並要求目擊者出來作證。於是，旁觀者喊道：「朋友，如果這是眞的，你不需要目擊者證明；因爲這裡就是羅德斯島，你就在這裡跳吧！」——譯者注

人們長期以來承認義務分爲兩類，無疑這二分法起源於道德自身的本質。我們有⑴法律所規定的義務（又稱爲完全的、應盡的、較狹隘的義務），還有⑵那些由德行規定的義務（又稱爲不完全的、較廣泛的、善意的義務，或者說是由愛教導人們去履行的義務更好）。在第五十七頁（羅，第六十頁）我們發現，康德想要進一步證實他提倡的這一道德原則，試圖從中導出這一分類法；但這一嘗試是如此勉強、如此明顯地糟糕，以致看來它不過是極力否證他的見解的正確性而已。因爲照他說法，由法令規定的義務是建於戒令之上的，與之相反者，被當作一項普遍的自然法則，被宣稱絕無法沒有矛盾，同時把德行諄諄教誨的義務當作依賴於一項格律，其對立面能（他說）被視爲一項普遍的自然法則，但卻是不可能期望的。我請讀者考慮，不公正的定則，有強權無公理的統治，這在康德看來甚至無法想像爲一自然法則，但事實上，這不僅是動物界，而且在人類中，也是占統治地位的狀況。文明民族中確實已經設法憑藉國家政府的一切手段，減少這種狀況造成的有害後果；但只要這些嘗試，不論於何處，或屬於什麼性質，一旦中斷或放鬆，自然法則馬上恢復其支配作用。確實，國與國之間，這種狀況絕未停止過；誰都知道，關於公正的常見口號不過是外交官方的辭令，實際主宰者是野蠻暴力。另一方面，眞正的，即自願的公正行動，毫無疑問也確實出現，但這不過是普遍法則的例外而已。進一步說，康德想用上述分類方法作爲例證，確立法律所規定的義務，首先（第五十三頁；羅，第四十八頁）透過所謂的對自己的義務——如果痛苦多於愉快，個人不應自動結束個人生命的義務；因此，自殺的通例，甚至視爲不能夠想像的一項普遍的自然法則。與此相反，我認爲，既然這裡不可能有政府管理的干涉，恰恰是這個通例可證明為一項實際存在的，未受抑制的自然法則。因為絕對無疑的是（正如日常經驗所證明），絕大多數情況下，當人們固有的維持生命本能的巨大力量被沉重痛苦壓倒時，他們便徑直直接訴諸毀滅生命本身。如果認為有什麼思想，在如此強有力而又與一切生物本性緊密相關之死亡恐懼以後，會產生一種阻止作用，這種想法已顯示它是無力的。換而言之，認為存在一種比這一恐懼更有力量的思想——是一種魯莽的設想；當我們看到，這一思想是如此難以發現，連道德學家尚未能精準確定它究為何物時，那就更是魯莽的設想了。無論如何，這一點是肯定的，康德在這一上下文關係中（第五十三頁，羅：第四十八頁；及第六十七頁；羅：第五十七頁）提出反對這類自殺的論據，迄今一直未能阻止任何厭世的人自殺，哪怕是一會兒。這樣一來，一項無可辯駁的存在，而且每天都在發揮作用的自然法則，卻被康德宣告為根本無法沒有矛盾的，而且完全是為了使他的道德原則成為諸義務分類的根據！在這一點上，我不能不承認，我是以滿意的心情，期待我以後將對道德學的基礎加以闡明。從這一基礎十分自然地產生由法律規定的義務，以及由愛教導人們應盡的義務；或者，分為公正與仁愛的義務更好，這一區分原則仍然是由論題本質決定的，完全出於其自身具有鮮明的分界使然。所以我將提出的道德基礎，實際上我已準備好交出那一證明，而康德為了支持自己的見解，對該證明提出的是一種毫無根據的主張。

第六章　論康德道德學主要原則的推論形式

眾所周知，康德用另一種十分不同的形式，直接表述他的道德學主要原則；第一種形式是間接的，確實，不過是表明如何尋找這原則的指示而已。從第六十三頁（羅，第五十五頁）開始，他採用對目的與工具的概念，提出雖說不上是扭曲的，但也算非常奇怪的、模糊的定義，爲他的第二個公式準備條件；它們的定義可以更簡單正確地這樣表述：目的就是意志活動的直接動機，工具是間接動機，簡明性乃是眞理的標誌。然而，康德輕快地滑過他的奇妙闡述，而達到這一陳述：「人，確實，每一個有理性者，均作爲目的自身而存在。」對此，我必須評論說，作爲目的自身而存在，是個不可思議的表述，是畫蛇添足、自相矛盾的。既是一個目的，它就意味著是立志作用的對象，每一目的僅能相對於一個意志而存在，意志的目的，即（如上所述）它是意志的直接動機。只有這樣，「目的」這觀念才有意義，一旦中斷這樣的聯繫，它就失去意義；但這種對這事物必不可少的關係，卻必須排除每一「自身」。「目的自身」就像是說「朋友自身、敵人自身、叔父自身、北或東自身、上或下自身」等。從根本上說，「目的自身」和「絕對應該」情況一樣；同樣的思想——神學的——祕密地，確實，不自覺地深藏於各自的根基作爲其條件。即使想把「絕對價值」加到這一所謂的，雖然不可思議的「目的自身」上，情況也不會好多少，也必須毫無遺憾地指出，它的特徵是畫蛇添足、自相矛盾。每一「價值」是透過比較產生的一種評價，其關聯必然是兩方面的：第一，它是相對性的，因爲它爲某一物而存在；第二，它是比較性的，因爲是與其他某物比較，才得以估價的。這「價值」概念脫離了這兩個條件，便失掉全部含義與意義，這顯而易見不用進一步說明。但還有一點：正如「目的自身」與「絕對價值」這兩個辭彙違反邏輯，第六十五頁（羅，第五十六頁）的陳述也同樣違背道德，即無理性者（即動物）是物，所以應當僅僅看作工具，可是工具並非目的。爲與此取得一致，康德在《道德學的形而上學原理》第十六節特別宣稱：「一個人除去對他的同胞以外，對任何存在物不能有任何義務。」而且以後在第十七節我們讀到：「虐待動物，與人對自己的義務相衝突；因爲這樣做使對痛苦中動物的同情變得麻木，這樣就削弱一種自然傾向。這種傾向，考慮到與其他人的關係，對道德是有用的。」因此，一個人只是爲了練習才憐憫動物，可以說，它們就是病理學的剖視圖，憑它訓練一個人對人的同情！和沒有受伊斯蘭教（它和猶太教相同）影響的整個亞洲一樣，我認爲這種原則實爲可憎，令人作嘔。在這裡，我們又一次看到，這種哲學的道德，正如前面所述，僅僅是僞裝的神學的道德，實際上是如何完全依賴聖經的倫理學。例如，因爲基督教的信仰與原則根本不考慮動物（關於這一點以後再多談），所以在哲學的道德觀念中，它們當然馬上被宣布爲不合法；它們僅僅是「物」，純粹是達到任何種類目的的工具；所以它們只能對活體解剖，對獵鹿、鬥牛、賽馬等有用，並且當它們苦苦拖著沉重運貨車前進時，可能會被活活鞭打致死。眞丟臉，竟是這樣一種適合賤民、下等人與外化人的道德。這種道德未能認識到，內在一切有生命之物的永恆實在，它帶著深邃的意義，從一切能看到太陽的眼睛裡，閃閃向外發光！這是一種只知道、只重視珍貴的人類使之產生的道德，其特徵——理性，它造成一個存在者可以是道德關懷對象的條件。

經由這條崎嶇不平的途徑，於是，確實不管好歹，康德總算達到第二個形式，以此他表述他道德的基本原則：「你要如此行動，即無論在你的人格還是其他每個人的人格中的人，你始終同時當作目的，絕不只當作工具來使用。」這樣一種陳述是下面這句話十分矯揉造作、兜圈子的說法：「不要只考慮你自己，也要考慮別人」，這也是這句話的一個釋義：「你不希望別人如何待你，你也不應該如何待人」。而後者，我已說過，不過是包括了一切道德學與一切道德教化的眞正、最終目標之這一結論的前提——不要損害人，而要盡力幫助人。像所有美好的事物一樣，這一命題看來毫無遮掩，不過請注意，康德有意把所謂對自己的種種義務，強拉硬扯到他的這第二個命令中。當然必須給這些義務找個正當位置（對這些所謂的義務已在本部分第三章討論過）。

對這一公式還能提出另一個反對意見，即只是把被判死刑的極惡犯罪分子當作工具，而不是當作目的對待，這是十分合情合理的；因爲對他執法以維護法律的威懾力量，從而他是達到法律遏制犯罪目的不可缺少的工具。

但是，如果這第二個定義根本無助於建立道德學基礎，如果它甚至不符合作爲其主要原則的要求，更確切地說，作爲道德各個戒令的合適而確實的總結的話，無論如何，它卻有一個優點，即包括了對道德心理學的一個精緻概要，因爲它以極具特徵的標誌標明了利己主義，這値得我們在這裡更加仔細探討。說起來，我們每個人都充滿這種利己主義，爲了掩飾這可恥的一面，我們已發明了禮貌，但它無時無刻不在掩蓋它的每一件薄紗幕後的隱約出現，特別可以從這一事實察覺到它，即：指導我們與所有人交往的目標，就是似乎出於本能，首先設法尋找一個可能的工具，用以達到我們永遠在熱衷的、許多目的中的任何一個目的。當我們認識一位新朋友，我們的第一個想法通常是，這人是否多少對我們有用。如果他不能做任何對我們有利的事，一旦我們認識到這一點，一般來說，他本人對我們也就變得無足輕重了。從所有其他人那裡尋找一個可能達到我們目的的工具，換句話說，使他們成爲我們的手段，這幾乎是人的眼睛眞正本能的一部分；至於這手段在使用中是否必將受到或多或少的痛苦，這種思想很久之後才會出現，有時根本不會出現。我們設想別人有類似傾向，這種心理可以用許多方法來證明，例如，當我們向任何人打聽消息或徵求意見時，我們一發現他對此事可能有某種利害關係時，雖然很小或很間接，但我們對他的話就會完全失去信任。因爲那時我們馬上理所當然地認爲，他將把我們當作他目的的一個工具，因而不按照他的認識，而是按照他的期望提出忠告，並且堅持這樣想法，不管對方的認識多麼正確，或者似乎涉及對方的期望多麼地少；因爲我們非常了解，一立方英寸的期望比一立方碼的認識要重得多。相反地，當我們在上述情況下問：「我應該做什麼？」通常我們的顧問不會想到別的事情，只會想到應該如何使我們的行動適合他自己的目的。他將立即答覆，表示這個意思彷彿是無意識地，連想都未想到我們的目的；因爲直接命令這答覆的是他的意志，或者這問題可能老是在他的眞正判斷裁決以前提出來。因此，他設法使我們的行動不出乎他自己利益的框架，甚至連這一點都未意識到，而當他認爲他是根據自己豐富的認識說話時，他不過是他自己意願的代言人。確實，這種自欺甚至可能導致他撒謊，他卻沒有意識到這一點，意志的影響勝過理智的影響竟這麼大啊！所以，不是我們自己意識的證據，而就大部分情況而論，是我們自己利益的證據，才能決定是否我們的語言與我們的認識一致，或是與我們的期望一致。舉另外一個例子，假定一個人被許多敵人追逐，眼看有生命危險，此時碰到一個小販，問他有沒有偏僻小路可以逃跑，小販的回答可能是：「你要買我的什麼貨嗎？」當然這並不意味著總發生像這樣的事情。與此相反，常常看到許多人表示一種直接而眞正地參與別人的福與禍，或者（用康德的話說）把他當作一個目的而不是當作一個工具。每一個人把他的鄰人至少有一次當作目的看待，而不是（像通常那樣）當作一個工具看待，這一行爲看來好像自然到什麼程度，或者與此相反不自然到什麼程度——這是存在於性格與性格之間重大道德差異的標準，並且最終建立於這標準之上的同情的道德態度，將是道德學的眞正基礎，也是本文章第三部分的主題。

因此，康德在他的第二個公式中，以一種十分獨特的特點區別利己主義與其對立面，我已格外高興，且很清楚地提出這一優點並加以說明，因爲在他的道德學基礎的其他方面，我能夠承認有效的不多。

康德提出他的道德原則的第三個而且最後的形式，是意志的自律：「每一個有理性者的意志對一切有理性者是普遍地有立法權的。」這當然是從第一個形式推導出來的。然而，作爲第三個形式的結果，要求我們相信（第七十一頁；羅，第六十頁），定言命令的特殊特徵在於，當出於義務而行動時，意志擺脫一切興趣的吸引。所有以前的各種道德原則因此就都（他說）完全崩潰了，「因爲這些道德原則一致地把人類的行動，從根本上解釋是由某種興趣造成的，不論產生於強迫，或產生於愉悅的誘惑——可能是自己的或他人的一種興趣。」（第七十三頁；羅，第六十二頁）（「他人的」，請特別注意這一點。）「於是，一個有普遍立法權的意志，必須規定全然不依據興趣的，而僅依據義務感而去做出的行動。」請讀者想一想這句話的眞正意義。事實上，只不過是沒有動機的立志作用，換言之，就是無因之果。興趣與動機是可以互相置換的觀念，興趣不就是對我而言的重要之物嗎？而且，不就是任何能激動我的意志，並且使其運動之物嗎？因此，除去是一個作用於意志的動機以外，一項興趣還能是什麼呢？所以一有動機動搖意志，意志便有一種興趣；但只要意志未受動機任何影響，事實上，意志就不能產生作用，有如一塊石頭不被推或拉，就不會移動一樣。任何受過教育的人都不會要求對此作什麼證明。由此可見，每一行動，因爲它必然一定有一個動機，也必然預先假設一種興趣爲條件，然而康德卻提出另一全新門類的行爲，這些行爲，沒有興趣，就沒有動機產生了。另外，這些行爲全是公正與仁愛的行爲！可以看到，這種荒謬的想法，要加以駁斥，只要還其本來意義就行，因爲其意義被他玩弄的「興趣」一詞所掩蓋了。與此同時，康德透過建立一個稱爲目的王國的道德烏托邦，而稱讚（第七十四頁以下；羅，第六十二頁）他的意志自律的勝利，居住在那裡的全是想像出來的有理性者。這些人，都永遠在期望著，卻沒有對任何實際事物的期望（即無興趣）；他們僅期望一件事：他們全都能夠永遠按照一項格律而期望。「不寫諷刺詩不行了。」（尤維納利斯，《詩集》Ⅰ，30）

但是，康德還被他的意志自律導向另一件事；它比渺小純潔的目的王國，包含更爲嚴重的後果，目的王國完全無害，可以不去理它。我指的是關於人之所以爲人的尊嚴的概念。原來他把這個「尊嚴」完全建立在人的自律之上，並且這「尊嚴」就在於他應該遵守的法則乃是他自己制定的，因此他與這法則的關係，和立憲政府的臣民與政府法令的關係，是一樣的。這種理論，作爲對康德道德體系的裝飾性雕琢，畢竟可以略過不論。只不過，這一表達式「人之所以爲人的尊嚴」，一旦由康德說出來，就變成所有頭腦空空、茫然困惑的道德學家們的陳詞濫調了。因爲在那引人入勝的公式背後，他們隱藏著的，雖說不上是他們缺乏眞正道德學的基礎，但也根本是缺乏任何可理解的意義的基礎；認爲他們的讀者看到他們自己身受這樣一種「尊嚴」，就會感到十分滿意，①這可算是想得夠聰明了。不過，我們還要稍加仔細地了解一下這一概念，把它付諸於實際檢驗。康德在第七十九頁（羅，第六十六頁）把「尊嚴」定義爲「一種無條件的，無可比擬的價值」。這種虛張聲勢的解釋，使得人們一時沒有勇氣逼近地加以審視，否則，我們就會發現它也不過是一種空洞誇張罷了；在那裡面好像有個蛀蟲，「形容詞和其形容物結合中的矛盾」，在偷偷剝蝕著。每一種價值均是一物與另一物比較之後的估價，因此它是一個比較的概念，所以是比較性的，並且正是這種比較性或相對性形成該觀念的本質。根據第奧根尼・拉爾修（Diogenes Laertius）稱，這已經由斯多噶派學者正確地講授過。他說，「他們教導說『價值』是一物經過測定以後的當量值，一位專家可以把該價值規定爲任何東西；例如，像用小麥交換大麥與一匹騾子。」諸如康德宣布爲是一種無可比擬的、無條件的、絕對的價值之「尊嚴」，因此是像哲學中很多其

---

① 似乎G・W・布洛克（Block）在所著《道德哲學新基礎》（*Neue Grundlegung der Philosophie der Sitten*, 1802）中，是第一個把「人之所以爲人的尊嚴」一詞當作專門、唯一的倫理學的奠基石，於是他把倫理學完全建在這一基石之上。

他用字詞陳述的思想那樣，確實不可想像；正如「最高的數字」與「最偉大的空間」，誰知道它們是什麼意思呢？

哪裡概念一失靈，
哪裡便用詞糊弄。

對「人的尊嚴」這個表達式來說，也是一樣。一個最受歡迎的詞便流傳開了。每一個透過各種義務，以及各式各樣詭辯術所編造出來的道德體系，都從中找到了一個廣泛的基礎。在那裡，它能坦然自若、道貌岸然、喋喋不休地進行道德說教。

康德在他的闡釋的最後（第一二四頁；羅，第九十七頁）說道：「但是純粹理性如何能不靠其他動機（它們可能取自其他什麼地方），而憑自身能是實踐的？也就是說，作為純粹理性法則的一切格律的普遍有效性之單一原則，如何能不靠意志先對任何對象產生興趣，而能憑自身提供一個動機，並且能產生一種可稱為純粹道德的興趣？或者換句話說，純粹理性如何能是實踐的？要解釋這一問題，一切人類理性都完全無法說明，而為此付出的一切辛勞與努力，都是徒勞的。」請記住，如果任何人主張，一個甚至不能想像為可能的東西是存在的，那麼，證明這東西是一個現實的實在，便是他義不容辭的責任；然而，康德特意地提出，實踐理性的定言命令不是個意識的事實，也不是另外建立在經驗上。更正確地說，我們總是被提醒，不要企圖訴諸經驗的人類學去解釋它（例如，前言第六頁；羅，第五頁；及第五十九到六十頁；羅，第五十二頁）。再者，還一再要我們確信（例如，第四十八頁；羅，第四十四頁），「沒有例子能夠證明，也即沒有任何經驗的證據，能確定任何這一類的命令到處存在。」此外，在第四十九頁（羅，第四十五頁）我們讀到：「定言命令的實在性不存在於經驗中。」那麼，如果我們把以上這些都放在一起來看，我們不得不懷疑康德是在嘲弄他的讀者們。雖然這種做法，現在的德國哲學界可以容許，甚至在他們看來是不錯的，可是在康德的時代，這種做法並不這麼時興；此外，道德學當時像往常那樣，恰恰是最不宜於開玩笑的課題。因此我們必須繼續堅持這一信念：人們既不能想像爲可能的東西，也不能證明爲實在的東西，是缺乏證實其存在的一切憑據的。另外，如果我們竭盡我們想像之力，嘗試設想這樣一個人，他彷彿被其形如一絕對應該的惡魔附身，他只用定言命令講話，並且與他的願望與愛好相對抗，自稱是他的行爲永久的控制者；在這一形象中，我們看不到任何對人性的，或者關於我們內在生活的眞實描繪；我們眞正辨認到的，卻是一種人爲的神學道德的代替物，它與前者的關係完全像一個木製假腿和一個眞腿的關係一樣。

所以，我們的結論是，康德的道德學，與一切先前的體系一樣，是沒有任何確實可靠的基礎的。正如我一開始對它的命令形式考察中所表明的，這一結構從根本上說，不過是一種神學道德的倒置，包藏在非常抽象的，而源自於先天的諸公式中。更可肯定地說，這一僞裝是最似眞、最難識別的，因爲康德極誠實地，實際上他自己被它欺騙了，遂而相信自己能夠獨立於一切神學，並以先天純粹理智爲基礎，建立那些關於法則以及義務的命令之諸概念（這些概念，除去在神學倫理學中，根本沒有任何意義）；而我已經證明，對他來說，它們是沒有任何實在基礎，只在太空飄蕩。然而，假面具終於在他自己的工作室消失，神學倫理學無遮掩地站向前面，他的關於最高善的訓誨、實踐理性的諸設定，便是明證；最後是他的道德神學。但是這種展現，既未使康德，也未能使公眾擺脫對事物眞實情況的幻想；相反地，他和他們卻都欣喜地看到，所有那些迄今被信仰神聖化的訓諭命令，現在已由道德學認可，並且確定下來了（雖然僅僅是理想化的，而且爲了實際目的）。實際是，他們極其誠懇地把結果當成了原因，原因當成了結果，因爲他們未能認識到，在這個道德體系的基礎那裡，所有所謂的結論，是以絕對必要的設想的形式（雖然是不言而喻的，隱藏起來的）推導出來的。

在這一嚴肅的，也一定會使我的讀者感到厭煩的考察結束了以後，也許可以允許我提出一個打趣的、實爲輕浮的比較，來輕鬆一下。我想把康德在他的自我迷惑中，比喻爲他在一個舞會上，整晚和一個戴面具的美人調情，希望贏得愛慕；直到最後，美人匆匆脫下她的僞裝，顯示身分——原來是他的妻子。

第七章　康德關於良心的學說

這所謂的實踐理性連帶其定言命令，顯然與良心聯繫非常密切，不過，它與良心的本質區別有兩方面。第一，這定言命令要產生命令作用，必然是在行動之前說出來的，而良心直到以後才有所表示。在行爲之前，良心最多也不過是間接地表示意見，即憑藉反省，向良心舉出記憶中曾遭良心反對的類似行爲的事例。我覺得，Gewissen（良心）這詞的詞源是以此爲根據的：因爲只有已經發生的事才是確實的（gewiss）。毫無疑問，透過外在引誘與激發的情緒，或者因爲內在的壞脾性的不協調，在所有人中，甚至最好的人中，都會產生不純潔、卑鄙的思想以及邪惡的欲望。但是一個人對這些思想欲望是沒有責任的，不需要當作良心的負擔；因爲它們僅僅顯示，那是人類而不是想到它們的個人能夠做的。其他的動機，如果不是同時，但也差不多立即出現於他的意識中，並和無價值的愛好相抗爭著，阻止它們永遠不能成爲具體化的行動；這樣就使它們和一個行動委員會中得票少的少數派相似。每個人只有透過行動，才能獲得對自己的知識不亞於對別人的知識，正因爲只有行動才使良心負有責任。這是因爲，這些行動與思想不同，不是或然的；相反地，它們是確實的（gewiss），它們是不能變易的，並且不僅是想到的，而且是已經做出來讓人們知道的（gewusst）。拉丁字conscientia（意識到做錯了事，想到犯罪而臉變得蒼白）與希臘文συνειδησις（即Consciousness，意識到行爲之正當或錯誤）的意義相同。因此良心就是一個人對於他已做之事的知識。

在所謂的定言命令和良心之間的第二個區別是，後者永遠從經驗中取得其材料；這一點前者做不到，因爲它是純粹先天的。不過，我們可以合理地假定，康德關於良心的學說，將對他提出的「絕對應該」的這個新概念，給予某些解釋。他的學說在《道德學的形而上學原理》第十三節，講述得最爲完全，在我以下的批評中，我假定讀者參閱，包括他這一學說的不多幾頁論述。

康德對良心的解釋，給人一種異乎尋常的強迫作用，在良心面前，人們習慣以敬畏對之，對它表示異議，更感到缺乏信心，因爲沉重的心頭，無時無刻不在害怕把理論上的異議認作爲實踐上的異議，並且，如果否定康德的觀點的正確性的話，又害怕被認爲是沒有良心。然而，用這種方法是不能夠把我誘入歧途的，因爲在這裡，這問題是屬於理論的，而不是屬於實踐的問題；而且我不涉及道德的說教，只涉及對根本的道德學基礎的嚴謹研究。

我們立即能注意到，康德完全使用拉丁法律辭彙，然而，這些辭彙似乎並不適於反映人類心靈最祕密的激動。可是，康德自始至終一直使用這一語言，這種處理此課題的審判方式，似乎對此事來說，乃是必不可少的，完全適當的。於是我們發現，把一整個法庭，帶有訴狀、審判官、原告、被告與判決，應有盡有，全都搬上我們內在自我的舞臺，那麼，如果這種由康德描繪的法庭，確實存在於我們內心的話，若能發現有一個人這麼傻（我不說他這麼壞），以致要違背他的良心行動，那可眞是令人驚訝了。因爲設立在我們意識中這樣一種屬於特殊種類的超自然法庭，在我們最內部存在的陰暗深處，召開這種祕密法庭——像另一個費姆法庭（Fehmgericht），①每一個人面對超人諸神的可怕威脅，這麼近又這麼清楚地聽到它們說話，一定會引起他對諸神的恐懼，使他眞正放棄攫取短期的、暫時的利益的念頭。與此相反，在實際生活中，我們看到，普遍認爲良心的作用已逐漸消失，以致所有民族都想自己用積極的宗教加以挽救，或甚至想完全用宗教代替良心。再者，如果良心確實有這種特性的話，皇家科學院絕不會想到要爲這一問題發起這次的有獎徵文。

但是，如果我們更仔細地看看康德的說明便會發現，他將良心讓我們自己下道德裁決，歸因於良心的特殊、本質的特點，因此才產生良心的強制作用；實際上根本不是這樣一種形式。這種比喻式的審判法庭，不論對於道德的自我反省來說，或是對於其他關於我們已做與不應做的，根本不涉及倫理問題的反思來說，都不適用。因爲，這樣的控告、辯護與裁決的程序，確實是偶爾由那顯然是純粹根據迷信的、做作的、虛造的良心呈現的面貌，例如，當一個印度人自責曾殺一頭牛，當一個猶太人憶起曾於安息日在家抽菸而感到不安，就屬於這種情況；況且甚至不是由於道德緣故，甚至根本不屬於道德範圍，而引起的自省，也確實常以這種形式出現，下述情況可作爲證明。假設我出於好心但欠缺考慮地出面爲一朋友作保，並且假設，到晚上我才眞正感到自己承擔的責任沉重——這種責任很可能使我陷入麻煩，而明智的古老諺語早已預言告誡：「提防作擔保！」；於是在我內心立刻出現了控告者

① 有名的威斯特伐利亞的祕密法庭，約於一二二〇年步入興盛時期。一三三五年國王查理四世指定科隆大主教爲威斯特伐利亞費姆（Fehme）所有法官之首領。其審判情況也許和英國史中星法院的差不多。——譯者注

與被告的律師彼此對質的意象。後者竭力掩飾我如此倉促作保的輕率，說明是迫於環境或人情債，或者說是辦這件事太簡單率直；也許他甚至會讚許我心地好，來爲我辯白。最後審判官來了，他毫不寬容地判決：「糊塗蟲做的事！」我則感到心慌意亂，不知所措。

對康德如此喜愛的這種司法方式，我就只說這些；他的其他表達方式，大部分也逃脫不了這樣的批評。例如，在上一段落的開頭部分，他把他歸之於良心的那種特性，也一律應用於其他一切心理的遲疑顧慮，它們完全是另一種不同的性質。他說：「它（良心）如影隨形，他想擺脫也擺脫不掉。他可能因愉悅與開心而沉醉入睡，但他不能不時而清醒；馬上又意識到這可怕的語聲」等等。顯然，這也正好可以逐字逐句地理解爲，某一具有私財的人，其內心暗自的意識活動，他感到他的日用開銷，入不敷出，日漸蝕本，恐有一天消耗殆盡而憂心忡忡。

我們已看到，康德強烈指出使用法律術語對這一論題的重要意義，並且他自始至終使用這種術語；我們現在注意看一下，他是如何爲了下述精心設計的詭辯使用這同一筆法。他說：「把一個受良心譴責的人和審判官劃上等號，用這種方法描寫法庭，是荒謬可笑的；因爲在那種情況下，控告者一定會敗訴的。」爲了闡釋這一陳述，他還加上一個非常模糊不清的注釋。他的結論是，如果我們不打算陷入矛盾，我們必須把這（在我們內心演出的司法良心一戲劇中的）審判官想像爲是與我們不同的；事實上，是另外一個人格。不但如此，還得想像爲一個對人心無所不曉者，他的命令誰都要聽從，而且對執行機關的每一個目的來說，他都有無限權力。②這樣他經由一條十分平坦的路徑，始於良心而終於迷信，使後者成爲前者的必然結果；與此同時，他暗自確信，由於讀者早已受到訓練，肯定已熟悉這些觀念（如果不是已使它們成爲他的第二天性的話），他必將更加願意聽從他。於是康德在這裡發現一件很容易的工作——一件他本來應該鄙視的事情；因爲他不僅應該關心道德說教，而且也應該關心自己說話的眞實性。我澈底反對前面引述的語句，以及隨之產生的所有結論，並且我宣告，它不過是蒙混人的伎倆。當被告和審判官是同一人時，控告者並非必定總是敗訴，至少在我們內心的審判法庭情況並非如此。在我前面所舉一個人給另一個人作保的例子中，控告者敗訴了嗎？或者在這一事例中，如果我們想避免矛盾，就也眞的像康德那樣，採取一種擬人法，不得不充當另一個人格客觀地考慮，可能發出那些可怕的話語聲「糊塗蟲幹的事！」嗎？眞的可稱爲一種活靈活現的墨丘利（Mercury），羅馬神話中的傳信神嗎？或者，也許是荷馬（《伊利亞特》，XXIII. 313以後）所推薦的關於狡黠的活喻法？但這樣一來，我們便像從前一樣，被帶到迷信的大道上，是的，而且還是異端的迷信。

康德在這一章節簡述了他的道德神學，雖然很簡單，卻沒有遺漏其所有極重要的論點。他格外小心不賦予道德神學任何客觀的有效性，而寧可把它描述爲只不過是一種主觀上不可

---

② 康德以偉大的天才，是訴諸共存於人內在的兩種性格的理論（驗知的性格和悟知的性格），才逐漸達到這一見解的。這兩種性格，一種在時間之內，另一種並無時限；一種嚴格受因果律制約，另一種不受任何制約。——譯者注

避免的形式，這一事實，即使他宣稱對人的意識來說有其必然性，並不能消除他用以構造這種神學的武斷任意性。他的框架或體系，正如我們已看到的，是建立在連篇毫無根據的假設上的。

那麼，如此之多是肯定的。這整個形象化的描述——一出法院裁決劇的描述——是康德用以描繪良心活動的，它完全是非本質的，而且絕不是它具有的特點；不過他直到最後都一直繼續使用這一借喻形象，似乎它正適合這個題目，以便最後能從中得出某些結論。其實這種形象是十分普通的形式，當我們考慮實際生活中任何事情時，我們的思想很容易採取這種形式。它大多是由於時常湧現的對立動機的衝突引起的，並且這些動機不斷地經受我們反思理性的斟酌與檢驗。在斟酌度量過程中，並不區別這些動機在其本質上是道德的或是利己主義的，也不區別我們的思考是關於過去的或是將來的某一行爲。現在如果我們把康德的闡釋剝去其法律比喻的外衣（它僅僅是一個任意選用的戲劇性附加物）的話，那麼，周圍的光環連帶它全部的強制作用，也就迅速消失不見了。剩下來的不過是這一事實，即偶爾當我們思考我們行爲時，我們有些對自己的不滿，這種不滿顯然具有特殊的特點。我們不滿意的是對我們的行爲本身，並不是對行爲的結果，且這種感覺不像我們因自己行爲愚蠢而後悔的其他事例那樣，而是由於自私自利。因爲在這些情況下，我們不滿意的原因，恰恰是因爲我們已經是太自私自利，我們已過於爲我們自己著想，而對我們的鄰居著想得不夠；或者甚至是因爲，我們已經把別人的痛苦不幸當作一種目的，卻沒有得到由此產生的任何好處。我們可能對自己不滿意，也可能因爲我們使人遭受而非自己經歷的痛苦而悲哀，這本來是一種普通的不可否認的事實。這一事實和能經過適當檢驗的、唯一的道德學基礎的聯繫，我們將進一步考察。但是康德，像一個聰明的、特別的申辯者那樣，企圖竭盡全力誇大並且修飾這一原始資料，以便爲他的道德學與道德神學準備一個很廣泛的基礎。

第八章　康德關於悟知的與驗知的性格學說——關於自由的理論

爲了眞理，我對康德的道德體系的抨擊，並不像我的先驅者那樣，僅觸及其表面，而是深入其最深根源的。所以，似乎這樣才算公正，即在我最後討論我的題目這一部分以前，我應提醒大家記起，康德對道德科學還是做出了卓越的、顯赫的貢獻。我是指他的關於自由與必然共存的學說。這一學說最初見於《純粹理性批判》（第一版，第五三三到五五四頁；第五版，第五六一到五八二頁）；但在《實踐理性批判》（第四版，第一六九到一七九頁；羅，第二二四到二三一頁）中解釋得更加清楚。

意志活動的嚴格而絕對的必然性，當它們出現時由動機決定，這首先是由霍布斯說明的，以後由斯賓諾莎、休謨，也由D．馮．霍爾巴哈（Holbach）在他的《自然體系》（*Système de la Nature*）中說明；最後普利斯特里對此給予最完全而準確的說明。這一要點，確實，被如此清楚地證明，並且被置於毫無疑問的地位，以致必須把它計入完美建立的眞理之數字內，而且只有無知之極才能繼續談人的個體行爲中的自由，會是一種無拘無束、無所計較的選擇。康德，由於他的先驅們的不可辯駁的理論，也毫不遲疑地認爲，意志是受必然性鎖鍊緊緊束縛的，他認爲這一問題無需進一步爭論或質疑。這可以由他只從理論的或思辨的觀點中，談到的自由之全部章節所證實。儘管如此，我們的行爲確實是伴隨著一種獨立的意識和原初的直覺，它們使我們認知這些行爲是我們自己的行爲，並且每一個人均以不能排除的確實性，感受到他是他行動的眞正做出者，並且在道德上爲該行動負責。但是因爲責任意指已經以不同方法行動的可能性，該可能性指的就是某種程度的自由；所以在責任的意識中也間接地與自由的意識有關。解決這種由這事實本質產生的矛盾之關鍵，終於被康德找到了：他以深奧的機智，劃分現象和自在之物的區別而解決了這一矛盾。這一區別是他整個哲學的眞正核心，也是他的哲學的最偉大功績。

這一個體，連帶他不變的、內在的性格，他的一切表現形式都是由因果性法則確定的，這一法則以理智爲中介而起作用，在這裡稱之爲動因，這樣構成的個體不過只是現象，構成這一現象基礎的自在之物是在時間與空間之外，因此沒有一切連續性與眾多性，而是一，和不變的。它的構造本身是悟知的性格，這一性格同樣地呈現於個體的所有行爲中，像在一千封緘上蓋的印記那樣，牢牢地在每個行爲上打上標記。現象的驗知的性格——顯露於時間內與連續性行爲中的性格——因此是由悟知的性格決定的；所以，作爲現象的個體，在他所有的由動機觸動的表現形式中，必定顯示一自然法則的不變易性。由此產生的結果是，所有他的行動都是受嚴格的必然性制約的，可是人們一般習慣於主張，一個人的性格能夠求助於理性的道德訓誡或忠告而改變。然而，一旦劃分出悟知的性格和驗知的性格的區別以後，由此得出，有思維能力的人，經常觀察到的那種驗知性格的不可改變性及僵化的解釋，並且找出一個合乎理性的根據，因而被哲學接受爲一確立的事實。這樣一來，後者與經驗是如此頗爲協調一致，在普遍的智慧面前不再感到羞愧不安了，這普遍智慧很早以前就以西班牙諺語道出眞理之言：「凡是和兒童的便帽一起進來的東西，必定和裹屍布一起扔出去。」或者：「凡是和牛奶一起喝進去的東西，必定還要從裹屍布裡倒出去。」

這種自由與必然性共存的學說，我認爲是人類智慧最偉大的成就。它與先驗感性論一起構成了康德的榮譽花冠上兩顆巨大明珠，永遠在人間閃爍。謝林在他的關於自由的文章中，顯然是以釋義方式將康德的教導加以炮製，由於文章描述簡明、活潑生動，對許多人來說更爲易懂。如果其作者肯誠實說出他是憑藉康德的智慧，而不是憑自己的智慧寫出這篇論著的話，這一工作是値得稱讚的。但實際上，哲學界相當多的人依然認爲，全部功績應歸於謝林。

這理論本身，以及關於自由本質的全部問題，如果我們能結合一個普遍眞理來考慮的話，人們會了解得更加透徹；我想，這一普遍眞理可以最確切地用經典論著中常出現的一個公式表述，即：什麼花結什麼果，什麼人做出什麼事。換句話說，世界中每一事物是根據它之所是或本質運作的，根據它的內在本質運作的，因此，它的所有表現形式都已潛在地包含在其本質中了；而當由外在原因誘發時，它們才實際表現出來，所以外因乃是這事物的基本構造藉以顯露的方法，並且由此產生的表現形式形成驗知的性格。至於它的隱蔽的、終極的基礎，經驗是不可能理解的，則是悟知的性格，也就是所論及的個別事物的實在本質自身。人構不成自然界其餘部分的例外情況，他也有一種不變的性格，不過，這種性格在每一事例中都是極爲獨特不同的。這種性格就我們能夠了解它來說，當然是經驗的，所以也僅僅是現象的；而悟知的性格則是任何可能爲這個人的眞實本質的東西。他的全部活動，既然它們的外在構造是由動機決定的，只能根據這不能變易的個人性格而形成。什麼樣的人，就必然怎樣行動。因此，對於每一單獨事例中的某人來說，絕對只有一種可能的行爲：什麼人就必然做出什麼事。自由只屬於悟知的性格，而不屬於驗知的性格。某個人的行動必然是外在地由動機決定的，內在地由他的性格決定的；所以他做的每一件事，都是必然地發生的。但是，在他的本質（即在他之所是）中，在那裡，我們發現自由。他本可以成爲不同的某種人；功或過繫於他的本質。由此得出一個簡單的推論：他的所有行動是根據他的本質產生的。透過康德的學說，我們避免將必然與本質（一個人之所是）以及自由與行動（一個人之所爲）聯繫起來的大錯。我們才意識到，這是一種術語的誤置，恰恰是術語相反的安排才是正確的。因此很清楚地，一個人的道德責任，縱然它首先顯而易見自然涉及他的所爲，可是從根本上來說，卻涉及他的本質或他之所是；因爲，他之所是乃原初的資料，他的行動，當動機一產生，絕不能採取任何其他不同於現實正採取的途徑。但是，就個人而論，雖然行爲是由動機誘發的這種必然性是很嚴格的，尚沒有任何人想到，甚至確信這種必然性的人也未想到，因爲這個緣故，而免除自責並歸罪於動機；因爲他清楚知道，客觀地考慮，任何既定的環境以及其原因，完全允許採取一個十分不同甚而完全相反的動向；不但如此，這樣一種動向實際上是會發生的，只要他能夠成爲一個不同的人格。他正是像他的行爲所顯示的那樣一個人，而不是其他什麼人——他感到自己應該對之負責的就是這個；薄弱之處就在於他的本質（他之所是），在那裡，良心的針砭容易深入。因爲良心是對一個人自身的諳識——一位從本人實際行爲模式得來的，而且愈來愈親密的相識。這樣，實際受良心譴責或控告的是本質（人之所是），而行動（人之所爲）則提供控告的證據。既然我們只能透過責任感才意識到自由，所以責任所在之處，自由也必定在那裡，在本質（在一個人之存在）中。受必然性支配的是行動（人之所爲）。我們只能夠透過經驗認識我們自己與其他人，我們沒有對我們性格的先天知識。當然我們天生的傾向應該對我們性格抱有高度評價，因爲這一格言：「我們認爲每一個人都是好的，直到證明情況相反」，對於內心的法庭與世間的法庭來說，也許甚至更加適用於前者。

注釋

凡是能夠識別一種思想的本質部分的人，縱然這種思想披著一種不同於他平常熟悉的外衣，他也將和我一樣，認識到康德關於悟知性格與驗知性格的學說，早已是柏拉圖有的一種洞見卓識。不同之處在於，康德是把它昇華到一種抽象的清晰度，柏拉圖則把它神祕化，並且與靈魂再生聯結；因爲當他沒有察覺時間的理念性時，他只能以一種時間的形式描述它。如果我們讀一讀波菲利（Porphyrius）對柏拉圖神話十分清楚準確的說明與例證，那麼，就可以非常清楚地看到這個學說和另一個學說的一致，該神話和康德的抽象語言的一致，顯露得一清二楚。J・斯托巴烏（Stobaeos）在他的《有關自然與倫理學說選錄》（*Eclogae Physicae et Ethicae*）第二卷第八章，第三十七到四十節，爲我們保存下來波菲利全部遺失著作中專門評論上述神話的那一部分，正是柏拉圖在《理想國》第十卷後半部所講的神話。整個這一片段特別值得一讀。我將徵引短短的第三十九節作爲一個樣本，希望能引起對此有興趣的讀者自己去研究斯托巴烏，就會立刻眞相大白：柏拉圖的這個神話不過是對這一深奧眞理的一個比方，康德以其抽象的純正，把這一眞理陳述爲關於悟知性格與驗知性格的學說，因此可以說，在幾千年以前柏拉圖就已經取得了這一學說的要義。確實，這一觀點似乎還可以更往前追溯，因爲波菲利認爲，柏拉圖的觀點得自於埃及人。當然，我們也在婆羅門的輪回教義中發現這同樣的理論，埃及教士完全可能是從印度的這一原始資料得來他們的智慧的。第三十九節如下文：

總括地說，柏拉圖說的意思似乎可以表述如下。靈魂（他說）有自由的力量，在進入軀體和不同的存在模式以前，能夠選擇這一種或那一種生命形式，它們將以某類實存進入這些生命形式，並且進入一個與之相適應的軀體之內。（因爲一個靈魂可能選擇一個獅子的存在形式，同樣也可以選擇一個人的存在形式。）但是，這一自由的選擇力量，隨著它進入某種生命形式的同時，也就被除掉了。因爲當靈魂一旦降入軀體，並且代替不受羈絆的靈魂變成有生物的靈魂以後，它們便獲得在所有情況下都屬於相關生物的那份自由力量。在一些形式中，如在人類中，這種力量很有智力又充滿活力；在一些形式中，如在差不多所有其他動物中，它幾乎沒有什麼能力，而且本性簡單。進一步說，這種自由力量是這樣依賴於有機體，以致儘管它的活動能力完全由它自身產生，但它的衝動卻是由有機體內產生的欲望決定的。

第九章　作爲康德道德學錯誤放大鏡——費希特的倫理學

學生們在解剖學與動物學中對於各種標本和自然生成物有許多事情都不是像在雕刻中那樣看得清楚明白，因爲雕刻中有些誇張。所以如果有任何人看到上述批評以後，仍然不完全滿意我所說的康德的道德學基礎毫無價值的話，我願意介紹他讀一讀費希特的《倫理學體系》，一定能使他消除一切疑惑。

在古老德國的木偶中，一個小丑總是陪伴國王或英雄，爲的是他以後能夠隨便對他們說過什麼話或做過什麼事，大肆渲染。同樣，在偉大康德的背後，站著這「知識學」（Wissenschaftslehre）的，不，一個眞正的「無知識學」（Wissenschaftsleere）的作者。費希特爲了謀得自己與家庭的幸福，用難以捉摸的神祕化方式，構成了創造一種感覺力的觀念。考慮到德國哲學界的本質來說，這是一個非常合適且合理的計畫，他極巧妙地執行這個計畫，處處都超越康德。他看來像是活著的十全十美的康德，他十分拙劣地模仿康德的哲學，誇大所有主要論點。他的道德學也並沒有逃開同樣的處理方法。我們在費希特的《倫理學體系》中看到，康德的定言命令發展成一種專制命令；而絕對的「應該」，制定法則的理性，以及義務的訓諭，已經發展成一種道德的宿命，一種深不可測的必然性，要求人類嚴格地按照某些格律行事。從這種誇張炫耀判斷（第三〇八、三〇九頁）來看，相當多的地方必須依靠這些公式，可是人們沒有發現它們究竟是什麼，似乎只有一些才是清楚的。正如蜜蜂生而有一種終生共同建蜂巢、築蜂房的本能，人（據說）也賦有一種衝動，導引他們共同表演一齣偉大的、絕對道德的、囊括世界的喜劇，他們的角色僅僅是扮演傀儡，如此而已。但是蜜蜂與人有這樣重要的區別：蜂巢確實是被建成了；而演出的，事實上，不是一齣道德的世界喜劇，而是一齣極不道德的世界喜劇。於是我們在這裡看到，康德道德學的命令形式、道德法則，以及絕對的「應該」被一步一步地擴展，直到逐步演變成一種倫理宿命論體系，這種體系制定出來以後，往往陷於滑稽可笑的地步。①

① 爲了證實我所說的話是眞實的，因限於篇幅，我只能引用幾段原文。第一九六頁：「道德本能是絕對的，而且它的要求是斷然的，在它自身以外，沒有任何目的。」第二三三頁：「根據這道德法則，時間內的經驗存在者必須是原初自我的一個精確的複製品。」第三〇八頁：「人就是道德法則的媒介物。」第三四二頁：「我只不過是一個工具，一個道德法則的純粹工具，在任何意義上都不是一個目的。」第三四三頁：「擺在每個人面前的目的，就是成爲實現理性的手段——這是他實存的終極目的；他之所以存在只是爲這一目的，並且，如果達不到這一目的，他便沒有必要或理由活下去。」第三四七頁：「我是現象世界中道德法則的一個工具。」第三六〇頁：「營養一個人的身體，以及研究一個人的健康情況，這是道德法則的一項命令；當然，這不應該用別的方法去做，也不該爲別的目的去做，只是爲了提供一個有效的工具，以推進理性規定的目的，即理性的實現，」——（參考第三七一頁）。第三七六頁：「每一個人的身體均是一個推進理性規定的目的之工具，即理性的實現；所以每一個工具的最大可能的健康，必須構成我的一個目的：因此我必須爲每一個人擔心。」——這就是費希特的關於仁愛的由來的說法。第三七七頁：「我能夠而且敢於爲我自己擔心，這完全是因爲，迄今我是道德法則的一個工具。」第三八八頁：「冒著個人生命危險去保護一個被搜索的人，是一絕對義務，無論何時，另一個人面臨危險，你沒有任何權利考慮你自己的安全。」第四二〇頁：「在道德法則的範圍內，根本沒有辦法不把我的同胞當成一個理性的工具。」

如果我們在康德的學說中能找到一些道德的迂腐之論；費希特的這種迂腐則達到了荒謬的地步，並且爲諷刺提供了充分的材料。請讀者注意，例如（第四〇七到四〇九頁），他是如何判定眾所周知的、關於決疑論的兩條人命必有一死的例子。我們確實發現，所有康德犯的錯誤全被擴大到極端。因此，在第一九九頁，我們讀到：「按照同情的、憐憫的與仁愛的命令而行動，無疑是無道德觀念的；確實，這種行爲方法本身是和道德背道而馳的。」再如，在第四〇二頁：「使我們隨時準備爲別人服務的衝動，絕不該是一種不假思索的厚道溫和，而應是一種明確想出來的目的，即盡可能進一步發揮理性之因果作用的目的。」不過，就在這些迂腐可笑的連串妙語之間，費希特的眞正哲學的粗陋，也顯露得夠清楚了，這種情況，我們只能認爲是一個人教書沒有多餘時間學習，才會發生的。他認眞地提出一種自由的而冷淡的選擇，用最微不足道且瑣碎的理由，作爲他的哲學的基礎（第一六〇、一七三、二〇五、二〇八、二三七、二五九、二六一等頁）。毫無疑問，一個動機，雖然透過理智中介而起作用，無論如何是一個原因，因此像其他一切原因一樣，包含同樣效果的必然性，推論應是：所有人的行爲是一嚴格的必然的結果。誰若一直不認識這一點，那麼從哲學上來說，他仍舊是野蠻的，不了解正確知識的基本原理。對支配人行爲的嚴格必然性的理解力，形成劃分哲學頭腦和所有其他頭腦的分界線；到了這個界限，費希特已清楚地表明他屬於其他頭腦。進一步說，他亦步亦趨追隨著康德（第三〇三頁），提出各式各樣和上述各片段完全矛盾的陳述；但這種不一致，像他的論著中更多的這種不一致一樣，只能證明他從未認眞探索眞理，沒有什麼要建立的堅強信念；因爲就他的目的而論，這種信念確實一點也不需要。最可笑的是，這個人死後卻因嚴格地推理論證而獲譽良多；實際上，他充滿小題大作、空頭大話的迂闊風格，被誤解爲上述那種論證了。

費希特的道德宿命論體系的最全面發展，可見於他的最後著作：《知識學概論》（*Die Wissenschaftslehre in ihrem Allgemeinen Umrisse Dargestellt*，柏林，一八一〇）。此書的優點是只有四十六頁（十二開本的），概括了他的整個哲學。所以應該介紹給那些不願浪費寶貴時間去看他的大部頭著作的人們，這些著作搞得既長又使人膩煩，可以和C・沃爾夫相比；實際上，其用意在於迷惑而不是教導讀者，在這篇短文章的第三十三頁我們讀到：「對一現象世界的直觀感覺作用之所以產生，僅僅是爲了在這樣一個世界中，作爲絕對應該的自我本身是能看得見的。」在第三十三頁我們竟然發現有這種話：「這應該之可見性的」、「應該」（即這道德的必然性）；又在第三十三頁讀到：「感覺到我應該的」、「一種應該」（即一種道德的必然性）。那麼，這就是康德之後我們這麼快就已經得到的東西！他的命令形式，連帶它的未證明的「應該」（它緊抓「應該」當作一個最合適的論點），確實是一個模仿錯誤的樣本！

至於其他，我所說的一切並不推翻費希特給出的「貢獻」。康德的哲學，這一人類睿智的新近的傑作，正是在它出現的這一國土上，他把它搞得黯然失色；不只於此，而且用空洞的、極度的誇大，用肆意鋪張，用可見之於他所著《全部知識學基礎》中，以多麼深奧研究的僞裝出現的胡說八道，來取代康德的哲學。他的「功績」就是這樣清楚明白地向全世界表明德國哲學界的能力是什麼了；因爲他使它扮演一個小孩子的角色，哄著他用一塊珍貴寶石去換一個紐倫堡玩具。他用這種方法得來的名譽，仍然靠著人們的信任維持著；人們仍舊總是把費希特和康德相提並論，儼然又是一個「海克力斯（Hercules）與一隻無尾猴」[②]這樣的人！確實，他的名聲時常還放在高於康德名聲之上。[③]！當然，是費希特的榜樣鼓勵了他的後繼者們施詭計，把德國人民包圍於哲學迷霧之中。這些人們受到同樣精神的鼓舞，並獲得了同樣的成功；每個人均知道他們的名字，但這裡也不是詳細考慮他們的地方。不用說，他們的不同意見，直到微不足道的細微末節，哲學教授們卻仍然提出來並認眞地加以討論，似乎一個人眞正在和哲學家們打交道！那麼，我們應該爲現時存在的清晰文件感謝費希特，這些文件必將有一天由後代的審判庭，那個脫離現在的裁決的上訴法庭修正，這一法庭——它跟聖徒們所期盼的最後審判一樣，差不多在所有時代都被留下來負責授給眞正的功績其公正的獎勵。

② 希臘諺語，意指把崇高與荒誕並列一起。——譯者注

③ 我從最近的哲學文獻中看到的一段話，可以證明這一點。費爾巴哈先生（Herr Feuerbach），一位黑格爾派（我不必多說了！）在他的《論比埃爾．培爾》（Pierre Bayle：Ein Beitrag zur Geschichte der Philosophie,1838）一書，第八十頁寫道：「但是，費希特在他關於道德學說以及他處所提出的思想，遠比康德的思想更爲崇高。基督教教義也沒有任何崇高的東西堪與這些思想相比。」

第三部分　倫理學的創立

第一章　這問題的情況

倫理學的創立像這樣，康德給道德學建立的基礎，在過去六十年一直被視爲正確的，現已證明是一種不能接受的假定，只不過是僞裝的神學道德學，所以我們眼看它墜入哲學錯誤的，也許永遠也填不平的深淵。正如我講過的那樣，我理所當然地認爲，從前企圖建立一個基礎的種種嘗試，更加不能令人滿意。那些嘗試大部分包括未證明的，得自於摸不著、看不到的夢幻世界的論斷，同時——像康德的體系自身——充滿對極微差別矯揉造作的、難以捉摸的描繪，是建立在最抽象概念之上的。我們看到的，是拼湊難懂的概念、爲目的而發明的規則、在針尖上保持平衡的公式，以及誇張做作的格律；從這些格律中，再也不能看到實際生活的一切動盪混亂。這種細微描述，如果只是爲了提高智力的敏銳，無疑還是極適合於演講室的；但是它們永遠不可能是每個人都有的行爲公正、作事篤定的衝動之起因，它們也一樣無力抗拒根深柢固的不公正與心地冷酷無情的傾向，也不可能把良心的責備加罪於它們。把前者歸咎於破壞這樣辨別過細的訓誡，只會使訓誡變得可笑。總之，像這些人爲的觀念結合不可能——如果我們認眞對待這一問題——包括眞正激發公正與仁愛的刺激因素。與此相反，這個必定是某種並不需要多少反思的東西，更不需要抽象與複雜的綜合；這某種東西，不論對每個人，甚至對最野蠻的人來說，都不是依賴於知性的訓練才有的，是一種完全根據直觀感覺，並且就像從事物實體直接朝目標發射的東西。只要道德學不能夠指向這種基礎，它可以繼續它的討論，並在講堂上大加炫耀；但是實際生活卻將給它無情蔑視。所以，我應該給我們的道德家這一似非而實是的忠告，請他們先花一點時間考慮他們自己在他們同胞中的行動。

第二章　懷疑的觀點

但是，當我們回顧過去為了給道德學尋找一個穩固的基礎，進行兩千多年的、徒勞的嘗試時，我們多半不應該認為，根本沒有獨立於人類制度的天然的道德。我們可不可以這樣論斷呢？一切道德體系不過是人為的產物，是為了更好約束自私與惡劣的人類而發明的手段；而進一步說，因為道德體系沒有內在證據，又沒有天然的基礎，如果沒有積極的宗教支持，它們就不會達到它們的目的嗎？法規與員警不足以應付一切情況；存在違法犯罪的事情，卻很難發現它們；而對一些犯罪的懲罰確實是無根據的；簡而言之，對於違法犯罪，我們沒有公共保障。再者，民法頂多能夠實施公正，卻不能夠實施仁愛與慈善；當然，因為就這些品格來說，人人都願意扮演消極的角色，沒有人願意扮演積極的角色。以上所述，已經使這一假設發生了，即道德完全建立在宗教上，兩者有同一目的——補足國家機器和法規的必然不足或不當的目的。因此，不可能（據說）有一種天然的道德，即一種單純基於事物的本質或人類本性的道德，並且可以對哲學家們探索道德的基礎而毫無結果作出解釋。這一觀點並非沒有似乎的可能性，我們發現，一直遠至皮朗懷疑論者（Pyrrhoniker）就有這一觀點：「一切事物本質無善亦無惡，善惡由人判斷決定，雅典的泰門（Timon）如是說。」在現代也有出名的思想家服膺這一觀點，因此應該對它加以仔細考察；不過，比較容易的方法是不再考慮這觀點本身，而是用審視的眼光看看那些提出這種理論的人們的良心。

如果我們相信，人類一切公正與合法的行為都有一道德根源的話，我們就會犯一個嚴重的、一個非常幼稚的大錯誤。事實遠非如此。一般來說，在人們所行的公正和心地的單純之間，存在著一種類似於那種客氣的表示和真正的愛鄰居的關係。這種關係和前一關係不同，雖看不出明顯地克服利己主義，但實際上卻眞的克服了。對那種處處如此小心顯示出來的感情的誠摯，應該認爲是沒有任何懷疑的；那種在這方面稍有懷疑的表示便會引起的深切憤慨，並且還容易惹起的憤怒；這些人們常表現的症狀，我們認爲是什麼原因產生的呢？是否只有沒有經驗與意念簡單的人，才會把它們當作眞幣，當作一種美好道德感情，或良心在發揮作用呢？實際上，這種在人的交往中所採納的，並且被堅持當作一種不亞於高山那樣不可動搖的信守規則之行爲的一般端正性，主要取決於兩個外在必要性：第一，取決於法律規定，每個人的權利是政府當局根據法令加以保護的；第二，取決於公認的要擁有公民的榮譽，換句話說，要有個好名聲，以便在世界中獲得發展或出人頭地。這就是爲什麼個人的一舉一動都受到公共輿論密切注意的緣故，這種輿論十分嚴厲，絕不原諒任何一次錯誤行動或失誤，還要把它牢記在犯錯誤人的身上，作爲他終生抹不掉的汙點。僅就此而言，公共輿論是夠聰明的，因爲根據這根本原理：「人的行動決定於他的本質」，輿論表示確信，性格是改變不了的，因此一個人做一次的事情，只要還有完全一樣的環境條件，他一定還要做。這就是一直監視人們端正行動的兩個看守者，沒有它們，坦白地說，我們會處於可悲的境地。特別是涉及財產，這一人們生活中一生爲之付出大部分能力與活動的中心問題。因爲純粹道德的正直動機，假定它們存在的話，除非很間接地，否則不能夠當作一個確定性命令應用於由國家保障的所有權問題。這些動機，事實上，只對自然權利才具有一種直接與實質性的關係；就後者是以前者爲基礎來說，它們與法定權利的關係僅僅是間接的。然而，自然權利只屬於那些以個人自己的努力獲得的財產，因爲當得到這財產時，同時也就掠奪了財產所有者爲獲取它所付出的一切努力。我絕對反對優先占有權的理論，但不能在這裡提出對它的駁斥（可見《作爲意志和表象的世界》，卷一，第六十二章，第三九六頁以後；及卷二，第四十七章，第六八二頁）。當然，現在一切建立於規定的權利上的不動產，應該從根本上說並且最後（不論包括多少中間環節）是建立在自然的占有權利上的。但是，大部分情況下，在屬於我們市民生活的地契和這種自然權利——它們的原始來源之間，有著多大的距離！確實，它們與後者的關係，一般來說，不是很難證明，就是無法證明。我們擁有的東西之所以是我們的，是靠繼承、婚姻，或者摸中獎；如果不是用任何這類方法的話，它仍然不是靠我們自己辛勞工作得來的，靠的是狡猾與腦筋靈光（例如在計算領域）。是的，有時甚至就是靠我們的愚蠢，由於種種情況巧合，天意賜給愚蠢榮華富貴。財產是眞正辛苦勞動果實的事例，實屬罕見；即使一般像是律師、醫生、教師、文職人員等腦力工作，在未受教育的人看來，似乎也沒有花費多少力氣。

那麼，當財產是以任何這種方式獲得的時候，要使出於純粹道德的衝動承認並尊重這種道德權利以前，需要相當多的教育。因此，不少人暗自認爲，別人的財產只不過是憑規定的權利才擁有的。所以，如果他們利用法律或者逃避法律，以尋找搶奪另一個人財產的辦法，他們感覺不到有什麼顧慮；因爲他們認爲，他會像先前他得到財產那樣，會丟掉他現擁有的財產，所以他們把自己的所有權看作和他的是相同的。從他們的觀點看來，市民社會中更強者的權利，是被更聰明的人的權利給代替了。

我們偶爾可能注意到，富人時常固執地堅持行爲的端正性。爲什麼？因爲他把他的整個心思全放在一個規定上，並且堅決維護這一規定，他的整個財富，以及財富帶來的一切利益，端賴遵守這一規定。因此，他對「各人的東西歸各人」這個原則是百分之百認眞的，顯示不動搖的一貫性。毫無疑問，可以看得出他有一種客觀的忠誠於誠懇與眞誠，這可以令人崇敬他們；但是，這種忠誠純屬建立於這一基礎之上，即誠懇與眞誠是人們之間一切自由交往的基礎、良好秩序的基礎、以及安全所有權的基礎。所以它們總能使我們自己得利，即使爲此目的要付出一些代價，也必須保持誠懇與眞誠，猶如花費一筆開銷買一塊好地是值得的一樣。但是這樣得來的尊敬，通常只在有錢人之間，或者至少在那些從事賺錢買賣的人之間，才可以常見到。它是買賣人的特殊特點，因爲他們堅信，商業活動中彼此的信任與信用絕不可少，這就是爲什麼自己要遵守商業信譽的緣故。另一方面，連糊口都有困難的窮人，由於財產分配不公，看到他自己不得不過著匱乏與艱苦辛勞的生活，而眼看別人生活奢侈安逸，他們不容易理解這種不平等存在的理由，乃是一種貢獻與誠懇勤勉相對應的不平等。如果他不能清楚地認識這一點，他怎麼會聽從純粹的道德正直動機的支配，而不伸手去抓取另一個人多餘的東西呢？一般來說，只有以法律形式建立起來的政府命令，才能制止他不這樣做。但是，如果眞有這樣一個少有的機會出現，他發現周圍沒有員警，而且只要動一動手就可以擺脫難堪的貧窮重擔，一看到別人富裕，這種重擔便益加沉重了；如果他感覺到這一點，又認識到這樣做能使他擁有並享受他夢寐以求的一切，在那時，有什麼能使他住手而不做那種事呢？宗教教義嗎？信仰很少能這樣堅強；一種純粹要求公正與正直的道德動機嗎？也許只有在很少、孤立的情況下會如此，但在絕大多數情況下，實際上發揮作用的不過是一個人對他的好名聲與公民榮譽感到擔憂罷了——這是一件甚至和處境卑微的人都有密切關係的事情。他知道不誠實行爲必定立即付出代價的危險，被驅逐出過著正確生活的可尊敬的人們的大社會之外。他知道，全世界的財產已適當分配在他們手裡，哪怕他只做過一次有損名譽的壞事，他們也可行使權力使他終生被社會所遺棄。他知道，無論誰在這方向上走錯一步，便標明他是沒有人信賴、沒有人願與之爲伍、被剝奪一切晉升機會的人；對他來說，由於是「偷過東西的人」，這一諺語可以適用：「偷過一次東西的人，一輩子都是賊。」

那麼，這些就是監視人與人之間端正行爲的保衛者，凡在社會中生活並留心觀察的人必將承認，人們交往中絕大多數的可尊敬的行爲應歸因於這些保衛者；不，他將更進一步說，並沒有這樣遲鈍的人們，他們甚至希望對他們的警惕性毫不在乎，並且把公正與誠實僅僅看作像一面國旗那樣的外在標誌，在其保護下，他們能夠更成功地實現他們自己掠奪的癖好。所以，如果我們發現一位道學家建議，也許一切尊嚴與正直從根本上說可能僅僅是傳統習慣所致，我們不需要大發雷霆，扣好我們的甲冑，論個高低。霍爾巴赫（Holbach）、愛爾維修（Helvetius）、達朗貝（d'Alembert）與他們時代其他人就做過這樣的事情；並且，爲把這一理論探究到底，他們竭盡巨大聰明才智，終於追溯到一切道德行爲的動機，不管遠的和間接的，都是利己主義的。他們的見解，因爲有一終極的、以自我爲中心的基礎，對大多數公正行爲來說，確實是適合的，這我已經在前面證明。這種見解對於大量作爲善意與仁愛表示的行爲來說，也是適合的，這是無可置疑的。這種行爲時常起源於誇耀，更時常起源於相信會得到幾倍甚而幾十倍的報償，或者能夠用其他利己主義動機解釋它們。然而，同樣確定的是，可以看到出於無私善意和完全自願公正之行爲。爲證明這後一陳述，我只訴諸經驗的事實，不訴諸意識的事實。有記載可徵信的孤立的、卻無可爭辯的一些事例說明，一位貧窮的偷竊者不僅排除了受法律制裁的危險，而且也排除了一切發現甚至懷疑的可能性，儘管如此，這位窮人還是把竊物歸還富人原主。例如，失而復得之物都是沒有想到要或希望要獎賞而被送回的；一個第三人稱的存款在他死後被歸還合法的原主；一個窮人，祕密地受一個逃亡者委託保管一件寶物，他一直忠實地保管，之後又還給他。這類事例毫無疑問是能夠找到的，單憑我們聽到這些事例之後所喚起的驚訝、情感以及崇敬，就可以證明它們是出乎人的意料、非常例外的。實際上確實有誠實的人，就像四葉的苜蓿，他們的實存並非虛構。但是當哈姆雷特說：「在這個世界上，一萬人中間只不過有一個老實人」時，他可沒有用誇張法。如果有人反對這一見解，認爲宗教教義，包括死後世界裡的獎懲，畢竟是上述行爲的根源，卻很可能舉出行爲者並沒有任何宗教信仰的事例，而且這絕不是像一般認爲的那樣一件不常見的事情。

那些反對這懷疑觀點的人特別求助於良心的證明，但良心本身是受到非難的，同時對它的自然起源也提出疑問。原來，事實上，有一個假良心常與眞良心相混，許多人對他們所做所爲感到的遺憾與焦慮不安，從根本上來說，只不過是對可能造成的後果的恐懼。有不少人，如果他們破壞了外在的、自願的，甚至可笑不合理的規則，所感到內心的反省的痛苦，完全和眞正良心所給的那些痛楚相似。例如，一位信仰偏頗的猶太人，如果禮拜六他在家抽菸，眞會感到心情沉重，因爲他意識到未遵從《出埃及》第三十五章第三節的訓令：「當安息日，不可在你們一切的住處生火。」一位高尚的人或者官員時常都受到良心責備，因爲他有時候沒有完全遵從稱之爲武士節義的愚人法典！不但如此，而且他這一階級的許多人，如果看到在某一爭吵中的所爲，不可能滿足上述名稱的法典的最低要求——還不必說遵守他們的榮譽誓約了——他們是願意自殺的。（以上兩例都已編入我的知識）而另一方面，這與一個人對每天不守諾言都毫不介意，只要不涉及那一階級特有的行話「榮譽」就行。簡而言之，每一個不合理、未加思索的行動，無論什麼和我們的成見、原則或信念相反的行爲；確實，每一不愼、每一錯誤、每一蠢事，均使我們暗自心痛，這種傷痛以後也難以消失。一個普通人，常認爲他的良心是這般一個莊嚴的構造物，但如果他能了解它實際包括的內容的話，一定會感到驚異：也許大約有五分之一，是對人的恐懼；五分之一是迷信；五分之一是成見；五分之一是虛榮；以及五分之一，是習慣。所以實際上他簡直十分坦率地說：「我不能保有我的良心。」這個英國人一樣。無論信什麼教派的人，通常只把良心理解爲他們宗教的教義與訓諭，以及據此所進行的反省；良心的強制與良心的自由，這些表達方式正是在這個意義上使用的。中世紀和稍後時期的神學家、經院哲學家與詭辯家，也總是做這種同樣的解釋。凡是一個人所知道的教會的慣用語言與規定，再加上相信與遵守它們的決心，便構成他的良心。我們常看到「半信半疑的良心」、「固執己見的良心」、「有罪過的良心」一類這樣的詞語，爲了撥正這樣不道德的心態，於是特別召集宗教會議，聘請懺悔者加以解決。良心的概念，正如其他概念一樣，由其本身的對象決定的，是多麼少；不同的人對良心概念的見解，是多麼不同；在書籍中它顯得多麼搖擺不定；所有這些情況，在斯陶德林的《良心學史》（*Geschichte der Lehre vom Gewissen*）中都有簡單而明確的說明。我舉出這一連串事實，並不打算證實這東西的實在性；相反地，它們倒已經使人產生是否實際存在一個眞正、天生的良心的問題。我已經在第二部分第八章討論自由的學說中，提到我對良心的觀點，我將在下面再談談這一問題。

即便把所有這些懷疑的異議加在一起，絲毫也不能證明眞正的道德根本就不存在，儘管這些異議可能使我們對人類的道德傾向，以及道德學的自然基礎，不抱太大希望。毫無疑問，我們能證明許多歸因於道德感的行爲，實際是由於其他因素的激勵；並且當我們沉思這世界上的道德敗壞時，看得十分明顯的是，爲善的刺激不能是很有力量的，尤其因爲這種刺激甚至在對立的動機微弱的情況下，時常都不發揮作用，儘管那時我們感到個人的性格差異非常明顯。

應該看到，辨識這種道德敗壞之所以更加困難，是因爲它的表現由於實施法律而被公共秩序所抑制與掩蓋，以及受到需要有個好名譽的抑制與掩蓋，甚至受到日常禮貌習俗的抑制與掩蓋。而且還不只以上所說的這些，人們通常認爲，教育青年提高他們的道德興趣，把正直與德行描繪爲世人一般遵循的原則就可以了；但之後，經驗教給他們的卻是另外一回事。這時常對他們非常有害，因爲他們發現，最初欺騙他們的原是他們年輕時候的教師，這對他們的道德很容易產生比上述情況更加有害的惡劣影響，如果這些人曾首先給他們樹立坦白誠實的榜樣，坦率地說：「這世界陷於邪惡之中，人不是他們應該所是的人；但不要因此誤入歧途，而要使你做得更好。」我已說過，所有上述情況都增加了認識眞正的人類不道德現象的困難。國家——這一人類絕妙之作，它總結了一切人自覺的、巧妙的利己主義——把每個人的權利委託給一個權力，它遠高於個人的權利，強迫他尊重所有其他人的權利。這是限制幾乎所有人的無限自私心，許多人的惡意，不少人的殘酷之束縛力量。這樣產生的錯誤觀念是如此強烈，以致在特殊情況下，那裡的行政權力失效，或者被逃避管理，那裡人們無厭的貪欲、卑鄙的貪婪、極度的虛僞，或可憎的奸計，其醜惡畢露，嚇得我們哆嗦退縮，還以爲我們是偶然碰見了某種從未聽說過的怪物呢！既然沒有法律強制，又沒有保持榮譽的必要性，這些怪而可笑的景象可能是每天都會發生的事情。爲了從道德觀點發現人是用什麼製成的，我們必須研究無政府主義者過去行爲的紀錄，以及和罪犯有關的失當或者非法的行動。湧現在我們眼前彼此和平交往的成千上萬的人，我們只能把他們當成是一群嘴巴上帶上了堅實嘴套的虎狼。現在讓我們假定解開這一嘴套，或者換句話說，國家的權力廢除了，仔細想一想那時即將出現的情景，就會使一切能思維的人戰慄，並且他們會因此改變原來多少還有點對宗教的，對良心的，或對道德觀念自然基礎的功效之信任。但如果解除這些不道德的、主張廢棄道德法則的勢力的桎梏，使之不受束縛，也正是在那時，隱蔽的眞正道德動機，才會突顯它的能動性，因而是最容易識別的；而且正是此時，才能最清楚地表現出人與人之間性格的巨大差異，這種差異就像人的智力差異一般大，這就不用多說了。

反對的意見也許將提出這一問題：道德學與人們實際做什麼無關，它講的是人們行爲應該是什麼的科學，可是我反對的正是這種見解。在本文章的關鍵部分，我已充分證明，這

「應該」的概念，換句話說，道德學的定言命令，僅僅在神學的道德觀念中才有效用，在它以外便喪失一切意義。我放在道德科學前面的目的，是指出所有各式各樣人的行爲的道德方向，解釋它們，並且追溯到它們的終極來源。所以除去經驗的方法以外，找不到任何發現道德基礎的其他方法。我們應該尋找並且看看，是否我們能發現任何我們不得不把它們歸因於眞正有道德價值這樣的行爲：那就是自願的公正行爲、純粹的仁愛行爲、以及眞正的高尙行爲。這種行爲，當找到以後，便被視爲一已知應加以適當說明的現象；換句話說，必須考察它的眞正始源，這包括對特殊動機的研究解釋，這些動機導致一些人的行爲和所有其他的非常不同，以至於他們自己竟形成一個階級。這些動機，連帶對它們的反應敏感性，將構成道德的終極根據，而關於它們的知識將是道德學的基礎。這就是我指給道德科學研究應遵循的微不足道的途徑，它不包括任何先天的構建、不包括對抽象的一切有理性者的絕對立法；它沒有一切官方的、學院的批准。所以，無論是誰認爲它不十分合乎潮流，可以回到定言命令那裡；回到「人的尊嚴」的口號那裡；回到空洞辭彙、混亂不清以及經院哲學家的肥皀泡那裡；回到這樣的原則那裡，經驗每一步都對它們傾注蔑視，在講堂外面的人，對它們根本一無所知，或者向來也沒有絲毫注意過它們。另一方面，遵循我所指的途徑而達到的基礎，是由經驗支持的，而且經驗每日每時默默地提供支持我的理論的證明。

第三章　反道德的動機

人類主要的與基本的動機和動物一樣，是利己主義（Egoismus），亦即迫切需要生存，而且要在最好環境中生存的衝動。德語Selbstsucht（追求私利）還含有一個錯誤概念，即疾病（Sucht）。[①]Eigennutz（自身利益）一詞的意義爲利己主義，只要後者是以理性爲指導，理性依靠反思使它有計畫地澈底實行它的目的，所以可以稱動物是利己的，但不是自私自利的（eigennützig）。因此我將保留適合於一般概念的利己主義這個詞。那麼這種利己主義在動物和人中，都是極密切地和他們的本質與存在結合在一起的；確實，它是完全一樣的東西。因此所有人類的行爲，一般來說，都有其利己主義的根源，於是當我們試圖找出對任何已知行爲的方向的解釋時，我們必須首先求助於它。正如，當決定努力指引一個人任何行動方向時，盤算達到這一目的的方法，普遍地是涉及這同一的、全能的動機的。利己主義，從其本質來說是無限制的，個人充滿維護個人生命，以及使之避免包括一切匱乏與窮困在內的一切痛苦之無限欲望。他想過極盡可能的愉悅生活，想得到他所能意識到的一切滿足；確實，如果可能，他企圖演化出嶄新的享樂能力。一切有礙於他的利己主義競爭的事物，都會引起他的不快、他的惱怒、他的憎恨：這就是他要設法消滅的生死存亡的敵人。如果可能的話，他喜歡爲自己的享樂而擁有一切；鑒於這是不可能的，他希望至少能控制一切。「一切爲自己，無物爲他人」是他的座右銘。利己主義是高踞於世界之上的一個龐大巨

① Sucht有兩個意思，一爲嗜好、癮、欲望、狂熱、癖好等，如嗜酒癖、毒癮等；一爲疾病。疾病這一意思現在已很少用了。——譯者注

怪，如果允許每一個人在他個人的破滅和其餘人類的破滅之間進行選擇的話，就不必我說在大多數情況下這一選擇決定會是什麼了。這樣看來，每個人類個體均要使他自己成爲世界的中心，他是完全從那一立足點看待世界的。不論發生什麼事情，甚至比如說，他首先把民族命運方面的最廣泛變化，與他自己的利益聯繫起來，雖然影響他的利益不大又間接，他必定是首先只考慮他的利益。我們想像不出有什麼比這個更爲鮮明的對照了，即一方面是每個人對他自己的自我之深刻、專有的熱衷，另一方面是所有其他人通常用以看待那一自我的冷漠，而這種冷漠恰恰和他用以看待其他人的一樣。看到無數人群中每個人如何認爲自己，至少從實踐觀點看，是唯一的實在物，而認爲所有其他人多少是純粹的幻象，眞感到有些滑稽。發生這種現象的根本原因在於，每個人是直接地意識到他自身，但是透過他的想像，他僅僅是間接地意識到別人，而直接的印象堅持它的權利。換句話說，正是由於我們意識本質的主觀性，每個人自身即是全世界；因爲一切客觀的東西僅僅間接地存在著，不過是主體的心理圖像，是以每一事物便一定按照自我意識來表達。這個唯一的、個人對之眞正領會並有一定知識的世界，他把它記在心上，就像由他的頭腦製成的一個映像；所以，他是它的中心。於是對他自己來說，他是一切的一切；並且既然他感受到，他把一切實在之物全包括在他的自我之內，那麼對他來說，什麼東西都不比他自己的自我更爲重要了。（應該注意，儘管從主觀方面一個人的自我表現爲這些龐然大物，客觀上它卻差不多縮小成微不足道的東西，即大約占人類的十億分之一。）進一步說，這一極端重要的自我、這一微觀宇宙，對它來說宏觀宇宙純粹是它的變形或偶然的事物。它是個人的整個世界，他十分清楚必定因死亡而消失；所以對他來說，自我的消失就等於一切事物的毀滅。

那麼，這些便是利己主義基於生存意志所由形成與發展的基礎，這種利己主義像一個寬大的壕溝，將人和人永久隔離。如果任何時候某人眞的跳過壕溝去幫助另一個人，這種行爲便被視爲是一種奇蹟，引起驚嘆、贏得贊同。在前面第二部分第六章討論康德道德學原則時，我已描述了日常生活中利己主義的舉止行動，它無時不在哪個犄角窺視，連平常的禮貌都不顧及了；本來，那種禮貌就像傳統的無花果樹葉一樣，是用來當作遮蔽物的。事實上，禮貌是對每天交往小事中利己主義的一種習慣的，有規則的否認，並且自然是一套公認的虛僞。人們要求而且稱讚彬彬有禮，因爲禮貌所掩蓋的東西——利己主義，是那麼可憎，沒有人想要看到它，儘管人們很清楚它就在那裡；這就好像人們最想把令人厭惡的東西，至少要用個簾子遮蔽。那麼，除非有外在的約束力（其中必須包括一切恐懼的來源，不論是對人力或神力的恐懼），要不然就是有眞正的道德動機產生有效作用，利己主義肯定永遠無限地、直接地追求其目的，因此沒有這些制約，考慮到無數自私自利的個人。「所有人對所有人戰爭」就會是當代的秩序，並且會證明是一切的毀滅。早期建立國家政府就是這樣以沉思的理性加以解釋的，實際上這種政府起因於彼此對往復暴力的恐懼，盡其所能以消極措施避免普遍的利己主義造成的災禍後果。然而，在反對利己主義的這兩種約束力失效的地方，後者便很快暴露它一切可怕的特質，這種可鄙事物又不完全引人注意。爲了用幾個詞就可以表示這一反道德力量的強大程度，比如說，把它一筆描繪出來，需要某種特別強調的誇張法，可以這樣說：許多人做得出殺人的壞事，僅僅是爲了用受害者的肥肉擦他的靴子。我只懷疑這終究是否有什麼誇大之處。這樣看來，利己主義是道德動機必須與之爭鬥的，雖然不是唯一的，卻是第一個而且主要的力量；而且確實很清楚的是，後者爲了成爲反對這樣一個敵對者的力量之一，必須是某種比一種吹毛求疵的詭辯，或者一種先天的肥皂泡，更爲實在的東西。在戰爭中，首先應該充分了解敵人，並且在現已迫在眉睫的戰鬥衝突中，利己主義，作爲它自己一方的主要戰鬥者，是最反對公正的德行。我認爲，公正是第一個而且是最早的主要美德。

另一方面，把仁愛的德行，與惡意或懷恨相匹配更爲恰當，現在我們願意考慮一下惡意或懷恨的起源及其發展階段。較低程度的惡意是很常見的，確實，幾乎是件普通事情，可是它也容易升級。歌德說，「在這個世界上，冷漠與厭惡像在自己家裡那樣自在，無拘無束」（《親和力》〔*Wahlverwandtschaften*〕，第一部第三章），這肯定是對的。對我們來說很幸運的是，謹慎與禮貌匆匆給這一邪惡披上的外衣，使我們看不到它是如何普遍存在，以及至少在思想中「所有人對所有人戰爭」是如何一直在進行的。可是這種邪惡仍然有反覆出現的跡象，例如，很常見的無情的背後造謠中傷，就含有這種惡意。在發怒時它的表現最爲清楚，因爲這種發怒大部分是爲了微不足道的小事，而且如果它們沒有像黑色火藥那樣，被緊迫壓縮到長期懷恨的易爆混合物中的話，本來不太可能是這麼暴烈的。惡意一般來自於每一步都出現的利己主義之不可避免的衝突，進一步說，客觀上由於看到軟弱、愚蠢、惡行、失誤、缺點以及各種不足，便激發了這種惡意，而以上各種現象是所有人多多少少偶爾授人以柄的。確實，這一景象已達到這種地步，許多人，尤其在憂鬱沮喪時，可能傾向於從審美觀點，把人世看作一個諷刺畫展覽室；從理性觀點，當成一個瘋人院；從道德觀點，當成一個騙人的賭徒窟。如果這種精神態度得以放任，其結果便是對人類的厭惡；最後，惡意的主要來源之一是忌妒，或者更確切地說，忌妒本身就是惡意，由看到別人的快樂、財富或優勢所燃起。人是絕對有忌妒心的，希羅多德早就說過：「忌妒是人類伊始就自然產生出來的。」但是忌妒的程度變化很大，當把忌妒對準個人品格這一目標時，這種忌妒最爲惡毒且難以平息，因爲那時忌妒者沒有什麼要希望得到的東西。況且，正是在這種情況下，忌妒的最卑鄙的形式也出現了，因爲人生來就憎恨他們本應該熱愛和尊崇的事物。可是「人世變遷」就是這樣，甚至彼特拉加（Petrarca）②也抱怨說：

> 因爲忌妒首先緊抓著那些人不放，
> 他們靠著他們自己強有力的翅膀飛出，
> 逃離那一般民眾被禁錮於其中的牢籠。

爲進一步研究忌妒，讀者可參閱《附錄和補充》卷二第一一四節。

在某種意義上，與忌妒相反的是幸災樂禍地注視別人的不幸。無論如何，前者是人所特有的，而後者則是惡魔性的。看到別人痛苦便稱心地、由衷地感到高興，這是一個絕不會錯

② 彼特拉加（Petrarca Francesco, 1304-1374），義大利詩人。——譯者注

的、顯示一顆壞透的心腸和道德的極爲卑微的標誌。一旦看到有這種特性的人，應該永遠躲開他：「這個人是黑膚色的，噢，羅馬人，你們要提防他。」（賀拉斯語）這兩種邪惡本身僅僅是理論上的；在實踐中，它們變成爲惡意和殘忍。當然，利己主義可能導致惡事惡行以及各種犯罪，但是給別人造成的損害與痛苦，純粹是手段，不是目的，所以尙屬一個偶然性的問題。而惡意與殘忍則使別人的痛苦不幸成爲目的本身，實現這一目的能給予明顯的快樂，因此它們構成一種更加嚴重的道德卑鄙行爲。利己主義的格律，最壞也就是：總有一種條件，絕不幫助任何人，但卻損害所有的人，如果這條件會給你帶來什麼利益的話；惡意的指導規則卻是：就你所能去損害所有的人，因爲懷惡意的快樂，事實上是理論上的殘忍，反之，殘忍不過是將懷惡意的快樂付諸實踐，並且後者一有機會一定以殘忍的形式表現。

對源於這兩種主要反道德力量的特殊罪惡的考察，不屬於本文章的範圍，它的正當位置應在詳細的道德體系之內。我們從利己主義可能推導出貪欲、貪食、色慾、自私、貪婪、不公正、冷酷、驕傲、自大等等；可以把不滿、忌妒、惡意、怨恨、幸災樂禍、獵奇心、中傷、傲慢、暴躁、憎惡、生氣、奸詐、欺騙、渴望報復、殘忍等等，歸咎於滿懷怨恨。第一個的根源是獸性更多，第二個根源是魔鬼性更多，並且根據二者中哪一個是更爲強有力，或者根據道德的動機（下面將說明）占支配地位，這樣便決定了人的道德品格分類的顯著特質。任何人都不能完全擺脫上述所有三種根源的某些痕跡。

我就在這裡結束我對這些可怕的邪惡力量的考察，這一大群人使我們想到彌爾頓（Milton）《失樂園》詩中萬魔殿裡的黑暗王子們。但是我的計畫，在這一方面當然和其他一切道德家不同，需要我從一開始便考慮到人性的這一陰暗面，而且像但丁那樣，先下到十八層地獄。

現在可以十分清楚地看到，我們的問題該有多麼難了。我們必須找到一個動機，它能使一個人採取一種正好和深深根植於他本性中所有癖好相反之行爲方向；或者，假定這種行爲是一經驗的事實，我們必須能夠給它提供一個適當的而非虛假的解釋。事實上，這一困難是如此之大，爲了解釋它，對人類的絕大多數來說，無論什麼地方都一直是非得求助於天國的超自然力不可。人們一直都指向諸神，所要求於人的行爲模式被說成爲諸神的意志與命令，並且使人認爲，他們是用在今世或在死後來世的獎懲辦法，來強調這種命令是多麼重要。現在讓我們假定，對這種教條的信仰已普遍生根（從年齡尙稚就竭力灌輸，這當然是可能的）；讓我們再假定，這種信仰產生預想的效果，雖然這件事更加難以承認，並且未經經驗證實，那麼我們無疑會成功地獲得行爲的嚴格合法性，甚至超出司法官與員警能夠達到的限度。但是每個人均感到，這一點也不意味著是我們所說的發自內心的道德，因爲顯然可見，每一個像剛才談到的動機所引發的行爲，畢竟純粹是由利己主義衍生出來的。當我願意受報酬引誘，或被懲罰威脅嚇唬時，我怎麼能談到毫不自私自利呢？完全相信來世的報償，應該看作是一張匯票，它極爲安全，可是只能在渺茫的將來才能兌現。乞丐那麼經常地向救濟他們的人做出十分慷慨保證，在來世他們必將得到比他們的贈與多一千倍的回報，這樣看來，像這種慷慨的保證很可能導致許多守財奴大方的施捨；因爲這樣一個人，完全相信將來再能富敵陶朱，洋洋自得地把這看作很有利的投資。對大多數人來說，也許永遠需要繼續不斷地訴諸這種性質的激勵因素或動機，我們知道，這就是不同的宗教傳播的訓誡，而各種宗教事實上是人民的形而上學。雖然如此，就這一點來說，我們應該看到，一個人時常弄錯別人行爲的動機，他時常也把支配他自己行爲的眞正動機弄錯。所以，可以肯定，當許多人只能夠向他們自己說明他們最高尚的行爲，是由於上述那種動機所致時，然而他們行動上實際是受高尚得多、純潔得多的動機支配的，不過後者可能更難於發現。毋庸置疑，他們所作所爲出自於對他們鄰居的直接熱愛，他們只能把這種行爲解釋爲他們上帝的命令。另一方面，哲學在處理這一問題時，正如處理其他所有問題一樣，則竭力從人的本性自身洩露出來的事物中，抽出已知現象的眞正、終極的原因，儘管這些洩露的事物必須擺脫一切神祕解釋，擺脫一切宗教教條以及超驗的基礎，哲學仍要求看到從外在的或內在的經驗加以證實。現在，由於我們目前的任務是個哲學任務，我們必須完全不考慮任何宗教所規定的一切解答；而我在這裡已簡單地論及它們，僅僅是爲了更清楚地展示其困難之大而已。

第四章　有道德價值行爲的標準

首先要解決這一經驗的問題，即自發的公正與無我的仁愛行動，這些能夠稱爲高尚與寬宏大量的行爲，是否實際上在經驗中出現。可惜，這個問題不能完全從經驗上決定，因爲經驗恆常體會到的僅僅是行爲，而行爲的誘因或動機不是顯然可見的。因此，這種可能性永遠存在，即自私的動機在決定公正或慈善的行動中，會產生一定影響作用。在像目前這樣的理論探索中，我不會利用不可原諒的伎倆，把這問題推卸給讀者的良心；但我相信，幾乎不會有人對這問題抱持任何懷疑，並且根據他們自己的經驗，認識不到經常做出公正行爲，完全純粹是爲了防止別人因不公正而遭受痛苦。我毫不遲疑地說，我們大多數人都相信，確實有這樣的人，他們公平待人的原則似乎是天生固有的，他們既不蓄意傷害任何人，也不無條件地謀取他們自己的利益，而是在考慮他們自己過程中，也關心他們鄰居的權利。有這樣的人，當他們從事彼此互有責任的事情時，不只要使對方盡他的責任，而且還要記住他自己的責任，因爲任何和他們打交道的人受到不公正待遇，確實是違反他們的意志的。這些是眞正誠實的人，是無數不公正人中極少有的公正人。這種人是存在的。同樣，我認爲，也應該承認，許多人樂於助人與施捨，做貢獻，並且克己，心中除去想幫助他們看到在痛苦中掙扎的人以外，毫無其他意圖。當阿諾爾德·馮·溫克里德（Arnold von Winkelried）①喊道：「弟兄們，忠誠我們的誓言，把它記在心頭，關照我的妻子與小孩。」於是他竭盡全力用雙臂緊緊夾住敵人的許多投槍；有誰能相信他有某種自私目的嗎？我不能。我在這一部分

① 傳說中的瑞士民族英雄，歿於一八三六年。——譯者注

第二章已提醒注意，除非有意地和存心地輕忽事實，否則是不能夠否認自發的公正這些情況的。雖然如此，如果任何人堅持不相信的確會有這種行動發生，那麼，根據他的看法，道德學就會像占星術與煉丹術那樣，是沒有任何實在對象的科學，再進一步討論它的基礎，就是浪費時間了。所以，我和這種人毫無共同之處，我只是對那些人講話，他們承認我們正在研究的不只是一種想像的創造物。

因此，眞正的道德價值只能歸諸於上述那種行爲，它的特殊標誌是：它完全排除那種激起一切人類行爲的另外的動機；我的意思是說各種利己的動機，使用利己這個詞的最廣泛的意義。所以，一個行爲洩露了帶有自私的動機，它的道德價值便降低了；如果那個行爲動機赤裸裸凸顯，其道德價值則全被毀滅，是以沒有任何自私動機就是一個有道德價值行爲的標準。無疑，有人可能反對，認爲純粹惡意與殘忍的行爲不是自私的。鑒於後者從種類上說，恰和現在考慮著的那些行爲相反，後者顯然不能是指那些行爲。不過，如果堅持嚴格狹隘的定義的話，那麼，由於這種行爲的本質特徵——圖謀使別人痛苦，我們可以特意地不把它們包括在內。

具有眞正道德價值的行爲還有另一個特點，它完全是內在的，因此不太明顯。我是指，它給人留下某種稱之爲良心贊同的自我滿足，正如在另一方面，不公正與不仁慈，而且進一步說，惡意與殘忍，都含有一種內心感到的自責。最後，還有一個外在的、次要的，而偶然的標誌，劃清這兩種行爲之間的界線：前一種行爲贏得無私的目擊者的贊同與尊敬，後一種行爲則招致他們的反對與蔑視。

那些帶有道德價值表徵的，人們決定採取並且被承認爲實在之種種行動，構成展現在我們面前的現象，對此我們必須加以解釋。我們必須相應地找出來究竟是什麼促使人們有這種行爲。如果我們的研究成功，我們將必定能使眞正的道德動機顯露出來，並且因爲一切道德科學依賴於這一點，我們的問題即將解決。

第五章　對唯一真正道德動機的陳述與證明

前面的種種思考，爲澄清問題的範圍是不能避免的、必要的，現在我能指出潛在於一切具有眞正道德價值行爲中的眞正動機了。我們將看到，這一動機所獨具的嚴肅性與不容置辯的純眞性，與迄今所有體系同時都把它們當成道德行爲的來源與道德的基礎之無益分析、究微求細、詭辯、空洞無物的主張，以及先天的虛有其表的東西，確實毫無共同之處。我將提出的這一動機，不是任人接受或反對的假設；我將實際地證明，它是唯一可能的一個動機。但鑒於這個證明需要牢記幾個基本事實，首先要求讀者注意我們必須預設的某些命題，可以正當地把它們視爲公理；但是最後兩個是從前一章和第二部分第三章中所做分析得出的結果：

1. 任何行動沒有一個充分動機便不能發生；正如一塊石頭沒有足夠推力或拉力，難以移動一樣。

2. 同樣，任何行動，當已知行動者的性格，以及一個充分動機在場時，不會中途停止；除非有一個更強有力的必然阻止這行動的相反動機出現。

3. 凡能推動意志的事物——這個，只有這個才含有最廣泛意義上的福與禍的意思；反之，福與禍表示「與一個意志相一致或與一個意志相反的事物」。因此，每一動機必定與福和禍有關聯。

4. 所以，每一行動是根據一種易受禍福影響的存在物而採取的，並且以此作爲行動的終極目標。

5. 這一存在物或是這行動者自身；或是另一個人，他的地位就行動而言，因而是被動的；因爲所爲或是對他有害，或是對他有利和有益。

6.任何行動，必須以行爲者自己的禍福作爲行動的終極目標，便是自私自利的。

7.上述關於已做出的行爲的命題，同樣適用於中途停止未做的行爲，無論在哪種情況下，動機與相反的動機都發揮它們的作用。

8.從上一章的分析可知，一個行動的利己主義和其道德價值是絕對互相排斥的。如果一個行爲的動機有一自私目標，那麼，一律不能給予它任何道德價值；如果一個行爲具有道德價值，那麼，任何自私自利的目標，無論直接的或間接的、近的或遠的，都不可能是它的動機。

9.由於我在第二部分第三章排除了所謂的對我們自己的義務的緣故，我們行爲的道德意義僅僅存在於對其他人產生的影響；只有它與後者的關係才是那給予我們行爲以道德價值或無道德價值，並且構成它爲一公正、仁愛等行爲，或與此相反的行爲的東西。

從以上這些命題，顯然可得出下列結論：這種福與禍（根據我們前述第三個公理）它作爲行動的終極目標，必定是已做或未做的每件事情之基礎或根據，它或是行動者自己的福與禍，或是另外某人的福與禍；對這行動來說，後者的角色是被動的。第一種情況下的行爲，由於它受一種自私動機驅使，必然是自私自利的。這不僅適用於這種情況，即當人們——他們幾乎總是這樣做——全然爲他們自己的利益與好處計畫他們的行爲時；這同樣也適用於這種情況，即當我們期望從我們所做的任何事情中，都能夠給我們自己帶來一些利益時，不論它多麼遙遠，不論是在今世或在來世。這一事實依然是自私自利的，也就是當我們的榮譽、我們的好名聲，或者要贏得某人尊敬的願望、旁觀者的同情等，均是在考慮的一個目標時；或者當我們的意圖是贊成一種行爲規則時，如果這一規則是普遍遵守的，隨時都會對我們自己有用，例如：公正的原則、相互救助的原則等。同樣地，這種做法從根本上說也是自私自利的，即當一個人認爲，服從某個不知由誰、但確實是由最高權力發布的絕對命令才是一謹愼步驟時；因爲在這種情況下，除了害怕不服從帶來不幸後果外，絕沒有其他動機，儘管這些後果是能夠一般地、不太清楚地想像出來的。促使我們這樣做也是不折不扣的利己主義，即當我們竭力透過自己所做某事或中途改變主意未做某事，強調我們對自己的高度評價（不論是否有清楚認識），以及對我們的價值或尊嚴的高度評價時；因爲不然就會感覺不到自我滿足，傷及我們的自尊心。最後，這種情況仍然是利己主義在產生作用，即當一個人，遵照沃爾夫的原則，企圖透過自己的行動，奮力獲致他自己的盡善盡美。簡而言之，一個人可以使他所喜歡的東西成爲行動的終極動機，不論路徑如何迂迴，影響行爲者自身實際禍福的最後手段，原來總是這個眞正的動機；所以他的所作所爲是自私自利的，因此毫無道德價値。這種情況只有在這單一事例中才不會發生，也就是當爲了做某事或停止做某事的終極目的，明確而完全地是爲了另外一個僅起被動消極作用的人之禍福打算時；那就是說，當主動一方的人，以其所爲或所不爲，純粹、完全地關心另一人的禍福，並且除了設法使他的家庭不受傷害，甚至提供扶助救濟使他得益之外，絕對沒有其他目的時。只有這個目的才能將道德價値的特徵給予已做或停止未做的事情，因此我們可以知道，道德價値特徵完全依賴於個人之所以採取或不採取某一行爲，純粹是爲了另一個人的利益。如果當時情況並非如此，那麼這一促使或阻止每一個深思熟慮行動出現的福與禍問題，只能和行爲者自己有關係，從而行動的完成或不完成，完全是自私自利而且毫無道德價值。

但是，如果我只是爲了另外某人而做什麼事的話，那麼可以說，他的福與禍必定直接成爲我的動機，正如通常那樣，我自己的福與禍形成我的動機。如此就可以縮小我們問題的範圍，現將問題陳述如下：另一個人的福與禍，怎麼可能直接影響我的意志，即是說，恰恰像我自己的禍福觸動它一樣？對別人有利或不利影響的事情，並且實際上有時顯得如此重要，它或多或少竟代替我自己的利益，而這些利益一般來說是我所歡迎的動機之唯一根源。這種事物怎麼能夠變成我的直接動機呢？顯然，僅僅因爲另一個人成爲我意志的終極目標，有如平時我自身是那一目標一樣；換而言之，因爲正如習慣上我爲自己想要的那樣，我直接地爲他想要福祉而不要禍害。可是，這必然意味著我深切體會他的痛苦與不幸，正如大多情況下我自己所感受的痛苦與不幸，所以便急切地希望他能幸福，正如別的時候我急切地想望自己一樣。但是，爲了做到這一點，我必須以種種方法與他融爲一體；就是說，我自己和他之間的差距，那正是我的利己主義存在的理由，必須取消，至少達到一定的程度。現在，因爲我不能進入他的內心，只有我對他的認識，即對他的心理印象，以之作爲可能使我與他融合的方法，達到我的行動宣布實際上這種差距已被取消了。我在這裡分析的這一過程不是一個夢、不是一個縹緲的幻想；它是十分實在的，而且絕非罕見的現象。它是我們每天都可見到的——同情的現象；換句話說，不以一切隱密不明的考慮爲轉移，直接分擔另一人的患難痛苦，遂爲努力阻止或排除這些痛苦而給予同情支援，這是所有滿足和所有幸福與快樂所依賴的最後手段，只有這種同情才是所有自發的公正和所有眞誠的仁愛之眞正基礎。只有發自於同情的行爲才有其道德價值；而源自於其他動機的所有行爲則沒有什麼價值。一旦另一人的痛苦不幸激動我內心的同情時，他的福與禍便立刻牽動我的心，雖然不總是達到同一程度，但我感覺就像我自己的禍福一樣。因此我自己和他之間的差距便不再是絕對的了。

毫無疑問地，這種作用確實難以理解且令人驚訝，。事實上，它才是倫理學眞正神祕性所在，它的原初現象，以及其界石只有先驗思辨才敢逾越一步。在這裡我們看到，根據自然之光（古時神學家稱之爲理性）澈底把存在物與存在物分開的界牆，已經坍塌，非自我和自我已在一定程度上融爲一體。我暫時不談對這一謎樣的形而上學所做的解釋，而先探索自發的公正和眞正的仁愛是否確實從同情產生的。如果是這樣的話，我們的問題就解決了，因爲可說我們已經找到道德的終極基礎，並且已經證明它存在於人性自身。然而這一基礎也不能成爲倫理學的一個問題，卻會像其他每個終極事實本身那樣，成爲形而上學的一個問題。不過形而上學爲這首要的倫理學現象提供的這一解答，並不屬於丹麥皇家科學院提出的純屬其基礎問題範圍；因此我僅能提出這先驗的解釋作爲非實質性附件列於最後，由讀者自行閱讀。

但是在我轉而論及這裡揭示的原初動機衍生出主要德行以前，我還必須請讀者注意本論題不可缺少的以下兩點意見。

1. 爲了易於理解，我在上文把同情簡單地說成是眞正道德行爲的唯一根源，沒有特意考慮惡意的動機。它一方面像同情般對自身也沒有益處，把使別人痛苦當作它的終極目的，但我們現在可以涵蓋它，以便能夠更完全而嚴格地陳述以上證明如下：

人類行爲僅有三個基本源頭，並且所有可能動機都是從其中一個源頭產生的。分別是：

(1)利己主義——意欲自己的福利，而且是無限的。

(2)邪惡——意欲別人的災禍，而且可能發展成極度殘忍。

(3)同情——意欲別人的福利，而且可能提高到高尚與寬宏大量的程度。

每一人類行爲都可歸因於這些源頭之一，雖然其中兩個可能共同產生作用。現在，因爲我們已經假定，有道德價值的行爲實際上是實在之物，所以它們必定也出自於這些原初來源之一；但根據前述第八條公理，它們不能產生於第一動機，更不能產生於第二動機。鑒於一切源於後者的行爲在道德上沒有價值，而前者的出發點本身部分地不好也不壞，因此它們的根源必定在第三動機，這一點將在後來憑經驗確認。

2.對另一個人的直接同情只限於他的痛苦不幸，並不是立即由他的幸福喚起的；後者本身使我們漠然視之，不予考慮。盧梭在他所著《愛彌兒》（*Émile*）第四冊中表達同一觀點：「人生的第一個格律便是：在我們的心中，不是和那些比我們更幸福的人融爲一體，而是僅僅和那些比我們更不幸的人融爲一體。」

這其中的道理是，痛苦或苦難，其中包括一切匱乏、貧困、需要，確實一切意欲都是實在的、積極的，並且直接作用於意識。而滿足的、享受的、幸福等等的本質，只在於消除了困苦、減輕了痛苦：它們由這裡產生的效果是消極的。因此我們便可了解，爲什麼需要或欲望是一切享樂的條件。柏拉圖很明白這一點，但把芳香氣味和理智的享受排除在外（《理想國》第九章第二六四頁以後）。伏爾泰說得好：「沒有眞正的需要，就沒有眞正的快樂。」那麼，痛苦是積極的，痛苦本身就能使人識別或體驗；滿足或享樂是消極的——僅僅是前者，即痛苦的排除。這一原則可以解釋這一事實，只有另一個人的痛苦、匱乏、危險、無助，才喚起我們的同情，並且確實喚起的是同情。幸運或心滿意足的人本身，使我們漠然視之，不予考慮——實際上因爲他的情形是消極的；他並沒有痛苦、貧窮與憂愁。我們自然會因別人的成功、幸福與享受而高興；但如果我們高興，那是一種較不重要的高興或快樂，是由於我們以前曾爲他們的痛苦貧困悲傷過。我們不是照這樣分享一個人的快樂與幸福，而是因爲並且甚至於他是我們的孩子、父親、朋友、親戚、僕人、臣民等等。簡而言之，另一人的好運氣或享樂，純粹是這些事物本身，並不能在我們內心喚起那樣純粹因他不幸、貧困或痛苦本身必定激起的直接同情。如果那激起我們主動性的、甚至僅僅是爲了擺脫我們自己的痛苦（必須把一切匱乏、需要、欲望，甚至無聊都計算在內），並且成功使我飽嘗懶惰與無精打采的滋味，那爲什麼當涉及別人時，它就會不一樣？因爲，正如我們已了解的那樣，我們的同情建立在我們自己和他們融爲一體上。確實，見到成功與享樂，純粹就這一點而論，是很容易引起每個人都可能有的忌妒，它屬於我們前面所列舉的各種反道德力量之列。

在這裡我已經說明同情實際起動機作用，這些動機是直接由另一個不幸之事引起的，聯繫到這一解釋，我借此機會反對一直不斷重複的卡辛納（Cassina）①的錯誤。他的看法是，同情產生於突然幻覺，幻覺把我們自己置於受苦者的地位，於是使我們想像是我們自己親身遭受他的痛苦。一點也不是這種情況。他是受苦者，不是我們，這一信念一點也沒有動搖過；確切地說，是他親身而不是我們親身感受到這種使我們痛苦的不幸或危難。我們與他一起受苦，所以我們是和他一致的；我們感知他的困難是他的，並不誤以爲那是我們的。確實，我們愈幸福，我們自己的狀況和他的狀況之間的差距就愈大，我們就愈容易受同情心的激勵。不過，要對這一特別現象做可能的解釋，並不容易；也不是能透過像卡辛納設想的純粹心理學之途徑所能解決的。解決的鑰匙只能由形而上學提供，我準備在本文章最後一部分提出這一方法。

現在我轉而考慮從我們所指出的來源衍生有道德價值的行爲問題，用以檢驗這種行爲的一般規則，因而也是倫理學的指導原則。我已經在前一部分評述過，並發表如下：不要損及任何人，相反地，要就你能力所及幫助所有的人。因爲這個公式包括兩個子句，所以與其相對應的行爲，自然也分爲兩類。

① 見他所著《對同情的分析評論》（*Saggio Analitico sulla Compassione*, 1788；波凱爾斯〔Pockels〕德譯本，1790）。

第六章　公正的德行

如果我們更仔細地看一下這稱爲同情的過程（我們已說明它是首要的道德現象），我們立刻注意到，另一人的痛苦是以兩種截然不同的程度，直接變成爲我的動機的，即可能迫使我做某事，或者迫使我放棄不做某事。我們看到，當同情心抵制自私自利與懷有惡意的動機，使我們不給另一人帶來可能有的痛苦，使我自己不給人增添也許會有的麻煩時，這是最低級程度的同情；當同情心積極地影響我，激發我主動給予援助時，這是另一較高級程度的同情。由康德以這樣一種勉強、武斷的方式製造出來的所謂的法律義務和德行義務（把它說成公正與仁愛更好）之間的區別，在這裡則可見是完全自然形成的，由此可以證明這原則的正確性。這種區別是自然地、無誤地而嚴格地把消極與積極、不爲害與援助分開。常用的這些詞語——即「法律義務」與「德行義務」（後者也稱爲「愛的義務」或「不完全的義務」）之所以錯誤，首先因爲它們把屬與種當作同等關係；因爲公正是德行之一。第二，它們錯誤的根源在於過分擴大「義務」這一觀念的外延，下面我準備將它置於正當範圍之內。因此我用兩種德行代替這些義務：一是公正，另一是仁愛；我稱它們爲元德，因爲其他德行不僅僅實際上出自這兩種德行，而且是能夠從理論上推知的。兩者的根源在於自然的同情。這種同情是不可否認的人類意識之事實，是人類意識的本質部分，並且不依假設、概念、宗教、神話、訓練與教育爲轉移。與此相反，它是原初的與直覺的，存在於人性自身。是以它在任何情況下都保持不變，而在每塊土地上，無論何時總是會出現。這就是爲什麼處處都深懷信心地呼籲同情的道理，好像呼籲必然存在於每人心中的某物一樣。它絕不是「異在的神」的一個屬性，因爲似乎沒有同情心的人被稱爲無人性，所以時常用「人性」當作同情心的同義詞。

那麼，這一自然的和眞正的道德動機所顯示的初級程度的同情，只不過是消極的。原來，我們都有不公正與暴力的傾向，因爲我們的需要、我們的欲望、我們的怒與恨，都直接進入意識之中，因而具有第一個占有者的權利。然而由我們的不公正與暴力給予別人的種種痛苦，則間接地進入意識，也就是說，透過一種心理圖像的第二個通道，直到理解和體驗別人的種種痛苦以前，它們是不會進入意識的。例如塞涅卡說得好（Ep. 50）：「好感絕不會出現於惡感之前。」所以，初級程度的同情反對、並且阻撓藏在我內心中反道德力量所力勸我去做爲害於人的勾當，它對我大聲喊：「停！」並且像籬笆似地把另一人包圍起來，保護他不受損害，否則我的利己主義與惡意會誘使我使他遭受這種損害。所以從初級程度的同情產生這一規則：不要損害任何人。這是公正德行的基本原則，而且只有在這裡才能找到這一德行的根源，純粹又簡單——一個眞正道德的，並且沒有任何外來攙雜物的根源。在其他情況下找到的根源，公正就必須建立在利己主義基礎上——一個歸謬法。如果我的品性可能有這樣程度的同情，那麼每逢我想利用別人的痛苦作爲達到我目的的手段時，它將幫助我不選擇這麼做：不論這痛苦是直觀的，或一後效；不論它是直接引起的，或是透過中間環節引起的，也同樣如此。所以，我將不攫取另一人的財富，以免給他和身體一樣的精神痛苦。因此我不僅自動拒絕傷害他的身體，我也同樣小心不使他心靈感到痛苦，例如使人感到恥辱的事、中傷的話、焦慮與煩惱等，無疑都會使他感受到這種痛苦。這種同情將阻止我爲滿足個人私欲而犧牲婦女的終生幸福，或者阻止我引誘另一人的妻子，或者阻止我勾引青年雞姦而從道德和身體兩方面毀壞他們。不是說在每個單一情況下，就必然激發起一定的同情；確實它時常出現得太晚，而「不要損害任何人」這一規則出現得早。這一規則是崇高的思想從對損害別人的澈底認識總結出來的，因爲所有不公正行爲必然損害別人，並且這種損害會因感到是強迫忍受不當待遇而加劇。有這種品性的人受內省理性指導，以毫不動搖的決心實行這個原則。他們尊重每個人的權利，杜絕一切對他們的侵犯；他們爲完全免除良心的自責，絕不給別人增添麻煩苦惱；他們絕不把環境帶給每個人的生活重擔與憂愁，依靠勢力或依靠欺詐而轉嫁給別人；他們寧可自己負擔他們分擔的部分，以免鄰居的負擔倍增。因爲，雖然概括的公式，以及不論何種抽象的知識，一點也不是道德的起因或眞正的道德基礎；無論如何，這些乃是道德生活必經之路。它們是儲水池或水庫，從一切道德源泉（不是任何瞬間都在流溢的源泉）萌生的癖性可以在其中儲存，在必要時，又可以從那裡流放出來。因此在道德方面的事物與生理方面的事物之間有相似之處，我們只要舉出膽囊這一相似的例子就夠了，它是儲存在肝臟的分泌物。沒有堅信的原則，我們不可避免地會受反道德動機的擺布，這些動機直接受外在影響而活躍；而自制恰在於堅決遵循與服從這樣的原則，儘管這些動機反對它們。

一般來說，占人類一半的女性，在公正德行及其變形眞誠、認眞負責等方面是次於男性的；可以解釋說，由於其推理能力弱，前者在理解和堅守普遍法則，以及把它們當作行爲指導線索方面，是頗不及後者的。因此不公正與虛僞是婦女常有的惡習，謊言是她們固有的組成部分。另一方面，她們在仁愛德行方面則超過男人；因爲通常對仁愛的刺激是直覺的，所以直接引起同情感，婦女對此感受比男人銳敏得多。對前者來說，只有直覺的、在場的和眼見爲憑之物，才有眞正的實存；那些只有靠概念才能知道的事物，例如像久遠、不在場、過去、將來，她們掌握這些並非沒有困難，於是我們在這裡像在許多別的地方那樣找到了補償。公正大多是男性的美德，仁愛大多是女性的美德，僅僅想像婦女坐在法官席這一念頭，就令人冷笑；但是仁慈的姐妹遠遠優於施捨的弟兄。那麼動物呢？牠們沒有靠理性獲得知識的能力，即沒有構造抽象觀念的能力，因而牠們根本不可能有固定不變的決定，更不必說原則了；因此牠們完全沒有自制能力，必須完全受外在印象和內在衝動的支配。這就是爲什麼牠們沒有自覺的或有意識的道德的緣故；不過，不同種類的動物，顯示牠們性格中善與惡存在著巨大差別，並且就最高級族類來說，這些差別甚至在個體中都可以覺察到。

從前述種種思考，我們知道，在公正的人的單一行爲中，同情僅僅間接地透過公式化的種種原則而奏效，而且像是潛力而不那麼像是動力；很像靜力學中那樣，天平橫桿較長的一端放置較小重量，由於它的運動力較大，能夠和放置另一端的較大重量保持平衡，當靜止不動時，只是潛力在作用，不是動力在作用，卻產生一樣的效果。

然而，同情永遠容易變成積極的動作。所以，無論何時，在特殊情況下，確定的規則顯出失靈的跡象時，那一個能夠向其中注入新鮮活力的動機（因爲我們當然排除建立在利己主義上的那些動機），便是從源頭本身引出來的——同情。這樣說不僅對個人暴力的問題是正確的，而且對涉及所有權方面，例如當任何一個人意欲保有他發現的某種有價值物品時，也是正確的。在這種情況下，如果我們撇開一切由處世本領及由宗教驅動的動機不談——沒有任何東西能像對失物者的困難、焦急與悲哀之理解那樣，能把一個人很容易地帶回到公正的倒道路上。因爲人們同情這種不幸是正確的，所以當公布遺失錢財時，經常還附帶保證遺失者是個窮人、僕人等等。

我希望這些思考已經說明了，雖然最初看來可能是相反的現象，可是毫無疑問地，公正作爲一種眞正的、自覺自願的德行，其根源在於同情。但是，如果任何人會認爲這樣一個不毛而過於貧瘠的國土竟無法產生這一偉大元德的話，那麼請他回顧以上的論述，並請記起，在人們之中，他們眞正的、自發的、不自私的、不僞裝的公正是多麼少啊！這眞正的東西是如何僅僅以令人驚奇的例外出現，並且和它的假冒品——那種只不過建立在處世本領上而且到處廣爲傳播的公正——的關係如何，無論在質或量的方面，乃是純金對銅的關係。我希望稱一個是平凡的、塵世的公正，另一個是天上的、崇高的公正。①因爲後者就是公正女神，根據赫西俄斯（Hesiodus）②的說法，她在石器時代離開塵世和天上諸神住在一起。提出像這樣一個罕見的外來詞，可見我們已指出的這根源是充分強有力的。

現在我們將理解，不公正或不義永遠在設法損害別人。所以，不義的概念是積極的，並且是在正義概念之前的；正義概念是消極的，僅僅表示無害於人的可行的行動，換句話說，所行並無不義之處。不難得出這一推論，即不論什麼行爲，只要它的目的是防止自己

---

① 此處指柏拉圖《會飲篇》中上天女神的愛和塵世女神的愛。——譯者注

② 赫西俄斯，古希臘詩人，生於西元前七七〇年，《工作與日子》、《神譜》的作者。——譯者注

預謀的、導致危害的行爲，便也屬於上述一類的行爲。因爲不參與另一人的利害，並且對他沒有同情，這能夠要求我寧可使自己受他的損害，也就是忍受不義或冤屈。「正義或公正是消極的，與起積極作用的不義相矛盾」這一理論，我們有哲學、法學家格勞修斯的支持。在他的著作《戰爭與和平法》（*De Jure Belli et Pacis*，第一冊第一章第三節）的開端，他給正義的定義如下：「正義在這裡表示的不過是那公正的東西，並且這毋寧說是在消極意義上而不是在積極意義上說的，所以那些不是非公正的東西就被認爲是正義。」正義或公正的這種消極特性，看起來可能不重要，甚至也由人們所熟悉的公式確定了：「個人的東西歸己。」可是，如果他有那東西，就不需要把他自己的東西歸他。所以這句話的意思是：「不拿任何人的東西。」公正的要求僅僅是消極的，可以靠強制達到這些要求；因爲所有的人都能夠一樣地實踐這「不損害人」的公式。這強制性的機構是國家，它的唯一存在的理由就是保護它的庶民，個人方面互不侵犯，集體方面不受外敵侵犯。這一腐敗時代的少數自詡爲德國哲學家的人，確實希望把國家扭曲成發展道德、教育和陶冶教化的機構。但是這種觀點暗藏這一陰險的目的，即廢除人身自由與個性發展，以及使人僅僅成爲一個像在龐大中國政府的和宗教的機器中的輪子。而這就是過去導致宗教裁判所對異教徒的火刑和宗教戰爭之路。腓特烈大帝（Friedrich des Grossen）表明，他絕不希望走那條路，並這樣說：「在我的國土上，每個人應該關心自己的拯救，自己認爲怎麼最好就怎麼做吧！」雖然如此，我們仍到處看到（顯然必須排除北美），國家試圖提供它國民的形而上學的需要。各國政府似乎已經採取庫爾提烏斯（Curtius）③的信條作爲它們的指導原則了：「統治平民百姓，沒有比迷信更爲有效的工具了。沒有迷信，他們便沒有自治；他們是愚蠢的；他們是不能改變的。但他們一旦被某種無價值的宗教形式迷住，他們就會更願意聽從宗教預言者的安慰話，而不願聽從他們自己領導人的話。」

我們已經知道，可以從「非義」與「正義」轉變成「爲害」與「避免爲害」的同義語，並且防止損害自己包括在「正義」之內。顯而易見，這些概念是獨立於，並且先於一切成文法律的。所以，有一種脫離一切成文法規的純粹倫理的，或自然的、純粹的正義學說。這學說的最初諸原則無疑有一經驗的來源，就它們產生自被損害的觀念而論是如此，但本質上它們建立在純粹知性上，這種知性先天地具備這自明之理：原因之因即結果之因。聯繫這一點理解，這句話可解釋爲：如果任何人想要傷害我，不是我，而是他才是我被迫採取任何自衛手段的原因；所以我能夠反對他對我的一切侵犯，這並不冤枉他。在這裡可以說，我們有了一個道德相互作用的法則。這樣我們可以看到，經驗上爲害於人的觀念與純粹知性提供的自明之理的結合，便產生了非義和正義的基本概念，人們先天地掌握這些概念，並且透過實際試用，學習儘快採納。經驗主義者否認這一點，並拒絕接受未經經驗判斷的任何事情。可以叫他們去查考野蠻民族的證明，後者都能夠非常正確地識別非義與正義，確實經常十分準確；當他們和歐洲人從事易物貿易及辦理其他業務，或在他們船上作客時，這種情況就特別

③ 庫爾提烏斯，西元一世紀的羅馬歷史學家。——譯者注

顯著。當他們在正義或正當的一方時，他們勇敢而自信；但當他們得知他們是非義或錯誤時，他們則局促不安。在爭論中，公正的解決使他們滿意，而不公正的處理則引發戰爭。權利的學說是倫理學一個分支，它的功能是規定那些不得做出的行爲，除非一個人想要損害別人，即是說，想要犯惡行之罪；並且在這裡考慮到所起的積極作用。但是立法則相反地利用道德科學這一章（即理論法學），即對於這問題消極方面的宣告，上述那樣的行爲無需忍受，因爲沒有任何人應該遭受非義之害。爲防止這種行爲，國家構建完整的法律大廈，作爲積極權利的保證。它的意向是，任何人都不該蒙受非義；道德權利學說的意向是，任何人都應該不爲非義（詳細的權利學說可見於《作爲意志和表象的世界》第一卷第六十二節）。

如果我以不公正的行動損害某人，不論是對他的人身、自由、財產或是榮譽造成損害，這種非義在性質上是一樣的，但在程度上可能變化很大。道德家似乎還沒有研究所行非義這種程度差異的問題，雖然人們在實際生活中都認識到這一點，因爲對非義提出的責難總是與它給人的損害成正比。對公正行爲也是一樣，所行正義在質上是恆常不變的，但在量上並非如此。解釋得更清楚一些；一個餓得要死的人偷了一塊麵包，犯了非義之罪；但是這一非義與一個富裕的所有者，不論如何都要掠奪一個窮人最後一文錢的行爲相比，是多麼微不足道！再者，富人付工資給他的雇工，這是公正行爲；但這一件公正的事與一個一文不名的勞苦者自願把撿到的一袋黃金，還給富有的原主相比，又是多麼微不足道！不過，這種公正與不公正的程度之驚人差異的分量（其質恆常不變），不是像在計量尺上那樣直接的與絕對的；它是和正弦與正切之比一樣，是間接的與相對的。因此我給出下述定義：我的行爲中的不公正程度，和我加給另一人的惡行數量除以我自己獲得的利益數量成正比；而我的行爲中的公正程度，和我從另一人的損害中所得的利益數量除以他因此蒙受痛苦的損害數量成正比。

我們必須進一步注意到一種雙重形式的不公正行爲，它與單一形式的不公正行爲明確不同，不管後者絕不是很大的不公正。這一變種可以從這一事實察覺，即由無利害關係的目擊者表現的惱怒程度，它永遠是和承受的非義成正比的，但只有當非義行爲是在目擊者現場發生的，這惱怒程度才會達到最大限度。於是我們看到，這種行爲如何遭人厭惡，像令人討厭的事物那樣令人反感與極爲可恨，在它面前，似乎是眾神都掩面而過，連看都不願看。當某人在明確地承擔保護他的朋友、主人、當事人等的責任以後，用一種特別方法，不但犯了未履行該義務之罪（它自然會對別人有害，所以是一種非義）；此外，當他改變主意並且攻擊這個人，正在他承諾守衛的地方下手打擊時，雙重不公正的行爲就出現了，可舉出不少例子：指派的看守者或嚮導，他變成一個刺客；受委託的看管者，他變成一個賊；本爲監護人，他盜竊其主人的錢財；本爲律師，他支吾其詞；本爲法官，他卻可賄賂；本爲顧問，他卻存心給予某種致命的「忠告」。所有這種行爲，人們都知道名叫背叛行爲，爲人人所痛恨。因此，但丁把背信者放在地獄的最低界，在那裡可以看到魔鬼撒旦本人（《地獄篇》，*Inferno XI, 61-66*）。

既然我們在這裡已經提到「責任」一詞，在這個地方正好規定一下「義務」的概念；無論在倫理學以及實際生活中，都很常談到這一概念，但其意義過於寬泛。我們已經理解，非義行爲永遠意味著給另一個人造成損害，不論是損及他的身體、自由、財產或是名譽。結果似乎是：每一非義或壞事必定意謂著一種積極的侵犯，所以是一具體明確的行動。只有若干該做的行爲，僅僅忽略其中一個行爲便構成非義行動，那麼這些行爲就是義務。這是「義務」概念的眞正哲學定義，這一術語，如果用來指稱一項值得讚揚的行爲的話（它迄今一直是這樣在道德科學中使用的），便喪失它特有的特徵，變得毫無價值。人們忘記「義務」必然意謂一項欠著的債、一項誓約，因此是一個絕不能懈怠的行動，否則會使另一人蒙受損害，那就是發生了非義行爲。顯然在這種情況下損害之所以產生，僅僅是由於這個人無視他已明確立誓或保證自己應盡的義務。因此一切義務是依一種締結約定的責任決定的。通常雙方之間會有一種明確的、有時是默契的協議形式：舉例來說，君主和人民之間、政府和其公務員之間、主僕之間、律師和訟訴委託人之間、醫生和病人之間等；簡而言之，是任何一個答應要完成某項任務的人和他最廣泛意義上的雇傭者之間的協議形式。因而每一項義務均包含一項權利，因爲沒有任何人不帶一定動機就承擔一項責任，在這種情況下，這就是說他沒有看到對自己的某些好處。我知道僅有一種責任，它不受一項契約的支配，卻直接而完全是透過一種行爲產生的：這是因爲訂定協議時與之有關係一方的人尙不存在。我是指父母對他們兒女的義務。把一個嬰孩帶到世界上來，就有不可推卸的供養子女的義務，直到後者能夠維持自己生活爲止；如果由於失明、殘疾、痴呆症等不能工作，後者永遠無法自謀生計，這項義務也就永無盡期。很明顯，僅僅由於沒有給他兒子提供需要，也即由於簡單的疏漏，這位父親就會傷害他，甚至會危害他的生命。兒女們對他們父母的義務則不是這麼直接與迫切，它以這一事實爲根據，因爲每一義務包含一項權利，父母也必定對他們後裔有某種公正的要求。這是子女孝順的義務的基礎，不過，這種義務總有一天和它所產生的權利一起終止。它被感戴所取代，感激父親與母親完全在他們義務以外的所做所爲。然而，雖然忘恩負義是一種可恨的，甚至是令人震驚的邪惡；感戴不能稱爲一種義務，因爲忽略感戴並不損害對方，所以不是非義。否則我們就必須先假定，在恩人的思想或感情深處，他的目的在於做得利的交易。應該注意到，也可以把賠償所造成的損害，看作一項直接由一個行動產生的義務。不過，這種義務是純粹消極的東西，因爲它不過是企圖排除和抹掉一個不公正行動的後果，好像是一件根本不應該發生的事情。也請看到，公平是公正的危害物，時常與它激烈衝突，因此只應承認一定限度內的公平。德國人是公平的贊助者，而英國人則堅持公正。

動機決定行爲的法則與物理因果律一樣那麼嚴謹，因而包含同樣不可抗拒的必然性。所以非義不但可以由暴力行使，而且也可以由狡詐行使。如果我用暴力能夠殺害或搶劫另一個人，或者強迫他服從我，我一樣也能使用狡詐達到同樣目的；也就是說，我能夠使他相信虛假的動機，因此他必定得做他原本並不想做的事情。這些虛假的動機透過謊言產生了效果。實際上，謊言只是就其爲狡詐的工具來說，才是不合理的，換言之，是依靠動機決定行爲的法則、實施強迫的工具。通常這正是謊言的功用，第一，撒謊不能沒有動機，並且這一動機幾乎沒有例外，一定是個不公正的動機；即企圖把對那些無控制權的人置於意志之下，也就是透過動機法則的力量脅迫他們。在純屬誇大和失實的大話中，也有同樣的目的在發揮作用，例如一個人設法靠使用這樣的語言在別人面前抬高自己的地位。一項承諾或一份合同的約束力在於，如果不遵守它，它就是一個以最莊重形式宣告蓄意的謊言，它的意圖

（即從道德上對別人施加壓力）在這種情況下就更爲清楚了，因爲它的動機，要求另一方做什麼事情的意欲是明白宣告了的。這種欺騙行爲的卑鄙之處在於：在攻擊受害者以前，先用僞善解除他的武裝。邪惡在奸詐中達於極點，我們已看到，奸詐是一種雙重不公正，永遠爲人們所厭惡。

那麼，顯而易見的是，正如我用暴力反抗暴力不是錯誤的或非義的，而是正當的或正義的一樣，遇到不宜採用暴力情況下，我隨意訴諸妙計似乎也更合適；因此，每當我有資格使用強迫手段時，如果我願意的話，我可以使用欺騙；例如，對付搶劫犯以及各類惡棍，我用這種方法誘騙他們落入圈套。用暴力強逼的承諾是沒有約束力的，但是實際上，我利用謊言的權利尚有擴大的餘地。這發生在無論什麼時候有人問我不合情理的問題，人們好奇地打聽關於我個人的或商業上的事情；因爲回答這種問題，或甚至用「我不能告訴你」這惹人懷疑的話來搪塞，都會使我受到威脅。在這裡，一句謊話乃是對付沒有正當理由而刨根問底的一個不可或缺的武器，這種行爲的動機很少是懷好心的。因爲，正如我有權利反對另一個人明顯的惡意那樣，可預先考慮憑體力抵抗來自我將來的侵犯者的危險，考慮可能由此產生的身體暴力行爲。例如，作爲一種預防措施，我能用長釘或尖鐵保護我的花園牆、深夜在我院子裡放狗；如果需要的話，設置用以捕捉擅闖私宅者的陷阱與彈簧槍，由此產生的惡果只能是竊賊咎由自取，如果我有權利這樣做的話，那麼，我也一樣有理由無論如何要保守祕密，否則一旦被人知道，會使我完全處於受別人攻擊的境地。我有充分理由這樣做，因爲在道德關係中和在自然關係中一樣，我不得不假定別人的惡意是很可能存在的，所以必須事先採取一切必要防範措施。由是，阿里奧斯托（Ariosto）④說：

我們無論多麼慣於指責謊言，
說它是遠離了正義的心靈的標誌，
可是無數次它造成的好結果卻極明顯；
它改變了恥辱與損失；
它甚至逃躲了死亡。
至於說到朋友們，
哎呀！在這有限的生命中，
忌妒充滿人心，黑暗遮擋陽光，
我們並不總是傾心交談。

——《瘋狂的羅蘭》（Orl, Fur. Ⅳ., 1.）

那麼，我可以用詭計對抗詭計而毫無不公正之處，並且預先採取措施防範一切對我狡猾的侵犯，即便這些侵犯只不過是很可能發生的；而且我既無須對無正當理由探問我個人情況的人說明，也不需以「我不能夠回答這個」向他指出我的祕密所在，如果祕密被洩露，

④ 阿里奧斯托，一四七四—一五三三，義大利詩人。——譯者注

那將對我有危險而也許對他有利，總之使我受他控制：「他們想要了解家庭祕密，因此使人對他們心懷恐懼。」⑤與此相反，我有理由用一個包含對他自己有危險的謊言阻止他，以免他被弄得因此犯下一個對他有害的錯誤。確實，撒謊是反對愛打聽與可疑的好奇心之唯一手段，它是對付這種好奇心的一個必要自衛武器。「你別向我打聽，我也不對你說謊」這一格律用在這裡是很合適的。雖然在英國人中，他們認爲被譴責爲一個說謊的人是奇恥大辱，因此他們確實比其他民族更值得信賴，他們把一切不合理的、涉及另一個人私事的打聽，都看作是缺乏教養，並用「愛打聽」表示教養不好。當然每一位明達的人，儘管他是絕對正直的，也遵循以上提出的原則。例如，假設有一個人正從遠方掙了一筆錢回來，並假設一個不相識的旅客和他同路，在寒暄「到哪裡去」與「從哪裡來」以後，便開始詢問他爲什麼到那個地方去；前者爲避免被搶劫的危險，無疑將不告訴他眞話。再者，如果發現一個人在另一人家中，正向後者女兒求愛，並且問到這不速之客來這裡的原因；除非他已完全喪失理智，否則他絕不會說出眞正原因，而會毫不遲疑地編造一個藉口。這種事例不可勝數，即每一個知理的人均撒謊且良心毫無顧忌，只有對這個問題的這一觀點，才消除了教授的道德和甚至是最好、最正直的人每天實踐道德之間的有目共睹之矛盾。與此同時，必須嚴格遵守說謊是單純爲了自衛這一限制；若非如此，這一學說將會被極度濫用，謊言本身就是危險的工具。但是正如法律甚至在國家和平時期允許每人持有武器，並當需要自衛時可以使用它們

⑤ 尤維納利斯：《詩集》III，113（Sat, III, 113）。

一樣，倫理學也允許爲同樣目的使用謊言，可是，請注意，僅僅是爲了這一個目的。每句不誠實的話均是一個錯誤或非義，只有當抵抗暴力或狡詐以自衛的情況下除外。所以公正要求對所有的人誠實。但是完全無條件、無保留地對謊言的譴責，好像它們的本質應受譴責似的，已充分被眾所周知的事實所駁倒。例如，有些情況，在那裡說謊是一項義務，尤其對醫生來說更是如此；還有心地高尚的謊言，例如在席勒《堂·卡洛斯》（*Don Carlos*，第五幕第三場）中的侯爵夫人波薩（Posa）的謊言，或者在塔索（Tasso）《被解放的耶路撒冷》（*Gerusalemme Liberata*, II.,22）中的謊言；那些謊言確實是某個人無論在何時，都希望自己承擔另一個人的罪過才說出來的；最後，據傳聞耶穌基督本人（《約翰福音》第七章第八節；參考欽定本第十節）有一次存心講了一句假話。讀者會記得T·康帕內拉（Campanella）在他的《哲理詩》（*Poesie Filosofiche*）中毫不遲疑地說道：「說謊好，如果說謊會產生很多好處的話。」另一方面，現時關於必要的謊言的教導，是極度貧困道德外衣上的一塊骯髒補綴。康德對見之於許多教科書中的這一理論負有責任，這理論從人類的語言能力推知謊言的不合理性；但其論證是如此無力、幼稚而且荒謬，以致我們很想，只要能大加蔑視那些論證就好，站在惡魔一邊，和塔列朗（Talleyrand）⑥一起說：「人已獲得語言的天賦，爲的是能夠隱藏他的思想。」康德一有機會便表示出來對撒謊無條件的、無限的極端厭惡，這或是由於虛飾做作，或是由於偏見。在他的《道德形而上學的基礎》論及謊

⑥ 塔列朗（Talleyrand, Charles, 1754-1838），法國政治家。——譯者注

言的一章，他用各式各樣誹謗的形容詞加之於它們，但對它們的譴責卻沒有提出哪怕單獨一個合適的理由；提出理由才算是比較中肯不離題。慷慨激昂的演說比提出證明容易，當個誠實人比道德說教還難。康德若是把他的怒氣發向以看別人受苦爲樂的那種邪惡就好了；是後者，而不是謊言，才眞正是凶惡的。因爲懷著惡意的歡喜（幸災樂禍）正和同情相反，並且簡直就是軟弱無力的殘忍，它本身無力帶來它很喜歡看到別人忍受的痛苦，得感謝天數（τύχη）已替它這樣做了。根據騎士的榮譽章程，被譴責爲一個說謊者是極爲嚴重的玷辱，只能用責難者的血洗刷掉。當時這種習慣流行，不是因爲這謊言本身爲非義，因爲如果是這種理由的話，那麼控告一個人用暴力造成傷害也一樣會被看作是殘暴的，正如每個人知道的那樣，情況並非如此；但這種習慣流行是由於那時騎士制度的原則所致，實際上這一原則是把正義建立在強權上；以致不論誰，一旦企圖製造禍事，便求助於謊言或欺詐，這證明他或是沒有力量，或是缺少應具有的勇氣。每一句謊言均是他的恐懼的證明，這就是爲什麼對他下致命判決的緣故。

第七章　仁愛的德行

因此公正是首要的且必不可少的元德。古代哲學家也公認它是這樣一種美德，但把它與另外三種挑選得不合適的德行並列。①仁愛尚未列爲一種德行。柏拉圖本人，躋身道德科學最高地位，卻只能觸及自願的無私的公正。仁愛確實在實踐中和事實上一直存在；但它留給基督教——在這方面可以看到它的最大貢獻——從理論上加以概括，並特意地提倡仁愛，不僅把它當作一種美德，還當作所有德行之冠，甚至給敵人仁愛。當然我們只想到歐洲，因爲在亞洲，一千年前，不僅規定和教導對一個人鄰居的無限愛，而且人們也一直在實踐：《吠陀》（*Veda*）對此有充分描述；而在《法論》（*Dharma-Sāstra*）、《史傳》（*Itihāsa*）與《往世書》（*Purāna*）中也不斷出現這種訓教，更不必說釋迦牟尼佛的布道了。更準確地說，我們應該承認，在希臘人和羅馬人中間，可以看到勸人聽從仁愛教導的跡象；例如，在西塞羅著作《論善與惡的定義》（*De Finibus*）第五卷二十三章，以及根據楊布里科斯（Iamblichos）著《畢達哥拉斯傳》（*De Vita Pythagorae*）第三十三章中畢達哥拉斯都有。我現在的任務是說明我如何根據我前面提出的原則，從哲學上推導出仁愛這一美德的。

在本部分第五章已經證明，別人的痛苦本身之所以能直接地自行變成我的動機，其僅有的原因在於我看到它們後而產生的同情感，雖然它的根源仍爲層層神祕所籠罩；並且我們

① 按照柏拉圖教導，公正本身包括智慧、堅毅與克制這三種德行。對於亞里斯多德而言，公正也是諸德行之首；而斯多噶主義則將德行表現於四種主要的並列形式：智慧、公正、堅毅與克制。——譯者注

已然看到，這一作用過程的初始階段是消極的。第二階段和第一階段截然不同，因爲從這一階段產生的行動具有積極的特性；因爲這時同情不只是使我不損害我鄰居而是激勵我幫助他。並且根據一方面我的直接參與感敏銳而深刻，另一方面這危難嚴重而緊迫，我感到這個動機（請注意，它純粹、完全是道德的）迫使我做出或多或少的犧牲，以應付我所看到的對方的需要或災禍；這一犧牲可能包括我體力或精力的消耗，我財產、自由或甚至生命的損失。這樣就在這種直接與別人共嘗痛苦中，這絕非基於任何論據，也根本不需要什麼論據，便發現仁愛、熱愛、對上帝之愛的這一樸素根源，換而言之，那一德行的行爲規則是這樣的：「盡你力之所能幫助所有人」；所有那些根據這一規則產生的行動，倫理學定名爲德行的義務，或者稱爲愛的義務、不完全的義務。這樣界定的行爲之所以產生，完全是由直接的，可以說是本能的參與我們看到的痛苦，換句話說，由同情引起的；最低限度，當這種行爲我們能說它有道德價值，也即是說，能宣告它毫無自私自利動機時，並且當因是之故，它使我們感到可稱之爲善良、滿意、仗義的良心之內在滿足，又使旁觀者（不能不使他自慚自咎）發出那種深爲人知、不可否認的嘉許、尊重和崇敬時，它一定是由同情引起的。

但是，如果一慈善行爲眞有其他什麼動機的話，如果實際並無惡意，那麼它必定是自利的或利己主義的。因爲作爲人類一切行爲的基本源泉（見本部分第五章）有三，即利己主義、邪惡與同情；所以可以把能影響人們各式各樣的動機分成三大類：(1)自己的幸福；(2)別人的痛苦不幸；(3)別人的幸福。那麼如果一件善行的動機不屬於上述第三類，它自然屬於第一或第二類。有時它被歸入第二類；例如，如果我對某人做好事，是爲了令我敵視的另一個人惱怒；或者使後者更加痛苦；或者可能是用以羞辱拒絕給予幫助的一位第三者；最後，或者是使受惠於我的人承受屈辱。但是這種善行的動機通常多是起源於第一類。事實是這樣，無論何時我做某件好事，我都考慮我自己的幸福，不論它可能是多麼遙遠或多麼間接；就是說，無論何時我受到要在今世或在來世得到報答的思想影響，或者受到要贏得高度尊重、取得品格高尚名譽的希望影響；或者還有，當我考慮現在我幫助的人可能某一天會也來幫助我，要不然也可能給我些好處與服務；或者最後，當我受這種思想支配時，即我應該遵守高尚和慈善的規則慣例，因爲我也可能有機會由此得利。簡言之，除非我的動機是單純地而不是別有用心地想知道我的鄰居能得到援助，脫離危難或擺脫他的痛苦、這樣一個純粹的客觀願望，它就是自私的、利己主義的。如果這樣一個目的——事實上它完全失去主觀性，是我眞正的目的，那麼，當且只當那時，我已給出仁愛、熱愛、對上帝愛存在的證明。基督教一直布道勸人仁愛，這是它的偉大特殊功績。應注意到，在這方面，四部福音書之一在它的關於愛的誡命以外，還加上一些訓諭，例如「不要叫你的左手知道你的右手所做的事」等。事實上，這是建立在我已得出的結論的意識之上的，即，如果我所做的事情是有道德價值的話，那麼，我的動機必須完全是由別人的痛苦，未經我任何更多思慮、自然地激起的。並且在同一個地方（《馬太福音》，第六章第二節）我們看到，它以絕對眞實性說明，大肆誇耀自己的施捨者，「已充分得了他們的賞賜——完全失去上帝對他們的報答。」不過，在這方面，《吠陀本集》也對我們清楚明白地說明一種更高尚的教導。它們一再宣告，那些爲了自己的工作想要任何報償的人，仍然是在黑暗道路上徘徊摸索，尙未成熟到解脫的地步。如果任何人問到我，他從施捨行善能得到什麼，我的眞誠回答是：「你給窮人的全部救濟不過很少；本來也絕對算不了什麼。如果你不滿意，感到這不構成爲你的目的，那麼你的意欲原來不是施捨，而是做一筆交易，並且你已經做了蝕本生意。但是如果你所關心的是他會感覺到貧窮的壓力比較少了，那麼你就已經達到你的目的，你已經減輕了他的痛苦，並且你能完全明白，你的賜予得到多麼大的回報。」

可是，本來不是我自己的困難或麻煩，它也沒有影響到我，怎麼可能變成似乎它是我自己的困難，激發我那樣行動的動機呢？正像我已解釋的那樣，這是因爲，這種困難雖然從視覺或聽覺外在中介看來，僅僅是在我自己以外的某種東西；不過，我知道它是受害者的困難；我感到這困難像我自己的一樣，實際上不是在我本人這裡。而是在他那裡的困難。因此卡爾德隆（Calderon）早有這樣的話：

因爲我從來不知道
在看到的痛苦與痛苦本身之間，
有什麼距離。
——《最壞的不總是確實的》（*No Siempre to Pear es Cierto Jorn*, II, p. 229）

然而，以上所述以此爲先決條件，在一定程度上我已經和他人變爲同一的了，因而自我與非自我之間的障礙暫時得以打破。且僅在那時，我直接把他的利益、需要、不幸、痛苦變成爲我自己的利益、需要、不幸與痛苦；就在那時，我對他經驗的印象消失了，我再也看不到那和我完全不同、我漠不關心的陌生人了；但我分擔他的災難，儘管他的皮膚確實沒有圍圈我的神經。只有以這種方式，他的災難與憂愁才能夠變爲我的動機，否則我只能受我自己的動機影響。我再說一遍，這一過程是神祕的。因爲這一過程理性無法給予直接解釋，而且它的起因在經驗範圍以外。可是這卻是每天都在發生的事情。每個人均感到他內心的這種作用或過程；甚至對心腸極硬的自私人來說，他也不是不了解這一點。生活中的每一天，我們都在小範圍的單個行動中看到它；無論什麼時候，總有人情不自禁地、不假思索地幫助同胞，給予救助；有時爲了他過去從未見過的人，甚至甘願冒極大的危險，他這樣做，絲毫沒有考慮其他的事情，只不過是因爲他親眼看到另一個人的巨大悲痛與危難罷了。這一過程在廣泛範圍內也被證實，心地高尚的英國國民在長期考慮以及許多激烈爭論以後，用兩千萬英鎊贖回它殖民地的黑人奴隸，令全世界人民稱讚和歡樂。如果任何人拒不承認這種宏大的高尚行動之起因在於同情，寧肯把它歸因於基督教的話；請他記起，在全部《新約聖經》中，連一個字都沒有談到反對奴隸制。可是在那個時期奴隸制實際是普遍存在的；進一步說，遲至一八六〇年，在北美討論這個問題時，還有一個人求助於亞伯拉罕與雅各畜奴爲例證，企圖爲他的訟事申辯！

這一神祕的內在過程或作用在每一單獨事例中的實際效應問題，可以留給倫理學成章成段地去分析，標題用「德行的義務」、「愛的義務」、「不完全的義務」或其他無論什麼名稱都可以。所有這些的根底、基礎，是已在這裡指出的這一個，因爲這首要誡令「盡你力之所能幫助所有人」是由這根底、基礎而產生的；從那裡也能很容易推導出所要求的其他一切事情，正如從「不損害任何人」——我的原則的前半部分，可以推論出來所有公正的義務一樣。倫理學實際上是一切科學中最容易的科學。但這只能是我們的希望，因爲給自己建構倫理學是每個人義不容辭的責任，並且他自己要用藏於心底的基本法則制訂適於每一情況的行動規則；因爲幾乎沒有人有足夠閒暇時間與耐心去學習現成的道德學體系。所有其他的德行或美德都是從公正與仁愛萌發出來的，因此這兩種美德稱爲元德是適當的，而揭示其起源也就鋪設了道德哲學的基石。《舊約全書》的整個倫理內容是公正；仁愛則是《新約全書》的整個倫理內容。仁愛是一條新命令（《約翰福音》第十三章第三十四節），根據保羅（《羅馬書》第十三章第八十節）所說，仁愛包括一切基督教的德行。

第八章　現在提出由經驗證實的證明

我在這裡已經斷言，同情是唯一的非利己主義的刺激，因而是唯一眞正的道德動機，這一事實是奇怪的、甚至是無法理解的悖論。所以我希望能使我的讀者感到這一事實並不怎麼離奇，如果我能證明它是由經驗證實的，是由普遍的人類感情的證據證實的。

1. 爲了這一目的，首先我將舉出一個想像的事例，它在目前研究中可以當作一個決定性的試驗。但是，我不能把這個問題看得太輕鬆，我將不舉仁愛的事例，相反地，我舉出一件極嚴重的破壞合法權利的事例。讓我們假設有兩個年輕人，凱阿斯與提圖斯，各自和不同女孩熱戀，而且兩個人都被另外兩個人從中作梗，後者因某些外在情況被女方選中。這兩位青年都曾決定除掉他們的對手，而且十分安全，絕不會被人發現，甚至也不會受到任何懷疑。但當他們實際準備謀殺時，他們各人經過內心奮戰之後，均退卻而不做了。現在他們要對我們眞實而清楚地說明，他們爲什麼放棄謀殺計畫。就凱阿斯來說，我完全聽由讀者挑選他所喜歡的動機。可能是宗教的原因阻止了他，例如想到了神意、想到了將來報應、想到了要受的審判等。或者他也許說道：「我考慮過，在這種情況下我正要採用的原則，不適合於提供一個對所有可能的有理性者普遍有效的規則；因爲我就會把我的對手僅僅當作一個工具，而不是同時當作一個目的。」或者，他遵照費希特的教導，可能發表自己的意見如下：「每個人的生命是朝著實現道德法則的一個工具，因此，我不是對實現這一目的漠不關心，我不能夠消滅一個命中註定有責任實現這一目的的存在者。」（《倫理學體系》，第三七三頁）（順便提醒注意，當他希望很快擁有他的愛人，便產生一個實現道德法則的新工具時，這種顧忌就會完全被打消了。）或者，他還可能按照沃拉斯頓（Wollaston）

的方式說：「我認爲，這樣一種行動可能是一種錯誤宗旨的表現。」或者，像赫奇森那樣說：「這道德感覺，它所察覺的事物和所有其他感覺察覺的事物一樣，也不容許有最後的解釋，它們不准我做這種事。」或者像亞當．斯密（Adam Smith）那樣說：「我已預見到，我的行爲不會引起旁觀者思想上對我的同情。」或者他似乎是在借用C．沃爾夫的話說：「我已覺察到，那樣做既不能促進我自己的完善，也不能促進任何別人的完善。」或者借用斯賓諾莎的話：「對人來說，沒有什麼東西比人更有用：所以我不願意毀滅一個人。」總之，他喜歡什麼就可以說什麼。但是提圖斯，他的解釋是由我自己提供的，將這樣說：「當我著手安排謀殺這件事時，因此我暫時得專注我的對手，而不是專注我自己的感情；於是我第一次完全看清楚他將遭遇什麼，但同時我爲同情與憐憫所動，爲他悲傷之情牽絆著我、戰勝了我，我不能下手打他。」現在我要問一下每位誠實且無偏見的讀者：這兩人中哪一個人比較好？他寧願把他自己的命運託付給哪一個？哪一個是受比較純潔的動機約束的？由此看來，道德的基礎在哪裡？

2. 沒有什麼東西比殘酷能引起我們的道德感更多的厭惡了。我們能夠原諒所有其他過錯，但不能原諒殘酷。其理由見於這一事實：殘酷無情正是同情的對立物。當我們聽到十分殘酷的行爲時，例如像剛在報紙上記載的一個母親的行爲，她把煮沸的油灌進她五歲小兒子的喉嚨，謀害了他，還把她更小的孩子活埋了；或者像最近來自阿爾及爾的報導：一個西班牙人和一個阿爾及利亞人如何僅僅因小事爭吵，終至引起一場搏鬥；後者打傷前者以後，還拔出他整個下巴骨，當作戰利品，離開那仍然活著的敵手。當我們聽到這樣殘酷的事情時，感到恐懼萬分，喊道：「怎麼能做出這種事來？」現在讓我問一問這個問題意味著什麼。它意味著：「怎麼就這麼不怕來世的懲罰呢？」很難接受這種解釋。那麼或許它的意思是說：「怎麼可能按照一個如此絕對不適於成爲一切有理性者的普遍法則之一項原則行事呢？」當然不是。或者，它還可能是說：「怎麼可能這麼全然忽視個人自己的完整以及另一個人的完整呢？」這一樣也是不可思議的。我提問的問題意義，可以確定地說不外是這個意思：「怎麼可能是如此毫無同情心呢？」結論是：以特別缺乏同情爲特徵的行爲，一定使人感到極度腐敗墮落和令人厭惡作嘔。因此同情是眞正道德的誘因或動機。

3. 我所揭示的倫理學基礎，或原初的道德刺激，公正地說，可謂是唯一有實在的、範圍廣泛的有效影響之基礎。肯定沒有人也敢於同樣堅持主張哲學家們建立的其他所有道德原則；因爲這些原則是由抽象的，有時甚而是由析理瑣碎的命題所組成的，只有人造的觀念拼湊，根本沒有基礎；以致把它們應用於實際行動竟時常使人覺得滑稽可笑。純粹由康德的道德原則激發的一件善行，從根本來說，可能是哲學的迂腐造成的；要不然會導致行爲者自欺，因爲他的理智把有其他的，也許比較高尚的動機的行爲，解釋爲是遵行定言命令的，以及義務概念的結果，而我們已經知道，它們是奠基於子虛烏有上的。但是，不僅確屬純理論的哲學道德原則，的確沒有多少有效運作的力量；就是那些屬於宗教確定的，以及專爲實用目的規定的道德原則，也一樣難以斷言有什麼顯著效能。關於這一點的主要證據在於這一事實，儘管世界上的宗教存在著巨大差異，但道德行爲的數量，或者寧可說不道德行爲的數量，則並沒有相應的變化，實際上卻是到處都很一致。只是不要把粗暴、文雅與道德行爲、不道德行爲混淆。古希臘的宗教，其道德的傾向非常小——它幾乎不超出尊重誓言的範圍。不講授教條，也不鼓吹什麼倫理學體系；然而，全面看來，希臘人在道德上似乎並不低於基督教時代的人。基督教道德屬於比歐洲以前出現的其他宗教的道德高得很多的一種，但是如果任何人因此而相信歐洲人的道德觀念已有很大改善，並且現在它們無論如何也超過了其他地方通行的道德觀念，那麼不難指出，在伊斯蘭教徒、拜火教教徒、印度教教徒以及佛教教徒中，至少和信仰基督教各民族中一樣，其具有的誠實、忠誠、容忍、溫和、慈善、高尚及克己的道德風尚，毫不遜色。確實，當我們把一系列不斷在基督教國家、常以基督教名義進行的非人的殘酷暴行，放上天秤時，我們卻發現刻度讀數對基督教國家相當不利。我們只需要稍稍回憶一下無數的宗教戰爭；無法證明其合理的多次十字軍東侵；大部分美洲土著人被滅絕；把從非洲劫奪的黑人遷往美洲大地，他們是沒有絲毫權利的奴隸，離開他們的家庭、他們的國家、他們的半球，被判終生爲奴強迫勞役；①對異教徒無止盡的迫害；那些不可名狀、充滿極度痛苦慘叫的宗教裁判所的凶惡暴行；巴黎屠殺新教徒之夜；②阿爾巴公爵

---

① 根據布克斯敦《非洲的奴隸貿易》（Buxton, *The African Slavetrade*, 1839），奴隸人數現在每年新進口甚至約增爲十五萬人；此外尚應增加二十萬人，他們是在被捕捉時或者在航程中慘死的。

② 法王亨利四世未即位前是新教徒首領，一五七二年八月二十四日在巴黎舉行婚禮之日，新教徒被引誘到場，悉遭屠殺；亨利四世也遭拘禁，至一五七六年才被釋放。此日被稱作「巴黎血色婚禮」。——譯者注

（Alba）[3]在尼德蘭處決一萬八千人；這些不過是許多事實中的一些舉例而已。然而，一般來說，如果我們用基督教信奉者的所做所爲與基督教每一信條多多少少所宣講的卓越道德相比較，隨而設法想像一下，如果不是世俗國家部門阻止犯罪的話，理論究竟能有多少變爲實踐；不但如此，如果一切法律只要一天暫停執行，可能會發生什麼事情；我們將不得不承認，各種宗教對道德信念與實踐的影響事實上是很小的。這當然是由於信仰的軟弱無力。從理論上說，而且只要信仰只不過是個抽象的虔誠問題，每個人均認爲他的信仰是夠堅定的。我們所有信念唯一的敏銳試金石是——我們做什麼。當行動時間一到，我們的信仰必得經受竭力克己和重大犧牲的考驗時，信仰的軟弱性就變得很明顯了。如果一個人是在認眞地策劃某一惡行，他就已經超出眞正的與純潔的道德界限了。爾後能阻止他這一惡行的主要約束，必定是對員警與法律制裁的恐懼。如果他覺得很有希望策劃不會被人察覺，以致把這些恐懼置之度外，他遇到的第二個障礙便是對他的名譽的關注。如果再跨過這第二個防禦物的話，在這兩個強大障礙取消以後，任何宗教教義都極不可能有足夠力量阻止他不做這樁惡事。因爲，若是他連當前的與直接的危險都不怕，那遙遠的而且僅僅基於信仰的恐懼，將難以阻止他。再者，有人對一切完全出於宗教信念而可能產生的善良行爲，持明確的異議，認爲這種行爲並沒有滌除私利，只是考慮到獎懲才做出的，因而沒有任何純粹道德的價值。

---

[3] 阿爾巴公爵（Felnando Alvarez de Teledo, 1507-1582）西班牙統帥，一五六七-一五七三年任荷蘭總督，實行野蠻統治。——譯者注

我們發現，這一觀點在著名的魏瑪大公K．奧古斯特（Karl August）一封信中說得非常清楚。他寫道：「魏海爾斯（Weyhers）男爵自己認爲，出於宗教信仰而並非由於天性而善良的人，必定是個壞人。酒後吐眞言。」《致J．H．默克（Merck）的信》，第二二九封）但是現在讓我們轉而談談我已揭示的道德的誘因或動機。有誰哪怕只是絲毫敢於否認，道德的動機在一切時代、在一切民族中、在一切生活環境裡，甚至當憲法暫停執行，革命與戰爭的恐怖充滿人寰時；在每日甚而每時的大事與小事中，發揮著明顯的，確實了不起的影響作用？有誰將拒絕承認，這種道德動機永遠在阻止很多不義，永遠在造成許多善良行爲，時常是出乎人之意料，而且無望因此而得到獎賞？有任何人將否認這一事實嗎？即哪裡有道德動機而且僅有道德動機的活動，我們全會以由衷的尊敬與熱情，毫無保留地承認其眞正道德價值的存在？

4.對一切有生命物的無限同情，乃是純粹道德行爲最確實、最可靠的保證，這不需要任何詭辯。無論誰滿懷這種同情，便一定不會傷害人、不會損害人、不會侵犯別人的權利；更確切地說，他願意關心每個人、寬恕每個人，盡他所能幫助每個人，他的一切行動都將帶有公正與仁愛的痕跡。另一方面，如果我們試圖說：「這個人是有道德，但他不懂得同情」；或者：「他是個不公正和惡毒的人，卻很有同情心」；其中的矛盾躍然紙上。往昔時代，英國戲劇習慣用爲國王的祈禱結束全劇，古代印度戲劇則用這些話結束：「願一切有生命物從苦痛中解救出來。」欣賞力不同；但我認爲，沒有比這個更美的祈禱了。

5.我們可以從對個別問題的詳細分析，推論得出眞正道德的最初刺激就是同情。例如，用合法的、不含危險的欺騙手段，使一個人損失三百馬克銀幣，不論這人是富有或貧窮，都是一樣不公正的；但在後一情況下，良心的責備聲更大得多，無私的目擊者的譴責更甚。亞里斯多德充分意識到這一點，說道：「損害一個苦難中的人比損害一個富有的人更壞。」（《問題集》〔*Probl.*XXIX.2〕）如果這人有財產，自責的程度是按比例地減輕的，而如果用欺詐被哄騙的是國庫的話，這種自責就變得更輕微了，因爲國庫不能構成同情的對象。這樣看來似乎是：個人的自責以及旁觀者的譴責都不是直接由違法，而主要是由欺詐使別人因此痛苦所促成的。侵犯權利本身，單就它涉及騙取國庫錢財來說（用上述例子），同樣要受到行事者與目擊者良心的非難；但這僅僅不過因爲，並且是就以下情況說的，即尊重一切權利的規則因此遭到了破壞；而這種規則是塑造所有高尚行爲的前提條件。事實上，提出的這種責難是間接的而且有限的。不過，如果是一個獲得信任的値勤雇員行這種欺騙事，這個事例就以十分不同的面貌出現；於是它便具有上述那類種種雙重的不公正行爲的特徵，並且本身屬於那種行爲。這個分析說明，爲什麼一向對貪得無厭的勒索者和合法的騙子之最強烈的譴責是，他們把寡婦與孤兒的必需品據爲己有。這是因爲，後者因其孤獨無助，比別人更盼望能引起心腸最硬的人之同情。所以我們得出結論：完全缺乏這種同情感，足以把一個人降低到極度邪惡的地步。

6. 同情是公正的根源，也同樣是仁愛的根源；但這一點在後者比較能清楚地證明，在前者則不很容易。只要我們各方面都順利，便絕不會從別人那方面得到眞誠的仁愛證明。幸福的人無疑時常聽到他們親戚朋友掛在嘴邊的友好話語；但是由仁愛產生的那種純粹、無私與客觀地共用他人境遇的感情，卻只留給不管有什麼樣的悲傷和痛苦之人。我們對幸運者本身不表同情；除非他們有向我們要求的某種其他權利，我們在感情上和他們仍是疏遠的：他們可以對他們自己的風流韻事與逸樂等保密。不只如此，如果一個人比其他人有許多優勢，他將容易成爲一個妒忌的對象，而如果他一旦從幸福之巔跌落，這種妒忌隨時都會變成幸災樂禍。不過這種威脅大部分沒有應驗；索福克勒斯（Sophokles）式的「他的敵人大笑」一般並沒有變爲現實。衰敗的日子剛降臨到一個運氣不好的人身上，相識的人通常在思想上就發生巨大的變化，這一點對我們來說，是很有教育意義的。第一，這種改變清楚地揭露了他的「酒肉朋友」對他關心的眞正本質：當酒喝光時，朋友們便都跑掉了。另一方面，那些忌妒他成功幸運的人們歡欣鼓舞、幸災樂禍地嘲笑，這些使他感到比災禍本身更加可怕，甚而想都不敢想的事情，卻銷聲匿跡，饒恕了他。忌妒平息了，而且與其起因一起消失了，並代之以同情，同情乃是仁愛的淵源。那些對一個極有成就的人曾抱忌妒與敵意的人們，在他失敗以後，往往變爲他的朋友，準備給予保護、安慰與援助。至少小規模地，有誰沒有體驗過一點這種事情？當一個人陷於不論什麼性質的某種不幸時，卻驚異地注意到，以前對他極度冷淡，不，是頗懷惡意的人，終於向他伸出眞正同情之手，難道這不是他的切身體驗嗎？因爲不幸是同情的條件，並且同情是仁愛的源泉。當我們對一個人大爲氣憤，甚至是本屬正當的，沒有什麼東西能像這句話會很快地使怒氣平息：「他是個不幸的人。」理由看來很明顯：同情能息怒正如水能滅火。所以無論誰希望沒有什麼可懊悔的事情，請他聽我的忠告：當他怒火中燒，並且企圖嚴酷地傷害某人時，他應該把這事情當作已辦成的事實清清楚楚地想一想；他應當給自己清楚地描繪另一個受精神或肉體痛苦所折磨的，或者在生活窮困與苦難中掙扎的同胞之境遇；以致他不得不驚呼：「這就是我要做的事情！」這樣一些思想甚至還可能使他的憤怒心情緩和下來；因爲同情是憤怒的眞正消解劑；人們自己憑著實踐這一想像的巧計，事先醒悟了，爲時不晚：

同情，以毫不含混的語調，
講述著復仇的一切惡果，
以便把它的律法讓世人知曉。

——伏爾泰：《亞述女王塞米拉密斯》（Sémiramis）第六卷

而且一般來說，克服我們可能對別人抱有怨恨的最容易的方法，莫過於我們採取一種他們能由之訴諸我們同情的著眼點。通常，父母之所以特別愛他們孩子中有疾病的那個，確實是因爲看到他就不斷激起他們的同情。

7. 對於我所揭示的這道德動機是眞正的動機這一點，還可提出另一個證明。我的意思是指這一事實，即動物也被包含在它的庇護之下。在其他的歐洲倫理學體系中，看不到有它們的地位，這看來似乎奇怪而且不可原諒。據稱動物是沒有權利的；這一錯覺隱藏著這種想法，即我們的行爲，就動物而論，在道德上無關緊要，或者，正像這些準則的語言所說的那樣，「對動物沒有什麼應盡的義務。」這種觀點是一種令人厭惡的粗暴，西方的一種野蠻狀態，其來源是猶太教。然而，在哲學中，這一觀點是建立在人和獸之間巨大差別的假設上，儘管一切證據與此相反，眾所周知，這是笛卡兒比任何人都更加清晰有力主張的學說：這確實是他的錯誤的必然後果。當萊布尼茨與沃爾夫遵照笛卡兒的觀點，用抽象觀念建立他們的理性心理學，並構造一個永恆的有理性的靈魂時；於是動物界的自然要求顯然起來反抗這種獨有的特權，這種人類不朽的專利，並且大自然在這種情況下，也總是悄悄提出它的抗議。我們的哲學家們，由於他們的理智良心不安，不得不趕快爲他們的理性心理學從經驗方法上尋求幫助；他們於是企圖揭示在動物與人之間存在一巨大裂隙，一個深不可測的鴻溝，不顧相反的證據，把兩者描述爲本質上不同的存在物。這些努力未能逃過布瓦洛（Boileau）[4]的嘲諷；因爲我們發現他這樣說：

野獸也上大學？
而且在一個系裡註冊？

這種假設終歸是斷言動物不能夠區別它們自己與外在世界，而且不能有任何自我意識、任何自我！要回答這樣可笑的原則，只要指出一切動物，甚至最小與最低等的動物中固有的無限利己主義就夠了；這就充分證明，它們是多麼完全意識到它們的自我和外在於它的世界

---

④ 布瓦洛（Nicolas, 1636-1711），法國作家，經典主義理論家。——譯者注

是對立的。如果任何信奉笛卡兒見解、頭腦中帶有這些觀點的人，突然發現他自己被老虎抓住的話，他會在極度暴力強迫之下認識到，這樣一隻野獸區別他的自我與非自我，是多麼清楚。我們注意到，許多民族，尤其德國人的語言中有一種罕有的謬論，這和這些哲學上的錯誤是一致的。對和生命過程有關的最普通的事情來說，對食物、飲料、懷孕、生育，對死亡以及屍體；這樣的諸多語言都有只能用於動物、不能用於人的特別字或詞。如此便可避免對兩者使用同樣詞語，而且兩者本質上完全的同一性被言詞差異所掩蓋了。現在，鑒於看不到古語中有這種雙重表達方式的任何痕跡，而是坦率地用相同詞語表示相同事物，可以推斷，這一可悲的伎倆毫無疑問出自歐洲教士的策劃，以其褻瀆的言行，無休止地否認與咒罵一切動物中活生生的永恆實在。這樣就奠定了在歐洲習慣於對待獸類的那種野蠻殘暴的基礎，一個亞洲高地的土人則不能不以極端憎惡的正義眼光看待這種野蠻與殘暴。在英國則看不到這一無恥發明；當然這是因爲當撒克遜人征服英格蘭時，他們還不是基督徒。雖然爲此，英語與這奇怪事實有點相似之處，它把所有動物視爲中性，用代名詞it（它）表示它們，正好像它們是無生命之物似的。這一習語聽起來十分令人討厭，尤其就狗、猴及其他靈長類動物來說，更是如此，它顯然是教士的計謀，企圖把獸類降低到無生命物的水準。古埃及人，他們整天整日地奉獻給宗教，習慣於把一個人的木乃伊，和一隻朱鷺、一隻鱷魚的木乃伊放到同一墓穴中；而在歐洲，把一隻忠實的狗埋葬在他主人墓旁，則是一種很不道德的行爲、一種可憎的行爲，雖然也許就在那裡，牠曾滿懷著在人類身上找不到的忠誠與情感，等待著牠自己的死亡。只有對動物學與解剖學的研究，才能穩妥地引導我們辨認我們稱之爲「人」與「獸」現象在一切本質上的同一性。在遠些日子裡（一八三九年），當我們發現有一僞善的解剖者，他擅自堅持認爲，在人與動物之間存在一種絕對的、根本的差別，甚至攻擊和誹謗誠實的動物學家們，這些人棄絕一切教士的詐術、陽奉陰違和虛僞，並且敢於遵循自然的與眞理的指導，那麼，我們還能說什麼呢？

確實，那些辨認不出人類與獸類中眞正本質和基本的部分完全相同的人，必定是全瞎了，要不然就是全被猶太人的惡臭麻醉了。區別兩者的並不在於原初的要素、不在於內在的本質、不在於這兩種現象的核心部（兩者中的這種核心類似該個體的意志）；我們發現是在於次要的智力、在於知覺能力的程度。不錯，後者在人類中由於他還有稱爲理性的抽象認識能力，是無可比擬地高得多；雖然如此，這種優越性完全可歸因於一種比較大的大腦發育，換句話說，可歸因於肉體的一個單獨的部分，即大腦之量而非質的差異。在一切其他方面，人與動物之間無論在精神上或身體上都是十分驚人的相似。因此我們應該提醒我們西方猶太化的、鄙視動物、過於崇拜理性的朋友們認識到，如果他們是由母親哺育大的，狗也是由牠的母親哺育大的。甚至康德也犯了他那時代、他的國家的這一常見的錯誤，我已在第二部分第六章提出了我無法抑制的抨擊。基督教道德學並不慮及動物這一事實，乃是它體系中的一個缺陷，承認這一點要比把它永恆化好。然而，使人更爲驚愕的是，除此之外，基督教道德學顯示出和婆羅門教、印度教的倫理學極爲一致，只是表述不夠有力，也沒有達到邏輯所要求的最後諸多結論。大體上來說，似乎不容置疑，它一樣也有個上帝變人或者化身（Avatar）的觀念，起源於亞洲，也許是從埃及傳到猶太；所以基督教可能是照耀在印度的原始之光的第二次反射光，它最初落在埃及，又從前者的廢墟憂愁地折射到猶太土地上。一方面，基督教倫理學在其他主要方面與印度倫理學的相似性很大，但在這樣情況下，我們可以看到它對動物無情的適當象徵：施洗者約翰來到我們面前，除他穿的是毛皮衣服以外，一切方面都像一位印度教遊行托鉢僧（Sannyāsin），眾所周知，這種裝束在每個婆羅門教徒或印度教徒看來，都是件可憎惡的事情。加爾各答皇家學會只有明確答應他們不遵循歐洲風氣用皮革裝訂《吠壇本集》以後，才能得到這本書。所以，現在可以在他們圖書館書架上看到用絲綢裝訂起來的那本書。還有：福音書中彼得撒網捕魚的故事說，救世主很明顯地是爲捕到的魚很多船壓得快要下沉而祝福（《路加福音》第五章第一至十節），這和有關畢達哥拉斯的故事形成迥然不同的特點對照。據說，後者被正式介紹入埃及人的所有哲人之列，當漁網仍在水底時，他便從漁人們買了這一網魚，以便馬上把捕捉的海中動物放生。對動物的同情與性格的善密切相關，可以肯定地斷言，對活著的動物殘忍的人，不能夠是個好人。再者，這種同情顯然出自人們公正與仁愛的德行所由產生之同一源泉。因此，例如，有靈敏感受性的人，當認識到在突然發火大怒或醉酒時，本來不應該或不必要或過度地懲治他們的狗、他們的馬、他們的猴子，就像他們清醒時做錯了對不住他們一位同胞的事那樣，感到同樣懊悔，同樣對自己不滿意。唯一的不同之處——純粹名義上的差別是，在後一情況下，這一懊悔、這一不滿則稱爲良心發出的責備聲音。我記得曾讀過一個英國人的文章說，他在印度打獵時殺死一隻猴子，他無法忘掉這只動物臨死時盯著看他的目光，他以後再也沒有開槍打過這些動物。另一位名叫W・哈瑞斯（Harris）的喜歡戶外運動者，一個眞正好獵手，有大量同樣的故事可談。他在一八三六—一八三七年間旅行深入非洲內地，純為縱情狩獵，一八三八年於孟買出版的一本書中，描述他自己如何射獵第一隻母象。第二天早晨，在他不停地尋找他的獵物時，發現所有的象都逃離了附近鄰舍，只剩下在死去母親身旁度過整整一夜的那隻小象。這小象看到獵人們，忘記一切恐懼，帶著最清楚的、極強烈的令人悲傷憂愁的表情，向他們走來並且繞著他們撥動它的小象鼻子，彷彿向他們求教。哈瑞斯說：「當時，我實在為我做的事情感到無限懊悔，感到似乎我犯了殺人罪。」

事實上，具有卓越敏感性的英國民族對動物的特殊同情，顯然超過所有其他民族，這種同情一有機會便顯現出來，而且是如此強有力，以致儘管在其他方面他們被貶斥有「迷信冷淡」的習慣，卻終於導致盎格魯撒克遜人民制訂立法促其實踐，填補了他們的宗教在道德方面的漏洞。正因為有這一漏洞，在歐美才需要建立保護動物的種種社團，而社團之能起有效作用，端賴法律的支持。在亞洲諸種宗教本身就足夠了，因此那裡根本沒有人會想到這種社團。同時，歐洲人隨著認為動物界完全為人類利益與享樂而存在、這一奇怪觀念的逐漸被克服和放棄，愈來愈清醒地意識到動物也有權利。這一觀點（在我所著《附錄和補充》，第二卷第一七七節，已說明它來自《舊約聖經》）及不屬於人類的有生動物僅被視為東西之這一推論，乃是西方所流行用粗野與完全魯莽的方法對待動物的根源。那麼，可以說這是英國人的榮譽，他們是首先澈底認真地以法律之權施之動物：在英國對動物犯下暴行的惡棍，不論這動物是他自己的或別人的，都必須一樣地為此受到懲罰。不僅如此，在倫敦有一個自動組成的合作團體，保護動物不受虐待協會，沒有國家資助，自己付出很高代價，在減少虐待動物總數上發揮不小作用。這一協會的密使隨處出現、祕密監視，以便告發折磨不能說話的、有感性動物的人；這些折磨者因此對這些密使常是提心吊膽。⑤這個協會在倫敦所有陸

⑤從最近發生的下面這一事例，可以看出來這種問題做得多麼認眞。我引用一八三九年十二月的《伯明罕日報》（*Birmingham Journal*）報導：「一群教唆鬥狗戲的人被捕，總計八十四人。——動物之友協會已經獲悉，昨天在伯明罕法克斯街的廣場舉行鬥狗戲。於是採取了措施，首先取得警察局幫助，派出強大的員警支隊趕到現場。所有在場的人立即被捕。於是把這些十足的共謀者用手銬成對地銬在一起，再用一根長繩透過每一對中間把整個這夥人緊緊串聯一起。他們就這樣被押往員警分局，市長與法官正坐在那裡等他們。兩個頭目被判罰款，每人一英鎊八先令六便士；如不履行，則要罰十四天苦役。」那些沉溺於這種貴族遊戲的紈綺子弟們在這一行列中行進，一定會有些垂頭喪氣吧！但一八五五年四月六日《泰晤士報》第六頁提供了當前一個更令人驚異的例子：我們在這裡看到，這報紙自身承擔司法職能，並給予正當的懲罰。它詳細敘述了一個非常富有的蘇格蘭男爵女兒的案例。這問題上訴到法庭，證據顯示，該女子曾極爲殘忍地用棍棒與利刀打傷、刺傷她的馬；爲此她被罰金五英鎊。但對一個有她這種地位的人來說，這一錢數根本算不了什麼，實際上她根本會安然無恙逍遙法外的。幸而有《泰晤士報》出面干預，給她一種她會確切感受到是眞正懲戒的處罰。該報導兩次用大字體全名提到這位年輕小姐，並且做出如下結論：「我們不能不說，幾個月的監禁，再加上僅僅由漢普夏（Hampshire）最有力氣的婦女偶爾祕密地給以鞭笞，這種刑罰對M．N．小姐才更加合適。像這種惡劣的人已喪失了女性應有的一切體恤與特權；我們不能再把她看作一個女人。」我希望特別提請剛在德國組成的反對虐待動物協會注意這些報紙評論，因爲它們指明了，爲取得某一可靠結果，應該採

峭的橋上，都配置一對馬，以便把牠們繫到載重馬車上幫拉過橋，不取分文。這不是極好的嗎？這種做法難道不像任何對人的慈善行動那樣，無一例外地會博得我們的讚許嗎？倫敦慈善協會也盡了它的職分。一八三七年它提供三十英鎊獎賞，獎勵關於現有的不虐待動物的道德理由之最佳說明文章。不過，論證方法幾乎完全必須取自基督教，因而這一任務的困難自然就加大了；但兩年後在一八三九年，麥可納馬拉（Macnamara）先生競爭成功。在美國費城有一個動物之友協會，抱持同樣愛護動物宗旨；作者T．福斯特（Fonster）題獻給該會主席的一本書《哲學；或對動物現實情況的道德反思以及改進方法》（*Philozoia, Moral Reflections on the Actual Condition of Animals and the Means of Improving the Same, Brussels, 1839*），寫得很好、具獨創性。福斯特先生委託他的讀者們給動物人道待遇。他是英國人，自然設法用聖經的支持強化他的立場；但他是在不穩定的立足點上，獲得少得可憐的成功，以致最後急切地抓住下面這獨到的見解：基督耶穌生在牛馬驢群中的畜舍裡；那象徵地意味著，我們應把獸類當作我們的兄弟，並應像兄弟般地對待牠們。我在這裡舉出的所有例證充分證明，我們在談論的這種道德感情，現在也終於在西方開始激動了。至於其

取什麼方針。同時我對慕尼克的H．佩爾奈（Perner）先生可貴的熱忱，表示我真誠欽敬，他已全身專心投入這一門善行，並在全德境內引起對這一問題關注。（請注意，本小注前一部分屬於本著一八四〇年九月最早版本；後一部分是爲一八六〇年八月第二版寫的。因此叔本華說一八三九年的第一個例子是「最近的」，而一八五五年的第二個例子是取自「當前的」。——譯者注）

他，我們可以看到，對有知覺生物的同情心並未使我們達到像婆羅門教徒那樣自動不食肉的程度。這是因爲，按照自然法則，對痛苦的感覺能力和智力並駕齊驅；因此人們生活中，特別在北方，不吃動物食品所受的痛苦，比獸類總是事先不曉得的速死的痛苦更甚；雖然應該使用氯仿使牠們死得更舒適些。確實，人類沒有肉食營養，極難抵禦凜冽的北方氣候。用同樣的理由也可以解釋，爲什麼使用動物爲我們工作是正當的；只有當人們過分役使牠們幹活時，那便是殘忍了。

8. 並不是不能用形而上學研究與解釋一切非自私行爲的唯一根源即同情之終極原因；但讓我們暫時把這些問題擱置一邊，而從經驗的觀點，僅僅把正談到的現象看作一種自然的安排。如果大自然的意向是盡全力減輕我們任何人都無法完全逃避生活所面對的各種各樣無數痛苦的話；如果她願意爲一切人普遍具有、而且時常發展爲邪惡的熾烈自我主義，提供某種抗衡力的話；每個人顯然馬上將認爲，她能選擇的最有效方法，莫過於在人心中播種這樣美好的性情，這種性情使人傾向於分擔別人的痛苦，以有力而無誤的聲音命令我們要爲鄰居著想；在這時呼喊著「保護！」在那時呼喊著「說明！」可以確信，對於達到普遍的安寧幸福來說，只能更寄望於這樣產生的互相援助，而不能寄望於用一般、抽象的術語表達的一種嚴格的義務命令——一定的推理過程和人爲的概念組合之產物。確實，從這種絕對命令，不可能期待有什麼結果的，因爲對沒有教養的人類個體來說，一般是不能理解命題及抽象眞理的，只有具體的東西對他們才有某種意義。應該記住這一事實，整個人類，除很少一部分外，長期來一直是粗野的，而且必定繼續如此，因爲對人類整體來說，不可避免要從事的大量體力勞動，使之沒有進行精神修養的時間。因而，爲了喚醒已被證明爲無私行動、唯一源泉，因此是道德眞正基礎的那種感覺，根本不需要抽象的知識，僅僅需要直觀的知覺，需要對一具體事例的簡單理解。同情心立即對這事例做出反應，不需要其他思想的調解。

9.下述情況將和上一段落完全一致。我提供給倫理學的這一基礎，在經院派哲學家中是無先例的；確實，就他們的教導來看，我的見解是悖謬的，他們之中的許多人，例如：斯多噶派（塞涅卡，《論寬恕》，*De Clementia*，II，5）、斯賓諾莎（《倫理學》，IV，prop．50），以及康德（《實踐理性批判》，第二一三頁；羅，第二五七頁）注意到同情的動機卻完全摒棄它、蔑視它。另一方面，我所提的基礎則受到近代最偉大道德家的權威支持；毫無疑問，盧梭至少是這樣的權威，那位能猜透人心的人，他不是從書本而是從生活裡學到智慧的，並且打算把他的學說只爲人類用而不爲教授職位用；他，一切偏見的敵人，自然的養子，她單單給他以能夠談論道德問題而不令人生厭這種天賦，因爲他能擊中眞理，打動人心。我迄今一直留意儘量少作引證，爲了支持我的理論，將敢於引用他著作中的幾節文字。

在《論人類不平等的起源》（*Discours sur L'Origine de L'Iné galité, edit, Bipont*）第九十一頁，他說：「還有另一個霍布斯（Hobbes）根本沒有認識到的要素。在人的內心種植這一要素，是爲了在一定情況下減弱他的自愛的凶猛性，並且在看到一位同胞受苦時便產生一些內在厭惡感，從而緩和他對他自己的安寧幸福所抱的熱情。我確定不移地、不怕任何反對地把這唯一的自然德行歸屬於人類，這一點甚至連最激進的懷疑主義也不得不承認。我暗指同情等等。」

第九十二頁：「孟德維爾（Mandeville）這樣認爲是對的，如果自然未曾給人們同情支持他們的理性，即使他們備有一切道德制度，他們只能永遠是殘忍的人；但是他沒有認識到，從這一品德湧現出所有的社會美德。他不願相信人類有這些美德。實際上，如果不是給予弱者、罪人或整個人類的同情的話，那麼慷慨、寬厚、人道是什麼？甚至仁慈與友誼，如果我們正確地看這問題，可以看到，它們產生於對一特殊對象持久不變的同情；因爲想要某人不受苦，不外就是想要他幸福……活著的旁觀者愈緊密地與活著的受苦者結合在一起，憐憫之情就變得更爲積極有力。」

第九十四頁：「那麼，這一點是十分確定的了，即同情是一種自然感情，它實際上抑制著個人的自愛，透過互惠的過程，幫助維護整個民族利益。它是這樣的，在自然狀態中，它代替法律、習俗與德行，還附帶有一優點，即任何人都不會被引誘拒絕聽從它的溫和聲音；它是這樣的，它將阻止每個身強力壯的野蠻人，假若他希望到別處謀生的話，不去搶劫一個軟弱的孩子，或者掠奪一位衰弱老人艱苦勞動掙來的賴以爲生之物；它是這樣的，它的確不是用那高尚的經過考慮的公正準則『你們願意人如何待你們，你們也要如何待人』，而是用另一種當然尚不完善、但也許更有用的自然善的規則『做對你自己有利的事，但絲毫不能損害別人』去鼓勵人們。一言以蔽之，我們應該在這種自然感情而不是在精巧論證中，尋找人們根本不靠教育規定的原則而慣於以憎惡態度對待惡行之理由。」

讓我們把這段話與盧梭在《愛彌兒》（*E'mile*, edit. Bipont）卷四，第一一五至一二〇頁說的話比較一下：

事實上，如果我們自己不從自身的意識中出去，並且變得與活著的受苦者結合一起；可以說是，透過離開我們自己的存在而進入他人的存在，我們怎麼能被感動而生憐憫之情呢？除非當我們料想他人的受苦時，我們不感到痛苦；我們感到的痛苦，不是在我們這裡，而是在他人那裡……給一個年輕人提供他的寬闊心力能對其產生作用的對象；諸如能拓寬他的天性的對象，它傾向於使心靈飛向其他人，就在這些人身上，他可以到處重新發現他自己。小心翼翼地使他離開那些使他的視野狹窄、使他以自我爲中心並且激發自私自利脾性的事物。

我在前面已指出，在學院派範圍內，連一個贊成我的見解的權威也沒有；而且，除盧梭之外，我還可以引用其他證據支援我。中國人承認五種基本德行（五常），其中首要的是同情（仁、人道、愛鄰人）。其他四德是：義、禮、智、信。同樣，在印度人中，我們發現，爲紀念死去酋長們所豎立的牌匾上，記載在他們美德首位的是他對人和動物的同情。在雅典，我們從保薩尼阿斯（Pausanias）⑥著作第一章第十七節中，知道在古希臘集會廣場

⑥ 保薩尼阿斯，西元二世紀希臘地理學家、旅行家，著有《希臘的描述》（*Descriptions of Greece*）。——譯者注

有一個祭奠同情之神的祭壇：「雅典人在他們的集會廣場建有紀念同情之神的祭壇；因爲他們相信，這種神是所有神中對人生及其沉浮興衰最有幫助的。他們是創立這一崇拜對象的唯一希臘人。」琉善在《泰門》（*Timon*）第九十九節中也提到這個祭壇。由J．斯托巴烏保存下來福基翁（Phocion）的一句短話，把同情描述爲人生中最神聖的東西：「不准搶劫神殿裡的祭壇，也不准搶劫人性中的同情。」在《五卷書》（*Pantscha Tantra*）的希臘文譯本《印度智聖》（*Sapientia Indorum*）中也有：「同情乃德行之首。」那麼，可以清楚地看到，道德的眞正根源在任何時代、任何國度，都一直得到明確的承認；只有歐洲除外，這是由於現在到處瀰漫的猶太人惡臭所致，並且是西方各民族之所以要求他們服從於一個義務命令、一項道德法則、一種絕對命令，簡而言之，一種秩序與法令的緣故。他們固執地保持這種思想習慣，閉眼不看這種觀點終究不過是建立在自我主義上的。當然，有時具有卓越洞察力的幾個人已經感覺到，並且說出了這一眞理：盧梭就是這樣一個人；還有萊辛（Lessing）。我們在後者於一七五六年寫的一封信中讀到：「那最好的人、那在所有社會德行方面、在所有形式的高尚大度方面極可能傑出的人，就是最有同情心的人。」

第九章　論性格的道德差異

在我能澈底說明我所提出的倫理學基礎以前，還有一個問題尚待解決。這個問題是：人們道德行爲的巨大差異是建在什麼基礎上的？如果同情是所有眞正的，即無私的公正與仁愛行爲的原始動機，怎麼會有人受它影響，而其他人不受它影響呢？我們是否應該假定，揭示道德刺激的倫理學也能夠啓動同情？倫理學能夠重新培養一個硬心腸的人，使他變成有同情心，因而成爲公正的和仁慈的人嗎？當然不能。性格的差異是固有的，而且是根深柢固的。惡人生來就有他的邪惡，和蛇生來就有毒牙與毒腺一樣，前者與後者一樣，一點也不能改變他的本性。「如何使用一個人的意志不是一件能教授的事情。」這是尼祿（Nero）的家庭教師所說的一句話。柏拉圖在《曼諾篇》（*Meno*）中詳細研究德行的本質，並且探究它能夠或不能夠教授給人。他引用特俄格尼斯（Theognis）①的一段話：

> 但是你將永遠不能夠
> 透過教授使壞人成爲有好品德的人。

並且最後得出結論說：品德看來並非天生的（即透過事物的自然秩序），也不能把它教授給人；但無論它寓於何人，它總是在天命之下出現的，與智力無關。如果我們相信亞里斯多德的話，據他說，倫理學之父蘇格拉底曾宣告：「是善或是惡，我們自己無能爲力。」

---

① 特俄格尼斯，西元前六世紀古希臘詩人。——譯者注

（《大倫理學》，I·9）再者，亞里斯多德自己也表達同樣的觀點：「因爲似乎所有人的不同性格是由自然以某種方式深深嵌入他們的；如果我們是公正的與寬容的，而且在其他方面也是善良的，那我們從一出生就是這樣的。」（《尼各馬可倫理學》卷六，第十三章）我們在J·斯托巴烏《言論集》第一章第七十七節中保存下來據說是畢達哥拉斯學派阿爾基塔斯（Archytas）的片段裡，也發現斷然表達的一種類似信念。如果它們的來源可能失實，但無疑是很古老的。奧里雷利（Orelli）在他的《希臘的金言與道德短文集》（*Opuscula Graecorum Sententiosa et Moralia*）中發表了這些片段。在卷二第二四〇頁，我們讀到他用多利安方言寫道：「對於這些所謂的美德來說，它們需要推理與證明，應該稱之爲科學。我們用『德』一詞倒是意指靈魂的非推理部分之某種道德上的極好的癖好。這種癖好決定我們表現出來的性格，人們按照這種性格而稱我們是慷慨的、公正的或有節制的人。」我們研究亞里斯多德在《論善惡》（*De Vir tutibus et Vitiis*）中對美德與邪惡的總結時，將發現，除非把它們全都假定爲天生的品格，否則毫無例外，我們無法想像它們是什麼，並且只有這樣看待，它們才是非僞裝的。如果，由於經過推理反思我們認爲它們是能由意志控制的，那麼就認爲它們失去其眞實性而進入空洞形式境界，因此馬上產生這樣的結果：我們不能期望它們在環境的衝擊與壓力下，能夠持久不變與有抗拒能力。對於仁愛的德行而言，也是如此，對此德行，亞里斯多德和古代人一樣，毫無所知。當然，蒙田（Montaigne）保持他的懷疑風格，但是當他說：「難道我們必須相信這是眞的嗎，即我們在沒有法律、沒有理性、沒有先例的情況下，單靠某種玄奧的、天賦的與普遍的能力，就能成爲絕對善的人？」〔《隨筆集》（*Essai*），卷二第二章〕時，他實際上是同意以上引證的、可尊敬的權威們之看法的。利希滕貝格在他的《雜錄．道德評論》（*Vermischte Schriften, Moralische Bemerkungen*）中則一語破的。他寫道：「所有由深思熟慮產生的德行沒有多大價值，它們缺的是感情與習慣。」最後，我們應該注意到，基督教自身在其最初教旨中，承認並且證明性格與性格之間存在著這種天生的、不能改變的差異。在《登山寶訓》中，我們發現這一比喻：果子的本性是由果樹的本性所決定的（《路加福音》第六章第四十三至四十四節；參見《馬太福音》第七章第十六至十八節）；然後我們在下面一節（《路加福音》第六章第四十五節）讀到：「善人從他心裡所存的善就發出善來；惡人從他心裡所存的惡就發出惡來。」（參見《馬太福音》第十二章第三十五節）

但是，康德透過他關於驗知性格與悟知性格的深刻學說，才第一次澈底說明了這一重要論點。他說明，驗知性格是在時間及行爲的多樣性中表現它自身的，是一種現象；而其後面的實在則是悟知性格，它是物自體的基本構成及現象的基礎，是不依時間、空間、眾多性與變化爲轉移的。只有用這種方法才能夠解釋那非常驚人且又是一切體驗過人生教訓的人所共知的東西——人的性格之固定不可改變性。有某些倫理學作者，以改善人的道德爲目的，談論德行進程上已產生的進步；但他們的信心總是和不可否認的經驗事實發生衝突，根本站不住腳，這些事實證明，德行乃自然之功，是不能向人諄諄教誨就有的。性格是一原始資料，永遠不變的，不能透過智力改善的。現在，如果不是這樣；再者：如果像上述頭腦不清楚的宣教者主張的那樣，靠道德教育能改善性格，因此「不斷向善邁進」的話，那麼，除非我們以爲所有宗教機構以及所有道德家的努力都未達到其目的，我們一定會期望能看到人類年老的一半，至少平均來說，明顯地比年輕的一半更好。但這一點也並非是要我們反過來，不是寄望於因經驗而變得更壞的老年人，而是寄望於年輕人。可能發生這種情況，一個人在老年看來似乎比他年輕時多少更好些，另一個人則似乎多少更壞些。但其原因並不難找。這完全是由於知性經過長年累月不斷改正，變得更加成熟，因此性格以較純粹、較清楚的形式突顯出來；而人之早年則受無知、錯誤與幻想的傷害折磨，它們有時使錯誤的動機突顯，有時掩蓋眞實的動機。我想介紹讀者閱讀《論意志自由》第三章提出的原則，那裡的解釋更全面。罪犯中年輕人的確占大多數，不過這是因爲，當性格中存在一種犯罪傾向時，它很快要找到一種在行動中加以表現以及達到其目標——苦工或絞架的方法；而那在長久生活中拒絕一切惡行引誘、未入歧路的人，是不會在最危急時刻失足的。因此，我認爲，我們敬老是由於考慮到老年人經受六、七十年考驗，保持他們的正直不受玷辱；這自然是給他們榮譽的必要條件。任何人都很了解這些事情，在實際生活中，他不會被我們前面談到的那些道德家允諾的東西導入歧途。一個人一旦被證實作惡有罪，就永遠不再受人信任；正如一個人一旦證明他有高尚品質，以後無論其他什麼事情有什麼改變，他永遠得到別人的完全信任。我們在第二部分第八章中已經知道，「什麼人就有什麼行爲」形成經院哲學家的重要信條。世界上萬物都遵循其存在、其本質所由組成之不可變易的構成而活動。人類也不例外。隨著個人現在是這樣，他也就將要、必定這樣行動：自由的與漠不關心的選擇本是早期哲學的一項發明，很早以前就被推翻了；不過有些穿著博士服、有些婆娘腔的男人，仍然喜歡拖曳著它到處招搖。

人類行爲的三個基本源泉——自利心或利己主義、邪惡、同情，是每個人與生俱來，以不同而且奇異的不等比例存在的因素。它們在任何既定情況下的組合決定出現的諸動機的分量，並且形成最後採取的行爲路線。利己的動機只能引起自私自利性格的興趣，那些示意或者同情或者邪惡的動機，則對它產生不了任何顯著作用。因此，這一類型的人將不會爲報復他的敵人而犧牲他的利益，也一樣不會爲幫助他的朋友而犧牲他的利益。另一類型的人，他的本性極易受惡毒動機影響，只要能傷害他的鄰居，即使給自己帶來嚴重損害也在所不惜。因爲有些人物以危害別人爲樂，以致他們忘掉自己的損失也許不亞於給別人造成的損失。人們對這種情況可能這樣說：「他不顧自己一切，只要他能傷害別人。」（塞涅卡：《論憤怒》，*De Ira*，I．1）他們這樣的人恣意打架鬥毆，雖然他們料到打鬥中自己吃虧比對方一點也不少；確實，不少經驗證明，他們動輒蓄意首先殺掉阻撓實現他們目標的人，然後爲逃避法律懲罰而自殺。另一方面，心地仁慈是由一種對有生之物，特別是對人類的深切、全面的同情組成的；因爲對痛苦的感受能力依理智的發展程度而增加，所以，人們身心上無數苦痛比之動物的苦痛，對同情有更加強烈得多的要求的權利，後者僅僅是身體上的，而且無論如何痛苦較少。因而，這種心地仁慈首先約束一個人不做任何損人的事情，其次，它也叫他無論何時何地見人遭難要給予救助。並且同情的道路可能朝一個方向向深遠發展，正如邪惡朝另一個方向不斷發展一樣。某些敏感性強的傑出人物，對別人的災難比對他們自己的都更感悲傷，所以他們因做出犧牲而給自己帶來的痛苦，可能比他們幫助別人免受的痛苦還要多。不僅如此，在幾個人或許多人能同時得到這樣幫助的情況下，如果需要，這些人絕對會當仁不讓。舉例來說，A·馮·溫克里德就是這些人物之一。第五世紀，當汪達爾人跨越非洲侵犯義大利時，努拉的主教鮑利奴斯（Paulinus）也是這樣的人。我們在J·馮·繆勒②著《世界史》（〔*Weltgeschichte*〕，第十冊，第十章）中讀到關於他的事蹟：「爲了贖買一些囚犯，他已經轉讓了全部教堂的金銀器皿、他自己的以及他朋友們的私人財產。此外，當他看到一位寡婦因她的獨生子將被強行帶走而悲慟時，他願意代替他去服苦役。因爲，不論誰只要年齡合適，未死於刀劍下者，都要被俘虜到迦太基。」

這樣看來，性格與性格之間確實存在著很大差異。這種差異是原始的，生來就有的，它權衡個人對某種動機的敏感反應，只有那些他對之特別敏感的動機，才對他有強烈的吸引力。正像在化學中，一個元素確定不變地只對酸產生作用，另一元素僅對鹼金屬產生作用那樣，人的不同天性也以同樣的不變性對不同刺激作出反應。暗含仁愛的種種動機，它們能深深激動一種善良的性格，本身卻不能對一個只聽從利己主義挑動的心靈產生任何作用。如果希望勸誘這利己主義者得行慈善與人道，這只有一個方法能辦到：必須使他相信，減輕別人的痛苦終將證明是對他自己有利。確實，難道大部分道德體系不就是向這方面所做的不同種類的努力嗎？但是這種方法只能誤導而不會改善意志。要取得眞正改進，必須改變個人對種種動機敏感性的整個本質。因此，我們必須從一個人那裡，除去他對別人痛苦本身的冷

---

② 繆勒，（Müller, 1752-1809），瑞士歷史學家。——譯著注

漠；從另一個人那裡，排除他招致別人痛苦所感到的喜悅；從第三個人那裡，除去這一天生趨向，這種趨向令他把增進自己點點滴滴福祉，看得比所有其他動機重要，以致後者變得無足輕重。不過，把鉛變成金比完成這樣一項任務還要更容易得多。因爲這意味著，比如說，把一個人軀體內的心翻轉過來，正是重塑他的存在。就事實而論，能夠做到的只能是澄清知性、糾正判斷，使他對客觀現實與實際生活關係有一較好理解。做到這一點後，得到的唯一結果是，他的意志以更合邏輯、明確而確定的方式出現，在其表達中沒有虛幻的聲音。正如許多善行從根本上來說是建在虛幻動機上、建在出自善意的、卻是對於今世或來世可得利益之虛幻描述上一樣；也有不少的不端行爲純粹是由於不完全理解人類生活環境造成的。美國的州或聯邦法院便是以這後一眞理爲基礎的。在這裡，其目的不是改善罪犯的心，而僅僅是教育他們的頭腦，使他們能開始理智地認識，成功只有靠勞動與誠實而不是靠懶惰與欺詐才能儘早、眞正地獲得。

對動機的正確描述，可以促成合法性，但不能促成道德性。能夠改正一個人的行爲，但不能改正一個人想做什麼的意志；而眞正的道德價值僅僅屬於意志。意志奮力以求的目標不可能改變，只能改變所期盼達到該目標的途徑。教導可以變更手段的選擇，但變更不了個人在他一切行動中念念不忘所挑選的最終目標；其所以如此，是由他的意志按照它的原來本質決定的。的確可以使自私自利的人明白，假若他放棄某些小利，他將獲益更多；並且可以教育惡毒的人知道，他將因損人而更害己。但是永遠不可能勸服一個人摒除自私自利本身及邪惡本身；正如一隻貓絕不能被說服放棄牠捉老鼠的天性一樣。對心地善良來說也是一樣。

如果判斷力得到訓練，如果人生的關係與環境終被了解，一句話，如果理智受到啓迪，那麼，受仁愛支配的性格和它不受此種啓迪情況下相比，將被導致更始終如一和更完全地表明它自身。這樣的例子可舉一些如下。當我們察覺我們的行爲對別人產生的比較遙遠的後果時：這些痛苦也許是突然、間接地襲擊他們，並且僅僅是在相當一段時間以後，原來是我們沒想到我們的行爲竟會對他們這麼有害而造成的。還有，當我們逐漸察覺許多出自善意的行爲，比如像掩護一個罪犯之惡果；尤其眞實的是，當我們認清「不損害任何人」在一切情況下都比「幫助所有的人」是優先考慮的問題。在這一意義上，無疑存在著像進行道德教育這樣的事情，一件能夠使人行爲較好的倫理培養。但是這種道德教育只有在我所指出的範圍內，才是行得通的，而且很快就會發現它的限度。頭腦滿是知識之光，心靈仍未曾改善。基本的與發揮決定作用的要素，在道德事情中和在理智事情以及物質事情中一樣，都是天賦的東西。人爲技巧永遠是附屬的，只能發揮輔助作用。他原來是什麼樣子，他就是什麼樣子，似乎是「由上帝恩賜」，天道的安排。

最後你還是像現在一樣。
你戴上幾百萬根髮絲編成的假髮，
把底厚幾尺的高靴墊在腳下，
你還是永遠像現在這樣。

——歌德：《浮士德》第一部《書齋》

但我確知讀者早就想提出這個問題了：那麼，功過的根源在什麼地方？其答案全包括在第二部分第八章，所以我請讀者特別加以注意。這一解釋本來跟著就可以在這裡提出，因爲這個問題和康德關於自由與必然性共存的學說密切相關，所以就在那一章解釋比較合適。我們的研究導引出這一結論，即：一旦使動機發揮作用，做的事或所爲是一種絕對必然的東西；因此，自由，其存在是完全由責任感表示的，不能不屬於存在（一個人之所是）。無疑，良心的種種責備得首先與表面上和我們的行動有關，但透過這些行動，它們實際上一直延伸到我們的本質（我們之所是）；因爲我們之所爲是我們之所是的唯一無可辯駁的標誌，並且眞實地反映我們的性格，正如從症狀可以眞實地知道病症一樣。因此，功過的根源最後應該歸到本質上，歸到我們之所是（我們是什麼）上。不論我們尊重與熱愛或者鄙視與憎恨別人的是什麼，它都不是一種可變易的、暫時的顯現，而是某種恆常的、穩定的、永續的東西；它就是我們所是之物（或我們的本質）。假如我們發現有理由改變我們對任何人的最初看法，我們並不認爲是他改變了，而認爲是我們一直錯看了他。同樣，當我們對自己的行爲滿意或不滿意時，我們說對自己滿意或不滿意，實際的涵義是，對我們之所是或本質以及其不可變更性、不可逆轉性的滿意或不滿意；對於我們的智力品質來說，也是如此，不止於此，甚至可適用於相貌。那麼，功過的根源怎麼能夠在別處而不在我們的本質呢？我們在第二部分第七章已看到，良心是我們行爲的記錄表，而這記錄表總在逐漸加長，所以對我們自己的認識，每天都變得更全面。良心直接關心我們所做的一切；當某個時刻，由於受利己主義，或者也許受邪惡的作用，我們對於要求我們如果不願給人幫助、保護，但至少不要損害他們的這種同情，置若罔聞；或者又當另一時刻，我們克服前兩個動機，則聽從第三個即同情的聲音。以上兩種情況都可測量我們在我們自己和他人之間劃出的界線。我們的道德或不道德的程度最後均視這一界線而定，也就是說，視我們的公正與仁愛或不公正與不仁愛的程度而定。那些對這一特點具有重要證明作用的行動，其數量一點一點地儲存在我們記憶中；這樣我們的性格特徵愈來愈清楚地被描繪出來，我們對自己的眞正認識也幾近達成。並且從這種認識中，產生一種對我們自己、對我們按照利己主義、邪惡、同情行事的我們的本質之滿意與否；換句話說，按照我們已做出的在自己與他人之間差別的或大些或小些而定。當我們向自己之外看時，我們是用這同樣的標準評判我們周圍的人；於是我們逐漸熟悉他們的性格——確實不全面——還是用像我們用於自己的那種經驗方法。在這種情況下，我們的感情便以讚揚、贊成、尊敬，或者另一方面，以譴責、不快、輕蔑的方式表現出來，可以說，它們是當我們自我評價而產生於我們內心之主觀上滿意或不滿意（後者也許會加深成爲怨恨）的客觀轉化。最後，還有語言方面的證明。我們發現某些不斷出現的言語形式，它們雄辯地證明：我們對別人的責難實際是指向他們不可變易的性格，只是表面上提到他們做的事情；德行與邪惡實際上，如果是不言而喻的話，被視爲人們生來即有的不可變更的品質。下面是一些這類表達式：「我可了解你的本性了！」、「我看錯了你。」、「我可知道你是什麼東西了！」、「那麼，你就是這樣的人！」、「我不是那種人！」、「我不是要占你便宜的人！」還有：出身名門的人，即心地高尚的，西班牙語爲bien nacido；希臘文εὐγεν（眞正出身名門的）、εὐγένεια（眞正出身高貴的）用來表示「virtuous」與

「virtue」（「有德行的」與「德行」）等等。

理性是良心的一個必要條件，但這僅僅是因爲沒有前者根本不可能進行清楚、連貫的回憶。從其本質來說，良心一直到行爲以後才說話；因此我們談到被提訊受良心審判。嚴格地說，認爲良心預先說話是不妥當的；因爲它只能夠間接地這樣做；也即是說，對過去特別事例的記憶，導致我們透過反思而不贊成尚在考慮中的某種相似的行動路徑。

這就是由意識提供的倫理學事實。它自行形成爲一個形而上學問題，這個問題不直接屬於我們現在研究的問題，在本書最後部分再簡略論及。

那麼，良心只不過是借助於我們的行爲對我們自己一成不變的性格的認識。稍加思索將證明，這一定義不但和我已在這裡特別強調的東西和諧一致，而且從那裡還可得到更多確證：即對利己主義的、邪惡的以及同情的種種動機的敏感性，在不同個人中極不一樣，而且是個人全部道德價值之所繫，是不能用任何其他東西解釋的，也不能以教導方法獲得或排除，彷彿它是產生於時間之中的某物，所以是易變的且受機遇支配的。與此相反，我們已經了解，這種敏感性是與生俱來的、固定的，一個終極資料，不允許任何進一步說明。因此，整個一生，連帶其許多活動整體，可以比喻爲時鐘的針面，它標明其內部的、一勞永逸地製造出來的各種機件每一動作；或者它類似一面鏡子，只有在那裡，每個人用他的理智之眼，才看到映出的他自己意志之基本本質，即他的存在的核心。

無論誰肯耐心地、澈底地想透在這裡以及在第二部分第八章所說的內容，他將發現在我所提出的倫理學基礎中，具有邏輯連貫性以及其他一切理論所缺乏的圓滿全面性；遑論我的觀點和經驗事實的完全一致，而這種完全一致他在別處是無法找到的。因爲只有眞理才能一律、始終如一地與其自身並且與自然相一致；而一切虛假原則卻內部自相矛盾，外部和經驗證據相左，這些證據每一步都記錄了經驗的無聲抗議。

我充分意識到，在這文章中以及尤其在這裡結束的時候提出的諸眞理，正擊中許多根深柢固的偏見與錯誤，特別擊中那些屬於某種現在頗爲流行、適合初等學校的簡單道德體系。但是我不能承認感到後悔或遺憾。因爲，首先，我既不是在向兒童們，也不是在向無知大眾們講話，而是在向一個探究眞理與研究學術的科學院講話。他們的探索是一純理論的探索，涉及倫理學的終極基本的普遍眞理；而且對一個極嚴肅的問題，無疑應該做出一嚴肅的回答。第二，我認爲，錯誤就是錯誤，不能有什麼無害的錯誤，更沒有什麼特許的或有用的錯誤。與此相反，所有錯誤幾乎貽害無窮，何益之有。然而，如果希望把現存的先入之見當作眞理標準，或者把它當作眞理研究不得逾越的界線，那麼，比較老實的態度就是把哲學院系與學院通通取消。因爲那裡沒有實在，那裡連貌似的實在也不會有。

第四部分　論最初的倫理學現象之形而上學解釋

第一章　應如何理解這個附錄

在前文中我已經確定道德動機（同情）爲一事實，而且已經證明，只能從這一動機才能產生無私的公正與眞正的仁愛，其他一切德行全賴這兩個基本德行。現在，要說爲了給倫理學提供基礎，這在某種意義上說是足夠了；也就是說，就道德科學而論，它必然需要由某種實際與能證明的基礎來支持，不論它存在於外在世界或在意識之中。唯一可選擇的餘地是踏著我的許多前驅者留下的足跡前進，換句話說，任意挑選某一個主張——某種空洞而抽象的公式，使之成爲道德所規定的一切的根源；或者像康德那樣，把一個純粹觀念、法則的觀念，理想化爲倫理學的拱頂石。但是，根據我在第二部分討論的理由，摒棄了這一方法，在我看來，似乎現在已經完成了皇家科學院提出的這一研究。因爲他們的問題，照其現狀來看，僅僅涉及倫理學的基礎；對於這個基礎的可能的形而上學解釋，並沒有任何要求。雖然我們的探索已達到這個程度，但我深切感到，人類精神得不到永久的滿足，得不到眞正的寧靜罔思。在倫理科學中也像在所有實際研究各學科中那樣，當一切都說完時，人們不可避免要面臨一個最終的現象，即，雖然它對本身所包括的每件事以及從那裡歸納出來的每件事，都給出說明，但它本身仍然是個未得解釋之謎。所以這裡和別處一樣，感到需要對這最終資料本身，以及透過這些資料——如果能獲得其全部——對世界的解釋（顯然這種解釋只能是形而上學的）。並且在這裡，這種需要在這問題中顯示：我們感覺到、並且由我們知性理解的東西是它的本質（它之所是），而不是其他東西，這是怎麼回事呢？並且我們見到現象的特性又是怎麼由事物的基本本質形成其自身呢？確實，在道德科學中比其他科學中，更迫切需要一個形而上學的基礎，因爲哲學的和宗教的體系一樣，一致堅持認爲人的行爲不但有倫理道德的，而且也有形而上學的意義，這一意義遠遠超過事物的純粹顯現，超出所有經驗的可能性，因而具有和人類命運以及整個宇宙過程最密切的關係。因爲如果人生（實被斷言）有一種意義的話，那麼它所指向的崇高目標無疑是道德的。這一觀點也不是空洞的沒有根據的學說；它是根據不可否認的足夠事實確立的，當死亡將近時，每個人均表現具有一種道德傾向，不論他是否相信宗教教義都一樣；在生命將盡時，他顯然是渴望完全從道德的立足點上，清理一下他一生的事情。對這一單獨事項，古代人的證言特別有價值，因爲他們陳述時是處在基督教影響範圍以外的。所以我將在這裡引用斯托巴烏《言論集》（第四十四章第二十節）中保存下來的值得注意的一段話。有人認爲這段話出自最早古希臘時代的立法者扎萊烏庫斯（Zaleukos），不過按照本特利（Bentley）與海恩（Heyne）的說法，它源自畢達哥拉斯學派的人。其語言敘述生動，清楚無誤：我們應該認識到彷彿在我們眼前出現的，每一個人爲從生活坎坷羈絆中救助自己走到盡頭的那臨終時刻。因爲所有臨終的人都被懊悔困擾，一面回憶起他們做的不公正行爲，並且又滿心悔悟他們過去如能總是公正行事就好了。

此外，談到一位歷史上有名人物，我們發現伯里克里斯①（Pericles）在他的病榻上不願意聽任何關於他偉大成就的事情，只渴望知道他永遠未曾給某一市民帶來麻煩（普盧塔克〔Plutarch〕，《伯里克里斯生平》〔*Periclem*〕）。轉而看看現代，是否有和前述情況有

---

① 伯里克里斯，古雅典政治家，西元前四九九－前四二九。——譯者注

完全不同的事例，我記得曾注意到，在向英國陪審團提出的一個報告中的以下事件：一個粗野的十五歲黑人少年，在船上某次吵架中受了致命傷。當他快要死的時候，他急切懇求把他的所有同伴趕快請到他面前：他要問一問是否他曾經煩擾過或侮辱過他們任何人，而當聽到人們說他從來沒有那樣做過以後，他的心情看來似乎大大寬慰了。那些臨終的人願意在自己死去以前與每個人言歸於好，這確實是到處一樣的經驗教訓。

但是有另一種證據說明倫理學最後只能由形而上學解釋。人所共知，雖然是一位富有思想作品的作者——甚至它可能是一部最重要傑作——他很希望拿到他能得到的任何報酬，而另一方面，那些做出道德高尚的一些事情的人，幾乎毫無例外，都拒絕因此而得到報償。後一事實尤其多見於堪稱英雄的行為。例如，當一個人冒個人生命危險救了另一個人，也許很多人因此免於毀滅；雖然他可能很窮，但通常他根本拒絕一切獎賞，因為他本能地感到，他行為的玄奧價值會因此而受損害。在伯爾格爾（Bürger）②的歌唱勇敢者的歌末尾，我們讀到這種心理過程的詩意表述。就大部分現實面來說，和我時常在英國報紙上注意到的理想，根本沒有什麼不同。這種行為在世界各處都有發生，而且不管一切宗教差異如何。在人類中常有一種不可否認的倫理趨向，來源於（雖然不自覺地）形而上學，並且對人生不按照這些路向給出解釋，任何宗教便不能贏得立足之地；因為各種宗教全都是靠它們的倫理方面緊緊抓住人的思想的。每種宗教均把它的整個教義當作每個人容易感覺到的道德動機之基

---

② 伯爾格爾（Gottfr., Aug, 1747-1794），詩人。——譯者注

礎，但他並不因此而理解這一點；並且它把教義和道德動機基礎兩者連接得如此緊密，以致它們似乎是分不開的。確實，傳教士特別費盡心力宣稱無信仰和不道德是同一件事。看來道理顯而易見，爲什麼信奉者把不信奉者看作和惡人一樣，爲什麼諸如「不信神的」、「無神論的」、「非基督教的」、「信異教的」等等作爲道德墮落的同義詞。事實上，各種宗教的工作是夠容易的了。種種宗教開宗明義的原則就是信仰。因此它們能夠堅持要求只要信仰它們的教條就行，而要做到這一點，甚至要加以威脅。但是哲學在手邊就沒有這樣合適的手段好用。假如考察一下哲學不同體系，我們就將發現，就爲倫理學提供基礎來說，以及對任何這種基礎和給定的形而上學理論間之可發現的連接點來說，兩方面的困難阻礙重重。然而，像我在前言中訴諸於沃爾夫與康德的權威所強調的那樣，我們迫切需要爲道德科學從形而上學那裡取得支援。

且說，人的理智必須盡力解決的所有問題中，形而上學的問題最難，難的程度以致許多思想家認爲它絕對無法解決。除此之外，目前情況下特別對我不利，因爲我在獨立地作專題文章。換句話說，我不能隨意從我可能擁護的某明確的形而上學體系出發；因爲如果我那樣做的話，或是應該詳細將它論述，而這必將占太大篇幅；要不然就必須假定它是理所當然的、無異議的一種特別可疑的行徑。結果是，我根本不能在這裡像在前一部分那樣應用綜合的方法。只能用分析方法，即我必須逆向工作，從結果到原因，而不是反之亦然。無論如何，這種艱難任務從一開始就沒有先在假說，除公認見解外更無其他見解可依循，使得發現倫理學基礎工作如此辛勞，以致當我回顧這一任務時，我似乎完成了某種聰慧的驚人事蹟，幾乎就像一個人以最精巧的技能在半空中完成了本來只能有牢固支撐才能做到的事情。但現在我們終於談到能否給予已提出的基礎一個形而上學解釋這問題了，在沒有任何假定情況下研究這個問題的困難如此之大，看來我似乎只有一條路可走，即僅僅對這一題目作一般簡述。所以，我寧願指出而不願詳論思想的路線，我將指出導向這目標的道路，但不沿該路到那裡去；簡而言之，我將描述的只不過是在其他情況下能夠提出理由的很小一部分。由於上述理由，我希望在開始這一題目之前鄭重表示，無論如何，徵文實際上提出的問題現在已經解決了；因此我在最後增加的這一部分，是超出原來要求的作品、是個附錄；予取予求，悉由尊便。

第二章　形而上學的基本原理

迄今所有我們探討的過程，都是由堅如磐石的經驗支持的。但爲了追求一種最後理論上的滿足，而把我們的探索向前推進，達到那任何經驗永遠不能滲透的地方時，經驗對我們無用了，我們立足的堅實地面下陷了；可是，萬一我們能得到那可能帶給我們一定程度滿足的一點暗示、一點短暫的閃現的話，我們也是欣喜的。無論如何，至今一直伴隨我們整個探索過程的誠實絕不會捨棄我們。我們將不會按照所謂康德後的哲學家的樣子，用夢想應付，並且準備好神仙故事；我們也不會像他們那樣，企圖用冗文贅字欺騙讀者，往他們眼裡撒塵埃。我們全部的承諾只能是一點點，但那一點點必將忠實地呈獻給讀者。

我們所發現應爲倫理學之最終解釋的原則，現在它自身反倒也需要解釋；因此我們現在的問題必須論述那自然的同情心，它是每個人天生即有的、不可摧毀的，並且已證明是非利己行爲的唯一泉源，只有這種行爲才有眞正道德價值。許多現代思想家把好與壞或善與惡的概念看得很簡單，也就是當作既不需要也不允許任何說明，於是他們接著大多是很神祕而又虔誠地談論一種「善的觀念」，他們用這一觀念支撐他們的道德體系，或者至少用以掩飾他們的貧乏。[①]因此我不得不在這一點附帶指出，這些概念並不簡單，更非先天；它們事實上表示一種關係，並且是從最普通的日常經驗得來的。不論什麼和任何個人意志的願望相一致的東西，對於意志來說，便稱爲好的；例如，好食物、好道路、好兆頭；相反的便稱

① 善的概念，就其純粹性而言，是一個終極概念，「一個絕對觀念，其實質於無限中自行消失。」（布德爾威克〔Bouterweck〕：《實踐的格言》〔*Praktische Aphorismen*〕，第五十四頁。）

爲壞的，在活著的人的情況下，稱爲惡毒的。同樣，一個人，由於個人性格關係，沒有反對別人追求什麼事情的企圖，而是盡力表示可以幫助他們，促其成功；一個人，不但不損害鄰人，當他能辦到時，則幫助他的鄰居，並且爲他們謀利益；後者，就他們自己而論，稱之爲一個好人；「好」這個詞正是按照上述定義對他使用的，而從他們自己的觀點看來，它因此是相對的、經驗的，並且被置於被動主語的中心位置。現在，如果我們考察這樣一個人的本質，不僅當它影響別人、而且當它在自身中事實如何，我們就能根據前述說明認識到，他實踐公正與仁愛的德行，是由於直接參與並非他自己的禍福遭遇；並且我們已知道，這種參與的來源是同情。此外，如果我們停下來仔細考慮，這種性格類型中基本部分是什麼的話，我們將發現，這種人不像一般人那樣把他自己和別人的界限劃得那麼清楚。

這種差別在惡毒人的眼裡則是如此之大，以致他徑直以看到別人痛苦爲樂——因此他企圖尋找這樣的一種快樂，根本不考慮任何其他對他有利的，甚而有時損害他自己的事情。從利己主義者觀點看來，這同一差別仍然夠大，足以使他爲了得到少許個人利益而製造很多麻煩給他的鄰居。所以對這兩者來說，被限制於他們自身的自我和包括世界其餘一切的非自我之間，牢固地存在著一大鴻溝，、一大深淵：「只要我安全，天塌又何妨。」是他們的行爲準則。對好人來說正相反，這一差別絕不是這般顯著；確實，在高尚行爲的情況下，它似乎化爲烏有，因爲那時爲了使另一個人幸福，施惠者不惜自我犧牲付出代價，把另一個人的自我放在和他自己的自我同等地位。並且當這是一個解救許多同胞的問題時，可能完全不怕自己毀滅，一個人爲許多人而犧牲自己的生命。

現在這一質詢出現了：是否後者那種把維繫存在於自我與非我的關係，看成是形成一個好人行爲的主要泉源是錯誤的，且是由於一種幻想；或者是否這錯誤反而不屬於利己主義和邪惡建於其上的相反的觀點。

毫無疑問，利己主義根源何所在的理論，從經驗觀點來說，是完全有道理的。經驗證明，一個人自己的人格和另一個人的人格間的差別，看來似乎是絕對的。我住的地方和我鄰居的不在一處，這一空間距離或差別把我們彼此分開，也把我和他的禍福分開了。但是，首先應該說，我們對自己的認識，絕非深刻澈底的。我們憑藉由感覺提供資料構成的直覺，就是說以一種間接方式，認識到我們身體是空間－客體；透過一種內感知，我們意識到由外在動機作用引起我們一連串期望與意志；最後我們終於辨認出我們自己意志本身時強時弱的種種活動，一切發自內心的感情最後都可追溯到意志。實質就在於：因爲輪到感覺能力也是不可理解的。相反地，我們整個現象的本質之實在基礎，我們最內的，具意志力與領悟力的本體自身，是不能爲我們所理解的。我們僅僅看到自我的外在一面；而其內部在暗中隱蔽。因此，我們對我們自己擁有的知識絕非澈底、完全的，而是非常表面、膚淺的。我們的存在之更大與更重要部分仍是未知的，成爲應加以思辨之謎；或者，像康德所說的那樣：「自我僅能熟知作爲現象的自身；關於其本質，不論那可能是什麼，自我對它沒有認識。」可是，至於在我們知識範圍以內的自我那一面，毫無疑問，我們能十分清楚地辨認彼此有別；但不能據此得出結論說，對其餘部分來說，也是如此，該部分掩蔽於深奧不可解之中，但事實上則是構成我們的眞正本體。至少存在著這一可能性，後者這一部分在所有人那裡是一律無變化的和完全一樣的。

對一切眾多性，對實存的、用數字表示的異樣性的解釋又是什麼呢？——時間與空間。確實，只有透過後者前者才可能理解：因爲「許多」這一概念不可避免地內含著連續（時間）的觀念，或者相對地位（空間）的觀念。那麼，鑒於一種同質的眾多性是由個體組成，我稱作爲多樣性條件的時間與空間爲個體化原理（principium individuationis）；在這裡我不考慮這一表達式是否經院學家也確實是如此使用的。

如果在康德的驚人才智給予世界的發現中，有任何東西確鑿無疑爲眞的話，這是能在先驗感性論中，即在他關於空間與時間的學說中找到的。這一結構建立在如此堅固基礎上，任何人都未曾提出甚至一個貌似的異議。它是康德的勝利，並且屬於那些很少數形而上學理論，它們能被視爲眞正證明了的，而且實際征服了那一探究領域。它教導我們，空間與時間是我們自己直觀能力的形式，因此它們屬於那種能力，不屬於由其感知的對象；進一步說，它們絕不是自在之物的條件，反而僅僅附屬於它們顯現的形式，如同我們對外在世界可能有意識，是完全受嚴格生理限制決定的那樣。現在，如果對自在之物，即對像我們所感知的構成宇宙之實在來說，時間與空間是不相干的；多樣性必定也是如此。所以，那在這感覺世界無限現象中被客體化的事物，只能是一統一體、一單獨不可分的實體，分別都顯現它們之中。而反過來說，由時空織機織成的眾多性之網，不是自在之物，而僅僅是它的現象—形式。這一現象—形式，外在於思維主體，就這點而論，並沒有實存；它僅是我們意識的一個屬性，正如後者那樣，受多重條件限制，實際上，是隨著有機體的功能而定的。

上述事物的觀念——一切眾多性只不過是表面的，在個體的無限系列中，生命之無窮生生續續，一代復一代，一年又一年，實際存在著的只有一個實體，在所有個體中完全一樣地在場；這一理論，我認爲當然在康德很早以前就出現了；實際上，可以回溯到遠古。它是世界上最古老書籍、神聖《吠陀》的最重要的要素，其教義部分，或確切說奧妙的教言，見於《奧義書》（*Upanishads*）。該書幾乎每頁均珍藏這一學說的深廣涵義；它以樂此不疲的重複、無可勝數的改編、許多不同的比喻與直喻，詳細說明和諄諄教誨之。再者，上述學說乃是畢達哥拉斯的智慧源泉，儘管我們對他教導了什麼所知鮮少，但對此毋庸置疑。這一學說實際形成爲愛利亞學派整個哲學的中心論點，這同樣是眾所周知的事實。以後，新柏拉圖主義者也沉湎於這一學說，其主要信條之一爲：「一切靈魂是同一的，因爲所有事物形成一個統一體。」在第九世紀，我們出乎意料發現它出現於歐洲。這一學說使一個和J．S．埃里金納（Erigena）②一樣重要的神學者的精神頗受激勵，他努力用基督教的形式與辭彙把它表達出來。在伊斯蘭教徒中間，我們又察覺在蘇菲（Sûfi或Sûfiy）教派的心移神馳的神祕主義中有此學說。在西方，G．布魯諾（Bruno）情不自禁地大聲宣講它，得到的回報卻是蒙受恥辱被折磨而死。同時，我們發現，無論何時與何地讀知基督教神祕主義者們時，他們常違反自己的意志與意向，迷醉於其中！斯賓諾莎的名望被認爲與此分不開。最後，在我們自己的時代，在康德已經消滅舊的獨斷論，人們被冒著灰煙的廢墟嚇呆以後，謝林的

② 埃里金納（Johannes Scotus Erigena, 810-877），愛爾蘭哲學家。——譯者注

折中派哲學恢復了這同一教導。謝林將普羅提諾（Plotino）、斯賓諾莎、康德與J．伯麥（Boehm）的全部哲學體系，統統與現代自然科學成果糅合一起，匆忙地把論點發揮得娓娓動聽，以暫時滿足同時代人的迫切需要；爾後開始對原來的題目進行一系列變動。結果是，德國各學術界終於一般地接受了這一思想路線；確實，甚至在受一般教育人們中間，它也幾乎廣爲傳布。

> 無疑，我們可能終其一生，
> 都把理性拒之於門外。
> 但是如果她一旦得以入內，
> 她便不再離開，
> 並且立即頤指氣使儼如那裡的主婦。
>
> ——伏爾泰：《致沙林（一七七七年十一月十日）》（*lettre à Saurin 10, nov. 1777*）

獨一無二的持異議者是大學哲學家們，他們的艱難任務是與稱爲泛神論的東西作戰。迫於戰鬥造成的窘困，他們不得不焦急地時而抓著最可憐的詭辯論、時而抓住極誇大其詞的成語，只有這樣他們才能拼湊起某種體面的僞裝，打扮那已被正式批准的最喜愛的娘娘腔哲學。一言以蔽之，時空以外的永恆實在與現象宇宙，在一切時代向來是愚人的笑柄，是智者永在沉思的主題。雖然如此，這一理論的嚴格證明，正如我剛提出的那樣，只能從康德的教誨中獲得。康德本人並沒有把證明進行到底；他模仿聰明的演說家，只不過給出前提，聽由他的聽眾隨意得出結論。

現在且說如果眾多性與差異僅僅屬於現象形式，如果在一切有生命事物中顯示出來的只有同一個實體：由此可見，當我們去掉自我和非自我之間區別的痕跡時，我們不是受一種幻象所戲弄。反之，當我們主張個體化的實在時，即主張一種印度教教徒稱爲眞正永恆實體的虛幻影像之物，即一騙人幻象、一幻想之爲實在時，那我們則是被戲弄了。我們已發現，前一理論乃是同情現象的眞實來源；確實，同情不過把這一理論翻譯成具體的表達式而已。所以，我認爲同情就是倫理學的基礎，並且願意把它說成是一種認爲自我和非我一樣的感覺能力，這樣，這個人便直接在另一個人內認出他本人，他眞實的眞正存在就在那裡，從這一觀點出發，把這最深刻的理論教導竭力加以發揮擴充，最後可以證明，它和所實踐的公正與仁愛的規則是完全一致的；反過來說，很明顯，有經驗的哲學家，即正直的人、仁慈的人、高尚的人，只不過以其行動，宣告和思辨者以辛勤探索、以煥發的理智贏得的眞理是一樣的。同時，道德上的美點高於一切理論的智慧。後者充其量不過是一種本未完成的、不完全的構造物，而且只能透過迂迴推理過程才能達到前者一蹴而就的目的。道德高尚的人，雖然智力不夠敏銳，但卻以其行爲揭示最深刻的洞見、最眞的智慧；並使最有成就和有學問的天才相形見絀，如果後者的行爲暴露他的心還是不懂得這一偉大原則——生命之形而上學的統一性。

「個體化是實在的。個體化原理，連帶由之產生的個體差異，乃是事物自身的秩序。每個有生命的單元，是一個完全不同於所有其他單元的實體。僅僅在我本身中才有我的眞正存在；一切外在於它的事物屬於非我，並且對我毫不相干。」這就是人類證明其爲眞實的信條：它是一切利己主義的基礎，並且必然眞實地在所有無愛的、不公正的或邪惡的行爲中表現出來。

「個體化不過是源於空間與時間的一種現象；後者正是在時空條件下外在世界對我顯現的形式，它們是受我大腦的感覺能力制約的。因此，個體的眾多性與差異也不過是一種現象，就是說，僅僅作爲我的心理圖像而存在。我眞正內心深處的本質在一切有生物中存在，正如我自知它確確實實直接地在我意識中存在一樣。」這是更爲高尙的知識：梵文中有關於它的著名慣用語是：「那就是你。」這種高尙知識，以同情的形式從人性的深處湧溢而出，所以是一切眞正的，即無私的德行的泉源，也可以說是體現在一切善行之中。這就是每當我們要求和善、要求仁愛時；每當我們祈求慈悲而不是祈求公正時，作爲最後一招我們希求的同情。因爲這種要求，這種祈求實際上是努力提醒人類認識到，我們乃同一實體這一終極眞理。另一方面，利己主義及其衍生物，例如：妒忌、仇恨、迫害的氣性、心腸冷酷、報復、幸災樂禍與殘忍，都要求從事物的另一觀點得到支援，從中尋找其正當的理由。

當我們聽到、看到，尤其當我們自己做出一件高尙行動時，我們所體驗到的激動高興的心情，本質上可以追溯到這種行爲給我們的這種確實感覺，因爲它超越一切個體的眾多性與差異，即個體化原理，像一個萬花筒，在變易不居的瞬間種種形式中，向我們顯示，那裡存有一個潛在的統一體，不僅眞實地存在著，而且實際是我們容易接近的；你瞧！它就在我們面前，是具體而觸摸得到的。

根據採取上述這兩種心理態度的這一個或另一個的態度不同，就出現了人與人之間恩培多克勒（Empedocles）的愛與恨。如果任何人由於憤恨而強迫他最憎惡的仇敵袒露其內心隱祕；令他驚訝的是，他又會在後者中發現他眞正的自我。因爲正像夢中一樣，所有出現在我們面前的人不過是戴面具的我們自己的形象；同樣，在我們似夢境的醒著的生活裡，鄰居們的目光觀看我們的正是我們自己的存有——雖然這也一樣不易辨認。無論如何，「那就是你。」

對看待生活的兩種方式的任一方式的倚重，不僅決定個別行爲；它還塑造每個人的整個本性與氣質。因此也就產生好性格與壞性格的人之間心理習慣的巨大差異。後者感到處處都有把他與所有其他人隔開的高牆。對他來說，世界是一絕對的非我，他對它的關係本質上是一敵對關係；因而，他的癖好的基調是仇恨、懷疑、妒忌與幸災樂禍。另一方面，性格好的人生活於一個和他自己的存有一致的外在世界；人類的其餘部分在他心目中並不是非我；相反，他認爲它是「又一個我自身。」所以，他和每個人基本都有友善關係：他意識到，在他最深層的本性上，和整個人類是有親戚關係的，直接關心他們的禍福，並且滿有信心地設想，他們的處境對他也有利害關係。這就是他內心深處的平靜，以及那種快樂、心平氣和、非常滿足的態度之泉源，他以這種態度對待他周圍的人，眞是「道德化身，豁達大度。」而性格壞的人受困之際，並不信賴他的同胞會給予幫助。如果他懇求援助，他做著也沒有信心；得到了援助，他也感覺不到有什麼可感謝之處；因爲他簡直在那裡面除去別人愚蠢的結果以外，辨識不出任何其他東西。因爲他根本認識不到他的自我內在於某外人中；甚至在提供了最不容爭辯的存在於那某人之中的徵兆以後，他的認識依舊：一切忘恩負義的這種可憎的本性實際上取決於以上事實。這種道德的孤立，就這樣自然而不可避免地困擾著壞人，常常是他變成絕望的犧牲者的原因。與此相反，好人願求助於他的鄰居給予援助，充滿一種完全和他自己一樣願意幫助他們的信心。我曾說過：對一種類型的人說，人類是一非自我；對另一類型的人說：「又一個我自身。」高尙性格的人，原諒他的敵人，以善報惡，德及崇高，並得到最高的讚美；因爲他甚至在那最明顯地否認與他有任何關係的地方，還能辨認出他的眞實自我。

每一純粹仁慈行爲都是出於完全而眞正的無私幫助，本身完全是由另一個人的痛苦激發的，這一問題，如果我們澈底加以探究，事實上，乃是一難解之謎，置入實踐中的一件神祕主義；因爲它源自於更高等的知識，而且只能在這構成所有爲神祕之物的本質的知識中得到眞正解釋。

因爲，除用形而上學方法以外，就連完全爲減輕一位窮困同胞一點痛苦而做的最少量捐獻，我們都無法說明其道理吧？只有這施捨者知道或理解，站在他面前的，被痛苦外衣遮蓋著的，正是他的自我，換句話說，只要他能在一種並非他自己的形式下辨認出他自己存有的本質部分，這種行爲才是可想像的、才是可能的。現在可以清楚了，爲什麼在前一部分我曾經稱同情乃倫理學一大奧祕。

不怕為祖國犧牲的人，他已經擺脫了那限制一個人的實存於他自己人中的錯覺。這樣一個人已經打碎這個體化原理的桎梏。在他的豁達開朗、擁有眞正知性的性格中，他和所有他的同胞，互相依存而生存下去。不止於此，他努力向前進，容身於後代，為他們而工作；他把死亡看作像一眨眼的瞬間，絲毫不影響繼續足下之漫長人生路程。

我們可以在這裡總結一下上述兩種類型人的特點。利己主義者認為，他人一律是眞正的陌路人。事實上，他認為除他自己個人以外，沒有眞正實在的東西，把其餘人類實際看作有形無實的一群群幽靈，就他們可能成為服務於其目的的工具，或成為阻礙其目的的障礙為止，他才僅僅分配給他們相對的實存；結果是產生一邊為他的自我，另一邊為非自我之間一種不可量計的差別，一個巨大的鴻溝。一言以蔽之，他生活完全以他自己個人為中心，直到他臨終一天，他仍覺得一切現實，確實，整個世界和他自己都同歸於盡。而利他主義者，能夠在所有其他人之內，不，在一切存有生物之內，看出他自己的實體，所以感到他的存有和無論什麼活者的東西之存有是混雜一起，完全一致的。由於死亡他只不過喪失他自身的一小部分。不斷擺脫個人的狹隘限制，他便進入全人類的更大生命之中，在那裡，他總是能辨認到、辨認著，並且曾經熱愛他的眞正自我；那把他的意識和他人的意識分隔開的時間與空間的錯覺消失了。這兩種對立的世界觀模式，可能是我們發現很好的與特別壞的人面對其死亡態度上差別之主要的，固然實際不是唯一的原因。

眞理，不幸的東西，在任何時代，向來因是似非而可能是的而蒙受侮辱；但這不是它的過錯。它不能擅用錯誤的形式坐在它全世界性統治權的寶座上。所以它慨然長歎，仰望它的保護神——時間。後者點頭示意保證它將來必能得到勝利與榮譽，但是時間以其雄健之翼搏擊太空如此緩慢，以至個人死亡了，或者勝利日子究竟何時到來還不清楚。因此，我自己也深深意識到這是個悖論，即我對終極的倫理學現象的形而上學解釋，和西方有才智者習慣於提供道德信念一個基礎的方法，十分不同。然而，我不能扭曲眞理。出於對歐洲蒙昧的關心，我所能做的就是再一次斷言，並且用實際引語證明，我這裡提出的倫理學形而上學，乃是幾千年以前印度智慧的根本原則。我指明過去的這一智慧，正像哥白尼指明被亞里斯多德與托勒密（Ptolemaeus）所壓制的畢達哥拉斯宇宙論眞理一樣。在《薄伽梵歌》（*Bhagavadgîtâ*，卷十三：二十七、二十八）中，根據A．W．馮．施萊格爾（Schlegel）的拉丁譯文，我們讀到如下一節：那個人具有天賦，能洞見到萬物生而有同一統攝力，萬物雖盡毀，該力永不滅。是以若他洞悉這同一統攝力無所不在，他便不會因自誤而甘於墮落：遂而走上最高的道路。

我必須以這些進一步說明倫理學形而上學基礎的提示結束全文，不過仍有待於採取一種重要步驟。這一步驟應預先假定道德科學本身之進一步提高；但這幾乎難以做到，因爲在西方，倫理學的最高目的在關於公正與德行的理論中就達到了。在此之外還有什麼，沒人知道，或者至少被忽視了。所以，此一遺漏不可避免；如果以上對倫理學形而上學基礎的簡述，沒有能使人看到——甚至些微地——這整個形而上學建構的基礎，也沒有揭示組成《神曲》（*Divina Commedia*）所有部分的聯繫，讀者不必感到詫異。再者，這樣一種說明既未包括在徵文規定題目之內，也未包含在我自己計畫之中。一個人不能一天就把一切話都說完，並且也不該回答沒有問到的問題。

一個竭力促進人類知識與洞察力的人，註定地永遠要遭到他的時代的反對或遏制，那種努力正如拖曳著一塊沉甸甸的龐然大物前進：它就躺在那裡的地上，一個巨大無比，動也不動的畸形物，公然反對一切加速其適應新生活改變其形象的努力。但這樣一個人應該從這必然事實中得到欣慰，即雖然種種偏見阻攔他前進的道路，可是眞理與他同在。而且眞理不過是在等待她的支持者，時間，能與她在一起；一旦時間站在她一邊，她確信必然勝利，如果今天尚未達到勝利，明天則將必能贏得。

丹麥皇家科學院的評語

一八三七年提出的徵文題目是：「道德的來源和基礎可否在直接蘊涵於意識（或良心）之中的德行的理念中，和在對其他由此興起的道德基本概念的分析中探得，抑或可否在另一個認識根據中探得？」只有一位應徵者，他用德文撰寫的，並附有「道德，鼓吹易，證明難。」格言的文章，我們認爲不能予以獎勵。由於他忽略了我們要求的最主要的東西，因此他相信，我們是要他提出某種倫理學的原則，因此他把他的文章中討論他提出的倫理學原則和他的形而上學的關係那部分只是作爲一個附錄，作爲一個超出要求的部分，而實際上題目恰恰要求這種首先闡明形而上學和倫理學關係的探索。但是當作者企圖證明道德的基礎是同情的時候，不但是他的文章的形式不能使我們感到滿意，而且實際上他也沒有作出充分的證明，倒是他不得不看到，應該承認相反的意見。還有一點不得不提到，他很不恭敬地提到了當代許多傑出的哲學家，以致於必然引起公正而強烈的不滿。

譯後記

本書係德國近代著名思想家叔本華的又一主要著作。叔本華以其《作爲意志和表象的世界》開創了近代西方哲學史上一個主要流派——唯意志論。叔本華又以本書在西方倫理學史上開創了一個主要流派，即同情學派。現在本書已經譯出，奉獻給廣大讀者。由於譯者水準有限，譯文中錯誤難免，懇請批評指正，不勝感激。

譯者

一九九六年七月於北京

名詞索引

二畫

四畫

五畫

六畫

七畫

八畫

亞瑟・叔本華　年表

Arthur Schopenhauer, 1788-1860

年代	生平記事
一七八八年	二月二十二日，出生於德國城市但澤（Gdańsk，當時的一部分，今波蘭格但斯克）。父親是富商，母親是有名氣的作家。
一七九七年	被派往勒阿弗爾（Le Havre）與他父親的商業夥伴格雷戈爾（Grégoire de Blésimaire）的家人一起生活兩年。學會流利的法語。
一八〇五年	父親在漢堡的家中因運河溺水而死。但叔本華和他的妻子認為是自殺，且將之歸罪於其母親，加上生活衝突，叔本華一生和母親交惡。
一八〇九年	離開魏瑪，成為哥廷根大學（University of Göttingen）的學生。最初攻讀醫學，但後來興趣轉移到哲學。在一八一〇—一八一一年左右從醫學轉向哲學，離開了哥廷根大學。
一八一一年	冬季學期抵達新成立的柏林大學。並對費希特和史萊馬赫產生濃厚興趣。 以《論充足理由律的四重根》（*Über die vierfache Wurzel des Satzes vom zureichenden Grunde*）獲得博士學位。歌德對此文非常讚賞，同時發現叔本華的悲觀主義傾向，告誡說：如果你愛自己的價值，那就給世界更多的價值吧！ 將柏拉圖奉若神明，視康德為一個奇蹟，對這兩人的思想相當崇敬。但厭惡後來費希特、黑格爾代表的思辨哲學。
一八一三年	博士論文《論充足理由律的四重根》，第二版一八四七年出版。 十一月，歌德邀請叔本華研究他的色彩理論。雖然叔本華認為色彩理論是一個小問題，但他接受了對歌德的欽佩邀請。這些研究使他成為他在認識論中最重要的發現：找到因果關係的先驗性質的證明。

年代	生平記事
一八一四年	五月離開魏瑪，搬到德勒斯登（Dresden）。
一八一六年	出版《論顏色與視覺》（*Über das Sehen und die Farben*），又將其翻譯成拉丁文。
一八一七年	在德勒斯登。與鄰居克勞斯（Karl Christian Friedrich Krause，試圖將自己的想法與古印度智慧的想法結合起來的哲學家）結識。叔本華從克勞斯那裡學到冥想，並得到了最接近印度思想的專家建議。
一八一八年	出版代表作《作為意志和表徵的世界》（*Die Welt als Wille und Vorstellung*，以下簡稱WWV）第一版，作為叔本華最重要的著作WWV的第二版在一八四四年出版。發表後無人問津。第二版在第一版一卷的基礎上擴充為兩卷，叔本華對第一卷中的康德哲學批評進行了修訂，第二卷增加了五十篇短論作為對第一卷的補充，第三版經過小幅修訂之後，在一八五九年出版。 叔本華說這本書：「如果不是我配不上這個時代，那就是這個時代配不上我。」但憑這部作品他獲得了柏林大學編外教授的資格。
一八三一年	八月二十五日，柏林爆發霍亂，本來打算與當時的戀人一起離開柏林，但對方拒絕了他，兩人分道揚鑣，叔本華獨自逃離柏林。同年十一月十四日黑格爾因霍亂死於柏林。
一八三三年	移居法蘭克福。
一八三六年	出版《論自然中的意志》（*Über den Willen in der Natur*）：第二版，一八五四年出版。
一八三七年	首度指出康德《純粹理性批判》一書第一版和第二版之間的重大差異。

年代	生平記事
一八四一年	出版《倫理學的兩個基本問題》（*Die beiden Grundprobleme der Ethik*），內容包括一八三九年的挪威皇家科學院的科學院褒獎論文「論意志的自由」）（Über die Freiheit des menschlichen Willens）和一八四〇年的論文「論道德的基礎」（Über die Grundlage der Moral），幾乎無人問津。第二版在一八六〇年出版。 同年，他稱讚倫敦成立防止虐待動物協會，以及費城動物友好協會。甚至抗議使用代詞「它」來指動物，因為「它」導致了對它們的處理，好像它們是無生命的東西。 叔本華非常依賴他的寵物貴賓犬。批評斯賓諾莎認為動物僅僅是滿足人類的手段。
一八四四年	在他堅持下，出了《作為意志和表象的世界》第二版。第一版早已絕版，且未能引起評論家和學術界絲毫興趣，第二版的購者寥寥無幾。
一八五一年	出版完成了對《作為意志和表象的世界》的補充與說明，就是兩卷本《附錄和補遺》（*Parerga und Paralipomena*），這套書使得叔本華聲名大噪。麥金泰爾在《倫理學簡史》中對叔本華的描述「對人性的觀察是那麼出色（遠遠超出我所說的）」可以在這套書中得到印證。《附錄和補遺》第一卷中的「人生智慧錄」更是得到了諸如托馬斯曼、托爾斯泰等人備至推崇。
一八五一年	他以格言體寫成的《附錄與補遺》使他獲得聲譽，瞬間成為名人，有人寫了《叔本華大辭典》和《叔本華全集》，有人評論說他是具有世界意義的思想家。
一八五九年	《作為意志和表象的世界》第三版引起轟動，叔本華稱「全歐洲都知道這本書」。叔本華在最後的十年終於得到聲望，但仍過著獨居的生活，陪伴他的只有數隻貴賓犬，其中，以梵文「Atman」（意為「靈魂」）命名的一隻最為人熟悉。
一八六〇年	九月二十一日，死於呼吸衰竭，七十二歲。

經典名著文庫117

倫理學的兩個基本問題

Die beiden Grundprobleme der Ethik

作　　者 —— 亞瑟．叔本華（Arthur Schopenhauer）著
譯　　者 —— 任立、孟慶時
發 行 人 —— 楊榮川
總 經 理 —— 楊士清
總 編 輯 —— 楊秀麗
文庫策劃 —— 楊榮川
副總編輯 —— 蘇美嬌
特約編輯 —— 張碧娟
封面設計 —— 姚孝慈
著者繪像 —— 莊河源
出 版 者 —— 五南圖書出版股份有限公司
地　　址 —— 台北市大安區106和平東路二段339號4樓
電　　話 —— 02-27055066（代表號）
傳　　眞 —— 02-27066100
劃撥帳號 —— 01068953
戶　　名 —— 五南圖書出版股份有限公司
網　　址 —— http://www.wunan.com.tw
電子郵件 —— wunan@wunan.com.tw
法律顧問 —— 林勝安律師事務所　林勝安律師
出版日期 —— 2020年6月初版一刷
定　　價 —— 480元

國家圖書館出版品預行編目資料

倫理學的兩個基本問題 / 亞瑟．叔本華 (Arthur Schopenhauer) 著 ; 任立．孟慶時譯. -- 初版 -- 臺北市 : 五南，2020.06
面 ; 公分. -- (經典名著文庫 ; 117)
譯自 : Die beiden Grundprobleme der Ethik : behandelt in 2 akad. Preisschr.
ISBN 978-957-763-913-4 (平裝)

1. 倫理學　2. 意志自由論　3. 形上學

190　　109002563